SPREAD, IT'S PARTED & VALUE MANAGED

利差增信的价值管理

——开启财富之天眼

王祚君 ◎ 著

图书在版编目(CIP)数据

利差增信的价值管理 / 王祚君著. —上海：立信会计出版社,2020.12
ISBN 978-7-5429-6684-1

Ⅰ.①利… Ⅱ.①王… Ⅲ.①资产证券化-风险管理-研究 Ⅳ.①F830.91

中国版本图书馆 CIP 数据核字(2020)第 259036 号

策划编辑	戎其玉
责任编辑	戎其玉
封面设计	南房间

利差增信的价值管理
Licha Zengxin de Jiazhi Guanli

出版发行	立信会计出版社		
地　　址	上海市中山西路 2230 号	邮政编码	200235
电　　话	(021)64411389	传　真	(021)64411325
网　　址	www.lixinaph.com	电子邮箱	lixinaph2019@126.com
网上书店	http://lixin.jd.com		http://lxkjcbs.tmall.com
经　　销	各地新华书店		
印　　刷	上海天地海设计印刷有限公司		
开　　本	787 毫米×1092 毫米　1/16		
印　　张	17.75	插　页	2
字　　数	273 千字		
版　　次	2020 年 12 月第 1 版		
印　　次	2020 年 12 月第 1 次		
书　　号	ISBN 978-7-5429-6684-1/F		
定　　价	118.00 元		

如有印订差错,请与本社联系调换

序

《增信原理》《增信学》《终极增信》是本人的三本增信小作，只是构划理论框架或"物理框架"，类似理论猜想，本书则努力对增信进行科学论证或"数学描述"，或数理实证，希望通过科学基础、逻辑推理与数据论证，攀上增信之巅——"终极增信"，即完全实现有限责任增信。真可谓：华山道一条，登顶路狭小；金融要人权，增信少不了。

Spread，既为违约率作风险定价，可为风险资产，又为资本运用于主体作信用定价，可为信用资产。信用货币时代，Spread 只具空间概念与空间价值，只因违约率或主体信用按年度统计且信用评级，Spread 对资产定价具有了时间价值，并演化为追求剩余价值与超额利率的年度收益率或复利。资金成本论不算令人厌恶的"资本论"，20 年"按揭"利息竟然高达 100% 房产本金，15% 的年利率还不算"高利贷"，众多金融"常识"其实都是维护资本的"滥调"，金融人权迷失于"陈词"中。

Spread 从融资资产中转移出来，即为资产增信，融资资产则转化为无风险利率产品；无论金融担保，还是信用违约互换，Spread 均为增信的价值基础，却因增信定价沦落为附条件的有限责任增信。尽管存在"美国两房"式的权益增信，并已实现有限责任增信，却无认知；Spread 定价并转移于融资产品，可形成 $1>100$ 的数学模型及其抵御随机违约率的权益增信产品，"全球两融"（个人融资与基建融资）因此有望获得低成本资金而替代"美国两房"，这从根本上维护了金融人权。

资产增信的认知，只是基于三维世界却无法超越；"美国两房"作为权益增信的全球孤版,金融学界集体"失声";可实现金融人权的"全球两融",却难以获得金融专业支持。既为定价,又为资产,Spread 可为"数字黄金",能否成为另类金融体系的信用基础,令人遐想无限;又好似"超弦",紧致着未来整个金融体系;信用货币的信用基础,过不了一甲子。

2020年11月12日,习近平主席为上海自贸区定制的"国际金融资产交易平台",则为中国融入国际金融贸易体制奠定了改革基调。这个平台不仅可以为新时代中国在目前"恶劣"环境条件下引入巨额外资或低成本资金、为蚂蚁京东资产重组及其金融科技合规发展奠定了基调,而且为中国金融资产进入资本市场、金融资产风险在市场交易定价中缓释,及其优化金融资产结构与金融去杠杆等重大改革指明了正确方向。据此,权益增信机构(CEC)将作为国际金融资产交易平台的基础设施被提升到国家战略高度而布局于全球金融体系,促进中国从金融大国走向金融强国。

王祚君

于上海·锦江饭店

2020/11/22

目 录

第一章　Spread：时空价值 / 1
　第一节　基于空间价值，创造时间价值 / 2
　第二节　必然性与矛盾性 / 12
　第三节　不同利率市场 / 19

第二章　Spread：创导金融人权 / 27
　第一节　CI 特性与降低利率 / 28
　第二节　CI 定价与实施条件 / 32
　第三节　金融人权及其维权 / 37

第三章　Spread：增信价值基础 / 43
　第一节　价值基础 / 44
　第二节　构成因素 / 56

第四章　Spread：交易定价转移 / 67
　第一节　CT 的增信 / 68
　第二节　定价功能 / 75
　第三节　MBS 与 2F America / 80
　第四节　阿里小贷证券化 / 87

第五章　Spread：交易对象转移 / 93
　第一节　Spread 前身后世 / 94
　第二节　Spread 产品化 / 108
　第三节　Spread 批零交易 / 112
　第四节　Spread 证券化 / 117

第六章　Spread：风险资产 / 125
　第一节　风险资产 / 126
　第二节　信用资产及其评论 / 133
　第三节　增信资产与或有负债 / 144
　第四节　增信资产与量化汇集 / 147
　第五节　增信资产与认知之争 / 150

第七章　Spread：价值管理 / 169

第一节　VM 概述 / 170
第二节　信用资产的 VM / 174
第三节　风险资产的 VM / 180
第四节　增信 VM 的具体措施 / 186

第八章　SP：全球信用基础 / 197

第一节　信用基础 / 198
第二节　"革命年代"：2009 年 / 202
第三节　风险聚核为信用基础 / 209
第四节　Spread 与信用基础 / 215

第九章　SP：创建全球另类金融体系 / 229

第一节　基本框架 / 230
第二节　增信机构 / 233
第三节　全球增信交易市场 / 237
第四节　AMC 及其债券市场 / 240
第五节　小贷机构及其批零市场 / 243
第六节　2F Global / 246

第十章　改革中国金融体制 / 255

第一节　终结"融资难、融资贵"历史 / 256
第二节　优结构与去杠杆 / 259
第三节　国资市场化与主体多元化 / 262
第四节　促进产业结构调整与优化 / 265
第五节　人民币国际化 / 268
第六节　迈入金融强国，造福于全人类 / 272

参考文献 / 275

第一章

Spread：时空价值

SPREAD,
IT'S PARTED &
VALUE MANAGED

利差增信的价值管理
——开启财富之天眼

第一节　基于空间价值,创造时间价值

一、Spread 概述

Spread,简单称之为利差。例如,今年银行存款 1 年期利率或年度利率(Annual Percentage Rate,APR)为 1.6%,去年 APR 为 1.8%,今年比去年存款利差少了 0.2%。又如,你把去年 APR 为 1.8% 的银行存款,转买今年年度收益率(Annual Rate of Return,ARR)为 2.8% 的信托产品,两者利差为 1%。因银行信用好,银行与信托因不同信用主体所产生的信用利差为 1%,或者信托产品风险比银行存款风险大,信托产品与银行存款之间的风险利差为 1%。再如,5 年期国债的 ARR 为 1.8%,1 年期国债的 ARR 则为 1.2%,一季度到期国债的 ARR 则为 0.1%,到期国债的 ARR 可能为零,到期国债可称为无风险利率(Risk-Free Interest Rate,RFIR)。国债期限不同,ARR 因此有所区别;RFIR 为零,则为 Capital,相当于到期国债

的 ARR 也为零。基于 APR 或 ARR 均是风险利率（Risk Rate of Interest，RRI）的表现，RRI 则是 RFIR 与 Spread 之和。RFIR 在不同层次上的表达是不同的，RFIR 相对于 RRI，则由 Capital 的百分比来表达为"$x\%$"；RFIR 相对于 Capital，可由数值来表达为"Capital$(1+x\%)$"。由此，我们可推断出以下理念：

其一，基于不同主体信用，具有不同信用利差，或者因融资产品风险不同，风险利差不同。信用利差来自不同的主体信用，或者风险利差来自不同的产品风险。

其二，无论银行的 APR，还是信托或国债的 ARR，都应该是 Spread 的一种表现形式或定价方式。

其三，因 RFIR 为 1%，今年银行存款 APR 的风险利差为 0.6%，信托产品的风险利差为 1.8%。假设，明年银行存款与信托产品利率不变，但 RFIR 为零，那么，银行存款的风险利差为 1.6%，信托产品的风险利差为 2.8%。

其四，在 RFIR 为零的条件下，银行存款 1.6% 的 APR 与信托产品的 2.8% 的 ARR，就是 RRI，即 RFIR 为零时，Spread 转化为 RRI。

其五，RFIR 与 Spread，或者 Capital 与 RRI，构成了融资产品（FIS 或 Bond）的 RRI，并由此可表现为 APR 定价产品或 ARR 定价产品，及其利上加利的复利（Compound interest，CI）产品。

主体信用，或者物化的、标准化的主体信用，即信用等级（Credit Rank，CR），是基于主体信用历史纪录或数据统计所形成的专业信用评估（以下简称为"信评"）。CR 则是违约率（Probability of Default，PD）的主体表现，即主体信用通过历史纪录或统计数据及其专业信评的客观化表现。产品风险以往均由主体信用或 CR 决定，但也可由融资产品现实纪录或数据统计的 PD 而形成。无论 CR，还是 PD，均由 Spread 进行信用定价或风险定价。Spread 对于 CR 定价的，称为信用定价；Spread 对于 PD 定价的，称为风险定价。把基于 PD 的风险定价放在一边，所谓信用定价，其实就是把 RFRI

或 Capital 运用于(借贷于)主体时所产生的 Spread，并因主体不同而表现为不同的 RRI。利率或 RRI，即 Spread 所定价的 CR，CR 又来自于 PD，Spread 因此在本质上也应该来自 PD。

在信用货币时代，利率或 Spread 源自 PD 的判断，是由著名学者 Das 于本世纪初正式提出。根据 Das 对于利率的提法，无论 CR、还是久期风险(Duration)与通胀(Inflation)，抑或不动产的年度收益率(ARR)，均不是利率产生的基础，只有 PD 才是利率产生的基础。利率只是基于 PD 并来自 PD，CR 在根本上又来自于 PD，由此 Spread 对 PD 进行风险定价。Das 关于 RRI 的这一提法，现已为世人或金融学界广泛认可。

二、Spread 价值管理

要对 Spread 进行价值管理(Value Managed，VM)，需要认清 Spread 的价值，即认清 Spread 在空间和时间上的价值，以及 Spread 转移(Spread Parted，SP)的价值。为了实现 Spread 时空价值，我们需要进行 SP，即增信(Credit Enhancement，CE)。即使 RFIR 为零，增信也可使资本(Capital)在运用于主体时获得相应收益，但绝不是资本主义初级阶段流行的、野蛮血腥的"高利贷"。与此同时，融资方因此也可获得低成本资金，金融人权得以维护。此外，对 Spread 及其 SP 的 VM，在实现有限责任增信(CE for Limited Liability，CELL)的同时，可以实现降低风险利率(Spread)或融资成本。反之，正因为将降低 Spread 或融资成本作为增信的特殊目的，才配置于 Spread 的批零(Retail & Wholesale)机制与狭义证券化(R-ABS)机制，最终才可实现 CELL。

1. 空间概念与空间价值

基于 PD 的风险定价，Spread 应属于空间概念，并无时间概念。假设：PD 为 2%，RFIR 为零，Spread 为 2%，Spread 由此转化为 RRI；如果 RFIR 为 1%，Spread 为 2%，RRI 即为 3%。Spread，从根本上讲，只是基于 PD 并对其进行风险定价。PD 其实只具空间概念，无论是客观的空间分布,还是主观的种类分布;Spread 因此才有了在空间上的概念,并表现为 PD 的风险价值。直至于此,无论 PD,还是 Spread,并无时间概念与时间价值。但 PD 的主体表现却为 CR,PD 离不开(融资)主体,也就必然会产生时间概念与时间价值。RRI 代表 Spread,一方面是定价功能的自然切转,另一方面却是空间概念开始踏入了时间概念的门槛,必将展开其应有的时间价值。

2. 时间概念

Spread 的时间概念来源于 CR,因为 CR 是 PD 的主体表现,具体表述如下:

其一,信用主体可能死亡或破产。无论自然人死亡甚至破产,还是拟制人破产倒闭,使得 PD 的空间概念涉入了时间概念,有了信用破产或终止的时间概念。

其二,Spread 定价功能及其维护。Spread 是对 PD 或 CR 的定价,标的资产(Underlying Asset,UA)的 Spread 是无法改变的。与保险资产不同,Spread 无法为资方/银行变得更高一些,或为资本(Capital)创造更多利润,除非是非标资产(No-Standard Assets,NSA),但风险更大。因此站在资方/银行角度,需要 Spread 创造时间价值或超额利润。

其三,PD 的统计或 CR 的信评,均以年度作为基本单位。基于年度统计的 PD 或年度信评的 CR,Spread 据此开始转化为 APR,进而又转化为 ARR,更进一步又演化出 CI。

其四,基于以金银为基础的代币制的历史演变,在 1971 年美元与黄金脱钩后,全球跨入了以美元为基础货币的信用货币时代。但是,金融学界与金融业界仍然坚持金银代币制条件下的资金概念,Capital 具有成本,RFRI 不可为零。盛行于世的"资金成本论"基本观点为:无论央行铸币印钱,银行放贷生钱,还是为了铸币印钱而夺取政权,抑或国家政府本身就是一种与民争利的特殊经营主体,均需相应成本来获得 Capital,因此 RFRI 不可为零。Spread 转化为 ARR,则与"资金房产论"相关,其基本思路是,资金如同房产,可以按年收取租金收益(利息),即 ARR。在 ARR 条件下,资金与房产,只是 ARR 的选择问题,如果不考虑房产变现问题。

3. 时间价值

在讲 Spread 的时间价值之前,先考察一下"钱"或 Capital 的价值,或者 RFRI 的价值。如前所述,Spread 只是对 RFRI 或 Capital 的主体定价或信用利差。因不同主体信用或 CR 需要不同信用定价,进而为产品风险进行风险定价,最终均为 PD 进行风险定价。但是,在 Spread 对于主体信用或 CR 进行信用定价之前,或者因信用定价所产生的时间价值之前,RFIR 或 Capital 应该是如此状态:当 RFIR 为零时,RFIR 即为 Capital;当 RFIR 不为零时,Capital 则与 RFIR 一起具有了时间价值。基于金银代币制的历史原因,即使世界各国已进入信用货币时代,资金成本概念仍然盛行。RFIR 不为零,则是由国家宣称的概念,因此 Capital 便有了时间成本,Spread 开始打上了 Capital 时间价值这一烙印。

Spread 作为 RFIR 或 Capital 的主体定价,即为主体信用或 CR 的定价功能,本身是无法改变其所拥有的空间价值,否则 Spread 将失去定价功能。那么,如果 Capital 不运用于信用不同的(融资)主体,Capital 不会自动为拥有者/资方带来基于 PD 的空间价值,Spread 因此不会为 Capital 产生 RRI 或剩余价值。从根本上讲,借贷历史又是实实在在地展开的,Capital 一开始便具有了时间价值或时间成本,因为是实物货币或贵金属货币,或者金银。Capital 表现为,零以上的 RFIR,按年、按季与按月,甚至按日收取利息,实现了 Capital 的时间价值。Spread 因与 Capital 一起同步同期地收取利息,于是被认为只是 Capital 的时间价值,并不是因不同主体信用或 CR 所产生不同的利息。又基于 Capital 与 Spread 两者一起收取 RRI,由此便认为 Spread 与 Capital 一样具有时间价值。从此,Capital 与 Spread 合而为一的 RRI 具有了时间价值,进一步再转化为具有时间价值或剩余价值的 APR 或 ARR,甚至具有超额利润的 CI。

根据逻辑推理,RFIR 为零,相对于 Spread 所定价的主体信用或 CR,

应该是主观上/信用上,至少在法律上应该是不接受破产概念的、法律上的特殊拟制人,比如国家。又因历史原因而有过破产或违约记录的国家,RFIR 往往大于零。无论 RFIR 为何,基于 PD/CR 的 Spread,对融资产品进行风险定价。当资方/银行为不同的人,既可为拟制人,也可为自然人,提供各种期限的融资或贷款,如果期限未超过 1 年,基于 PD 的风险定价(Spread)并不会自动产生剩余价值或经营利润。当风险与定价相适应或相对平衡时,定价相对于融资产品,则受限于 Spread 价值本身,并不会对资方或融资方中的任何一方产生剩余价值/超额利润。

在完全市场化的资本市场上,资方/银行不能运用"上帝之手"去改变 Spread 价值,否则 Spread 将失去对融资产品的定价功能。也就是说,Spread 就是市场定价,只因其基于市场统计或信评形成了 PD 或 CR,PD 或 CR 是市场化形成的,Spread 也就必然属于市场定价;否则,则是由资方/银行自行定价的机构定价,Spread 定价功能是不准确的,一般都会高于市场定价,如果站在资方/银行角度。因此,融资产品的利率主要取决于如下几个因素:

首先,Spread 是对主体信用或 CR 进行信用定价,因主体信用或 CR 不同,Spread 也不同。除了与 CR 相关外,Spread 还涉及不同利率市场的批发价与零售价。在一级资金批发市场(以下称为"RFIR 市场")上的主体,无论为何 CR(基本上为较高 CR),Spread 基本上是以基准利率为准,比二级资金零售市场(以下称为"RRI 市场")的零售价要低得多。

其次,RFIR 一般由到期国债的 ARR 决定,并应与央行的基准利率保持同步,形成 RFIR 市场的批发价,RFIR 不为零,Capital 是有成本的,这也是"钱生钱"理念的根本来源。在 RFIR 市场上的主体,基本上均为一国最高 CR 的金融机构,无论是代表国家的政府部门(央行、财政部),还是大银行(与美联储相关的几百家银行)。

最后,在 RFIR 不为零,即 Capital 有成本的条件下,各个银行或金融机构将资金运用于市场主体,无论企业集团,还是中小企业,抑或个人融资,于是开始产生相应的 Spread,与一级市场上的 RFIR 构成了 RRI。

三、剩余价值与经营利润

1. APR

对 Spread 率先加入时间概念的，应该是 APR。APR 创造剩余价值的情况大致如下：

其一，融资产品在一个年度内的，APR 与 Spread 价值基本相同。Spread 所转化的 APR，除非作为机构定价，APR 本身并不产生时间价值，因为 APR 所基于的 Spread 没有发生价值变化，否则 Spread 失去定价功能。当然，对 NSA 的机构定价除外。

其二，RFIR 并不为零，APR 作为 RRI 仍会产生剩余价值。一方面，Capital 有时间成本，与此相配的 Spread 自然也会产生时间价值，在 APR 定价形式条件下；另一方面，在 1 年时间内可多次重复使用，如果违约率按年度统计，APR 仍会为 Spread 创造时间价值。

其三，融资产品不到一个年度的，仅为半个年度（6 个月）、一个季度、一个月度，甚至几天，即使如此，基于 PD 或 CR 的风险定价，Spread 也不能按时间比例而相应减少 APR 的价格；否则，APR 不仅没有创造出时间价值或剩余价值，而且还可能成倍地增加了新的风险或新的成本。也就是说，对于某个融资产品来说，一个年度与 1 年内的任何时间或一次性融资行为，APR 与 Spread 所带来的违约损失在价值上是一致的，不因时间减少而相应减少 APR 价格；否则，可视为增加风险或融资成本。

假设，对一个 UA 的风险定价（Spread）为 2%，RFIR 为 1%，商业银行的 RRI 或 APR 为 3%。如果正好 1 年，Spread 所转化的 APR 并未创造时间价值或剩余价值，却可能为 RFIR 实现了 1% 的时间价值。但是，1% 的 RFIR 来源于 RFIR 市场的资金批发价，只是商业银行的边际成本（Margin Cost，MC）；尽管这笔商业银行的融资产品可能最终没有发生违约，其实也未为商业银行带来剩余价值或经营利润；因为 2% 的 Spread，也是 MC，可能这个 CR 的 UA 基于的 PD 所产生的违约损失也为 2%；如果 1 年内这个

CR 的 UA 在商业银行最终未发生 2% 的违约损失,或未达到 2% 的违约损失,那么 2% 的 Spread 及其差额才可作为商业银行的盈利入账,即产生了年度的剩余价值或经营利润。但是,要切记,要么商业银行关于这个 CR 的 UA 在这个年度违约损失未超过 2%;要么,下个年度或再下个年度的违约损失可能超过 2%;否则,将要调整 2% 的 Spread,市场价格会减低至比如 1.8% 或 1.5% 等。

在其他条件不变的情况下,只是融资时间短于 1 年或为半年,APR 是否要从 3% 调整到 1.5%。回复应该是否定的。因为 Spread 是对主体信用定价,与 Capital 的运用时间无关,否则会增加 Capital 运用于主体信用所产生的产品风险或风险成本。这样,仅以 PD 或 CR 作为 UA 的风险定价,Spread 直接反映为"利率",即使为 APR,并不能为资方/银行带来什么剩余价值或经营利润。因为随机违约率(Random Default Probabilities,RDP)在空间上的分布不均,一部分资方/银行可能获得平均收益,剩余价值或经营利润则可能转移给了另一部分资方/银行;所有资方/银行在这个年度也可能并未获得剩余价值或经营利润,可能在下个年度甚至更长远的年度才会获得剩余价值或经营。反之,银行存款则可以在 1 年内任何时候均按年化收益率来计息,因为商业银行的 CR 相对较高,也比较稳定。

2. ARR

融资产品超过一个年度,APR 便可年复一年地重复而形成了 ARR。从形式上看,ARR 与 APR 并无二致,实际上却发生了质的变化。比如,一个期限为 3 年的 FIS/Bond,RRI 为 3%,其中,RFIR 为 1%,Spread 为 2%。那么,融资成本为 9%,除了 3% 原有融资成本,融资者却多支付了 6%,多增加了 2 倍的融资成本。如果 ARR 为 20 年的按揭贷款(Mortgage),Spread 则要增加 20 倍的融资成本。因此,ARR 产生了与年度期限相关的乘数效应,与 APR 相比,Spread 由此为 Capital 创造了时间价值与经营利润。反之,类似 Mortgage 的长期融资者却会为此付出巨大的融资成本,甚至可能超过 Capital。

3. CI

CI 是指本金(Capital)加上一周期利息(interest)合并计息,即"利滚利"(interest on interest)。CI 产品计算特点是:把上期期末的本金与利息作为下一期的本金,在计算时每一期本金的数额是不同的。假设:$S=CI$;$C=$本金;$R=$利率;$t=$持有期限。

CI 公式: $$S=C(1+R)^t$$

CI 产品却并不幸运,尽管发端于早期资本主义阶段,也曾在 20 世纪六七十年代的美国资本市场上出现过,但直到今天为止,似乎早已绝迹于全球资本市场。也许,CI 产品目前只存在于不发达国家和地区的"地下钱庄"或"黑社会借贷",这种"利滚利"所形成的超额利润,即为剩余价值。CI 产品的上述数据表明如下特征:

其一,CI 可大于 Capital。

CI 产品的基础利率可因"利滚利"而远大于 Capital,不仅可以产生远大于 Spread 或 APR 的剩余价值,而且远大于 ARR 的超额利润。基础利率的指数效应会使 Spread 在一定年限后大于 Capital。

举个例子:20 世纪 60 年代,美国通用集团下属一个公司发行一个 10 年期的 CI 产品,发行价为 252 美元,票面价为 1 000 美元。CI 产品的基础利率高达 14.38%。14.38% 的 CI 产品,却因 10 年期限的指数效应,总利息竟比 Capital(发行价)的 252 美元高约 3 倍(票面价为 1 000 美元)。

另有一例:美国百事可乐公司发行一个 30 年期的 CI 产品,发行价为 60 美元,票面价为 1 000 美元。CI 产品的基础利率仅为 9.83%/年,利息竟比 Capital 高约 15.7 倍((1 000−60)/60)。但是,这个基础利率为 9.83%/年的 CI 产品,却比前一个 CI 产品的 14.38% 基础利率要低得多,说明 CI 产品年限的指数效应远比基础利率更重要。

其二,CI 剩余价值可小于 ARR。

10 年期的 CI 产品的基础利率超过 1.05%,或者 7 年期 CI 广品的基础利率超过 1.6%,CI 产品才会因指数效应获得超额利润,比 ARR 定价的融资产品(下称"ARR 产品")获得更多的剩余价值。因此,CI 产品的超额利润是基于较高的基础利率。如果基础利率不高,CI产品的超额利润也将消失,CI产品也将在现有资本市场上消失。

由此可见,CI产品的超额利润是建立在RFRI不为零或资金成本论基础上的。资金成本论是CI产品产生的根本原因,也是"高利贷"产生的理论基础。在负利率时代,不仅CI产品在资本市场上不见了踪影,而且资金成本论也无地自容,尽管资金成本论一再声称负利率只是暂时现象,一再辩称负利率是错误的利率政策。

在较低的基础利率条件下,CI产品应该比ARR产品具有更低的时间价值,特别是在负利率或零利率条件下,CI产品在利率上比ARR产品更具竞争力,应该更受负利率或零利率的资本市场欢迎。正因为CI被资方或银行的金融家运用到极致,导致物极必反。金融家为Spread创造的时间概念,不仅创造了ARR产品的剩余价值,而且为CI产品创造了超额利润。

基于CI产品的这种矛盾特性,却又暴露出Spread运用于CI产品上可创造更大时间价值,如果与ARR产品相比。因此,坚守Spread的价值基础,可为融资者在CI产品中降低融资成本,在负利率时代也可真正降低融资成本。必须知道的是,降低融资成本并非真正降低Spread,只是降低Spread所转化的ARR所计算的名义Spread,降低了实际融资成本。

其三,融资主体被认为不应破产倒闭。

从观念上讲,CI产品发行人应该被认为永续经营,如同中国内地发行的永续债。但问题是,每个企业法人都希望永续经营成为百年、千年老店。即使自然人,特别是过去的皇帝,也希望长生不老而获得永生。尽管投资者似乎在CI产品中一次性获得了全部利息,即利息已计入在票面价格中。因此,CI产品的融资主体,单从CI产品角度上讲,除非CI产品到期因破产倒闭而无法承兑,在CI产品存续期间因不用还本付息而不应破产倒闭;否则,将会是一种悖论,即CI产品的融资主体可能因其他负债而破产倒闭。

因此,对于其他负债的控制,是融资主体发行CI产品的风控关键。如果控制了其他负债,融资主体在 CI 产品存续期间就不应破产倒闭,除非无法持续经营。根据上述推论,如果主体被设计为永续经营的或永续存在的,并可控制其他负债,应该可以发行 CI 产品。基于国家被认为是永续存在的,于是 CI 产品要么由国家担保发行,要么由国家发行。

其四,CI 产品消失。

正因为主体信用或 CR 与 CI 产品发行人的矛盾,即使国家发行担保或国家发行的 CI 产品,却在全球资本市场上基本上已经消失。众所周知,尽管国家也有可能违约破产的,CR 也是存在有效期的,但在理论上,国家应该永续存在的,否则将质疑国家主权信用(National Sovereign Credit,NSC)及其货币发行权。如果 CI 产品因为"高利贷"而被资本市场抛弃,ARR 对于融资者来说也是"高利贷",尽管 ARR 对于资方/银行其实并未产生预期的超额利率。

如前所述,不超过 1.05% 基础利率的 10 年期 CI 产品,或者不超过 1.6% 基础利率的 7 年期 CI 产品,实际利率与 ARR 产品的利率相当,或者并不比 ARR 产品具有更高的"超额利润",因此这样的 CI 产品也算不上"高利贷"。如果超过上述基础利率,在年度指数效应推动下,CI 产品在价值上将远高于 ARR 产品,比 ARR 产品更具超额利润。那么,CI 产品消失的原因,究竟是因为市场利率下降了,还是 CI 产品触犯了什么天条,泄露了美联储的定价秘密,抑或违反了美元霸权(Top Chips),不得而知。但在负利率市场中,零息国债比比皆是,恰似 CI 产品回归,又似 ARR 产品转化为 CI 产品,CI 产品又将生机勃发,却为特殊目的——降低利率或降低融资成本,实现金融人权,造福人类。

第二节　必然性与矛盾性

爱因斯坦认为,复利是"世界第八大奇迹",不知是爱翁的笔误,还是后人的误解、误读,或者中文译者的误译,其实应该将其改为"人类第八大奇迹"。这是因为,爱因斯坦的相对论认为,宇宙世界是不存在时间概念,时间只是主观的,与人的存在相关。CI 产品中的持续时间(t),在 Spread 所基于的 PD 中也应该是不存在的;只因人的存在、死亡或破产,即人的(主观性)存在,才有了 Spread 的持续时间(t),Spread 据此而转化为 APR,进一步再转化 ARR 及其 CI。因此,爱因斯坦关于复利是"人类第八大奇迹"的说法,不知是对人类的赞许,还是对人类的嘲讽。

由 Spread 发展为 ARR,又进一步发展为 CI,体现了人类贪婪的本性,是人类弱点的必然产物。CI 产品是古老的高利贷"钱生钱"的代名词,是压榨社会民众的资本工具。由于兴起于中世纪地中海沿岸各国的私有经济与自由贸易,因此 CI 产品被基督教、伊士兰教所吐槽或不耻,但产生于等级社会的佛教却对此无动于衷,马克思、恩格斯均认为,ARR 产品与 CI 产品是金融资本的剩余价值或超额利润,却并未详述其所以然。

一、时间主观性

在爱因斯坦相对论中,宇宙世界是客观的,属于空间概念,并不存在时间。时间具有主观性,即人的存在性。也就是说,时间因人而存在,时间是人关于空间延展或空间延伸的观念,只是空间连续性的表述。因人而存在的时间,与人的死亡紧密相关。因人的死亡,包括法人的破产倒闭而消失的时间,关注着人的特殊行为与特殊状况。

以 PD 为基础的风险定价 Spread,原本仅与空间概念相关,空间分布不均的随机违约率(RDP)与 PD 并无关系,时间与 PD 或 RDP 从根本上讲毫无关系。但是,PD 又与融资主体及其融资产品有着密切关系,与人,包括自然人、法人等法律拟制人密不可分。空间概念的 PD 因此与人相关,时间概念必然会引入 PD 之中;又基于人的趋利性或贪婪性,特别在"资金成本论"的推动下,催生 ARR 产品或 CI 产品则成为必然。

二、时间价值

众所周知,从法律上讲,债权随着债务人死亡或破产而消失或无效;又因债务逾期可能带来法人的破产,债务时间性因此与法人的破产倒闭紧密相连。从 CR 上看,主体评级及其产品评级只是 1 年有效,这也是基于 PD 的年度统计。无论是历史纵向信用数据形成的 PD 并反映为主体的 CR,还是现实横向违约数据形成的 PD,均反映为风险定价 Spread。Spread 在主体性质与主体信用上决定了 ARR,如果主体被设定为可能死亡或自由破产的,APR 所代表的 Spread 由此应该转化为 ARR。如果主体被设定为永久持续的,Spread 不应转化为 ARR,只是 Capital 的 RRI;否则,就是对 Spread 因主体所带来的时间概念的曲解。

但是,在美元霸权条件下,在全球资本市场上,国家却并不作为永久持续存在的特殊主体而创造 Spread 的时间价值,并且抛不开基于资金成本论所形成的 ARR。正因为人与 CR 或 PD 息息相关,本来只属于空间概念的 PD 及其所反映的 CR,最终归于风险定价 Spread,并深深地打上了时间烙印,赋予 Spread 以时间价值而为 APR,进一步又转化为 ARR 或 CI。在人类逐利或贪婪本性推动下,Spread 的时间价值已经牢牢地嵌入了人类思维和金融理念中,形成了不可动摇的所谓"真理"。

三、Spread 与主体

1. 拟制人两可性

法律上的拟制人,有限责任公司/企业,表征了人类社会进步的一大奇迹。作为法律上的拟制人,既可超越自然人而获得永久存在,又可因负债逾期早于自然人死亡而破产,从而无法超越自然人,拟制人破产比自然人死亡得更早。公司/企业这种存在的两可性,使得 Spread 因时间因素而转化为 APR,进一步又演变成 ARR 与 CI,但也产生了相应的内在矛盾。

2. ARR 或 CI 的合理性

一般公司法人或融资主体,在债务期间或兑付期限内可能因债务逾期而破产,因为债务期间或兑付期限是以年度计算的。PD 是按年度统计的,以 PD 为基础的一般公司法人的 CR 评估也是一年有效的。Spread 因此也应体现为以年度为基础的 APR，及其衍生的 ARR 或 CI。这是因为，如果 Capital 成本为零，Spread 则为 RRI，即 PD 或 CR 以年度计算或评估的 RRI，由 Spread 转化 APR；如为一个年度，APR 与 Spread 相同；如 APR 持续几个年度，则可转化为 ARR 或 CI；每年 APR 相同，则不计入下一年度的 Capital，则为 ARR；如果每年 APR 计入下一年度的 Capital，则为 CI。

基于不同的公司法人或融资主体，CR 也是不同的。因此，融资主体只具有低 CR 的，融资产品一般都是短期的，不超过 1 年期限的 APR，其实并不涉及 ARR 或 CI。融资主体具有高 CR 的，融资产品可能是中长期的或超过 1 年期限的，就涉及 ARR 或 CI。但是，特殊主体国家及其自然人，却均涉及 ARR 或 CI，反而在很长一段时间里很少涉及 APR，只是近年来消费经济学所带来了个人消费金融，才开始涉及 APR。

在过去很长时代里，特别是发展中国家和地区以及落后国家和地区，在资金成本论的鼓吹下，Capital 是有成本的且必会产生收益。于是，基准利率可以由央行调节，美国国债利率不仅转化为 ARR 以表示对资金成本论的大力支持，RFIR 也远大于零，Spread 因此仅为风险利差，并非 RRI。这样，不仅 Capital 具有 ARR，犹如 ARR 的房产租金，而且 Spread 也如同 Capital，必然转化为 ARR 产品，甚至 CI 产品，以期获得超额利润。反过来，ARR 产品与 CI 产品却又证实了资金成本论，并因此成为金融学的基本常识，即使在 2009 年负利率时代的突然来临时，也不甘罢休。

四、ARR"零和游戏"

站在资方/银行角度看，尽管 ARR 所带来的时间价值可能为其创造剩余价值。对于 ARR 来说，FIS/Bond 到期还本，却是每年支付利息。那么，对于基于每年统计的 PD 或评估的 CR 来说，ARR 与 APR 一样，都是 Spread 的年度表现。这对于资方/银行来说，实际上并未因 ARR 获得剩余价值；对于融资者来讲，因 ARR 每年支付的利息，则是 Spread 乘数效应的融资成本，融资者因此支付了巨额利息。

举例来说，某一企业从商业银行贷款1亿元，期限为5年，ARR为3%，到期还本，总利息合计支出15%。如果RFIR为零，即RRI为3%，这个CR的融资企业，基于PD或CR的Spread也为3%，商业银行贷款因此并未获得期待的剩余价值。在这个条件下，ARR绝对属于"零和游戏"。商业银行按年度统计的PD为3%，并未因3%的ARR获得Spread的剩余价值，即使每年收到3%利息。融资企业却因此支出超过Spread的5倍利息，多付了12%利息。

在上述RFIR与Spread及其ARR条件下，即使按年等额还本并按年度付息，其实只是少了每年还本的利息，并没有改变ARR"零和游戏"。比如20年的Mortgage，每月等本或等额的还本付息，从商业银行角度看，所收ARR的利息与Spread或APR并无差别，并没有获得Spread的剩余价值或超额利润。从个人按揭者角度看，却因此多付了20倍利息，总共支付了Mortgage总额的57%，极大地提高了按揭成本。

可见，ARR形式的融资产品并未给融资双方带来更为有效的利益，却深深地陷入了"零和游戏"。从表面上看，商业银行因此ARR获得了剩余价值，却不断地产生不良资产，尽管以贷款创造货币(M2)的方式进行掩饰，却仍然严重影响到商业银行的资产质量。基于商业银行的信贷业务(融资产品)可以增发货币(M2)，从而掩盖了银行的不良资产，修饰了盈利报表，使得难以盈利的ARR形式的信贷资产获得了所谓剩余价值。因此，除非改变付息方式，或者采用其他计息方式，商业银行才能改变因ARR形式的融资产品所带来的"零和游戏"。

五、CI的矛盾性

1. 国家主体的矛盾性

国家作为特殊拟制人，根据各国法律与民族信念，国家应该是超越时间的法律拟制人。但是，国家却并未真正获得CI产品带来的利益，甚至不敢运用 CI 产品。第二次世界大战后美国成为世界霸主，美国 NSC 及其所支持的美联储应该是不会破产的，CR 也是最高等级的，Spread 因时间主观性的影响和作用因此可以消失。从这个意义上讲，RFIR 应该为零，没有任何成本与收益，仅为 Capital，Spread 应该成为 RRI。

但是，私人性质的美联储却利用 Spread 的时间特性，创造了 Spread 的时间价值，即 ARR。美联储通过发钞筹币税，宣布基准利率，及其抵押财政部所发行的美国国债，均运用没有时间概念的 Spread 去调整 ARR 或基准利率，为美联储带来不可言明的巨大利益。然而，美国政府曾经发行过的，或者由美国政府担保的 CI 产品，实际上与美联储的根本利益是相互冲突的。为了掩盖这个事实，这些以美国 NSC 发行或担保发行的 CI 产品却在资本市场上基本绝迹。

除美国以外的其他国家，特别是发展中国家和地区，由于这些国家 NSC 不足，或者 CR 低下，Capital 被视为具有成本的，RFIR 也不可能为零，Spread 只能为风险利差，不可为 RRI。比如中国 CR 仅为 A 左右，RFIR 基本上在 2.5%～3%。随着负利率时代的来临，目前发达国家和地区都已迈入了负利率时代，美国国债的 ARR 也将逐步消失，Capital 已经没有时间成本或时间价值，资金收益率为零，即 RFIR 等于零。

2. 金融机构的矛盾性

作为金融机构的商业银行，尽管存在不同年限的存款利率（ARR），却很少推出 CI 产品，这是因为 CI 产品存在较大的矛盾性，相当于个人认购金融机构或商业银行发行的 CI 产品。一方面，商业银行存在破产风险，监管部门对 CI 产品的长期风险存有疑虑，可能会引发商业银行的系统性风险。尽管商业银行具有存款保险，但不足以抵御商业银行的随机风险。只有那些不发达国家和地区的商业银行，由于监管缺位可能使用 CI 产品。另一方面，长期利率的不稳定性，可能导致商业银行损失巨大。随着人类或各个民族、个人的进化发展，文明程度与社会管理水平不断提高，信用体系的不断完善，市场利率水平在总体上应该是下降的，现在已经迈入了负利率时代。因此，CI产品不利于商业银行，商业银行可以运用替代产品来解决资本金与资本杠杆率问题，比如发行次级债或优先股。

3. 大型企业集团的矛盾性

大型企业集团曾于20世纪80年代发行过CI产品，比如前述美国通用公司。但CI产品却与大型企业集团CR的评估期限相矛盾，除非中国大陆无视这种内在矛盾，甚至为国资企业创造出"永续债"。

首先，大型企业集团受限于CR，CI产品对于企业集团并不有利。例如，美国通用于20世纪60年代发行CI产品，基础利率达到14%以上，金融机构据此推出CI产品与ARR的互换产品。因为金融机构可利用CI产品与ARR之间的Spread，又基于市场化的Spread不断下降的预期判断，从而可以获得"双利差"。

其次，因为大型企业集团的破产倒闭等不利因素不足以支持CI产品，必须由国家或金融机构进行无限责任担保。但是，对于这种担保在会计上的意义，还不如由担保方（国家政府或金融机构）自行发债，再行转贷给大型企业集团获得利差。因此，由国家政府或金融机构担保的大型企业集团的CI产品，逐渐消失于发达国家的资本市场。

4. 利率走低与超额利润的矛盾性

并非宗教鄙视"高利贷"，也非资方或银行不想获得超额利润，更非资本丧失了"贪婪"本性。也正是这些"高利贷"、超额利润与"贪婪"本性，形成如前所述的倒置信用的全球金融结构，导致全球资本市场上的利率总体向下，最终迈入了负利率时代。"美国两房"（2F American），让人看到了Spread的本质，机构定价可以调整为市场定价，特殊目的在于降低Spread或融资成本。2F American至少仍然存在这一事实本身，也证明了半个多世纪来全球市场利率总体向下，负利率时代肯定会不期而遇。如前所述，当基础利率低下时，CI产品甚至比ARR产品的剩余价值更少，于是贪婪的"资本家"将CI产品退出全球资本市场，也是历史的必然。

第三节　不同利率市场

一、利率

利率,基本上可分为 RFIR 与 RRI。RFIR 一般由 NSC 来决定,但也并非完全如此。比如,在全球金融体系中,以美国 NSC 为支撑的美元或美债,当然也有中国 NSC 为支持的人民币或国债,但两者却有所不同。相对于美债来说,中国国债则属于 RRI 产品,它一般是由市场主体信用决定的,是以 RFIR 为基础并加上其他各种因素形成的 Spread,最终形成市场所能接受的 RRI。比如,根据不同的 CR,金融机构或企业集团发行具有不同 RRI 的债券,CR 越高,RRI 越低。因此,利率应该分为两个不同层次的资金市场来述说,即 RFIR 市场与 RRI 市场,两者不能一概而论。

各个国家资本市场发展是不平衡的,发达国家和地区的资本市场更具市场化;发展中国家和地区或落后国家和地区,资本市场还未达到所谓市场化概念,或者市场化深度不够,在这种机构定价的资本市场上,不太准确的机构定价,往往远高于市场定价。机构定价运用的广度与深度也远大于市场定价,并且机构定价也是资本市场定价的参考依据。因此,机构定价便成为金融机构的利润,即剩余价值,这可从中国金融机构占取中国开放 40 年所新增利润中的 60% 以上这一数据中可以得知。

如果一国没有资本壁垒或外汇管制,RFIR 不为零,则应该是该国 NSC 在三大国际评级机构中的评级未致 3A(最高 CR),而发达国家和地区在全球资本市场上均已进入零利率时代,RFIR 均为零甚至为负。但是,正是因为以 NSC 支撑的一国资本市场,与美国 NSC 所支撑的全球资本市场有所区别,作为资产增信(CE on Asset,CEA),美国在金融担保(Financial Guarantee,FG)上发生了难以名状的困惑,增信的价值基础无法实现有限责任,并急急忙忙地被以同为 CEA 的信用违约互换(Credit Default Swaps,CDS)所取代,却不知 2F America 的权益增信(CE on Equity,CEE)

已经实现了 CELL。

二、利率市场

1. RFIR 市场

RFIR 取决于不同的金融体系。在全球金融体系中,以三大国际评级机构的评级体系中的 3A 为最高 CR,美国及其各个发达国家的 NSC 均为 3A。因此,在一国金融体系内,以 NSC 为基础的到期国债均为 RFIR,无论三大国际评级机构对这些 NSC 的评级如何。比如,发展中国家的中国国债,因其 NSC 在四大国际评级机构的评级体系中 CR 仅为 A,因此在全球金融体系中属于 RRI,但在中国国内金融体系中,中国 NSC 的 CR 却是最高的,中国到期国债也可为 RFIR。

正因为这种差别,RFIR 既可为零,也可不为零,Spread 因此也在风险利差与 RRI 之间徘徊或移动。对于一国的 NSC 来说,即使美国或者 3A 级的 NSC,也由于各种因素影响,RFIR 既可为零,也可不为零。在发展中国家和地区或落后国家和地区中,其国债对内称为 RFIR,对外只能是 RRI;即使作为 RFIR,也不可能为零,因此 Spread 也只能为风险利差而非 RRI。一国国债可能从全球资本市场上转换到一国资本市场上,从全球金融体系或资本市场转化为一国内部金融体系或资本市场。但是,要从一国资本市场转换为全球金融体系或资本市场,对于发展中国家和地区或落后国家和地区来说,却并非易事,对于发达国家来说,可能并无差别。

1) NSC 与 RFIR 市场

RFIR 市场是以 NSC 为支持的金融机构与市场化的金融机构,或者 NSC 为支持的金融机构相互之间的 RFRI 交易市场。在 RFRI 市场中,以央行、财政部等 NSC 为代表的国家机构,通过多种金融工具向这个 RFIR 市场批发资金;央行发行货币收取无偿使用且收息的筹币税,以基准利率批发资金给金融机构从而收取利差;财政部在债券市场上发行以 NSC 为基础的国债,既可确定 RFIR,又可调节 RRI 以获得 Spread。但美联储则不同,发行美元需要美国财政部抵押国债,不仅如同一般国债,既可确定 RFRI,又可调节 RRI 并收取 Spread,而且以财政部收取的税收向美联储作为担保,"见票即付",美联储据此获得美元发行的"筹币税"。

基于 NSC,无论央行,还是财政部,作为特殊法律拟制人,在法律上应该不存在"破产"之说,尽管执政者或政府可以轮换。因此,相对于这种永续存在的、极少法律拟制人,不仅无法形成 PD 所需的违约数据,而且也不应存在破产可能性导致 PD 的形成。据此可以判断,作为 RFIR 市场的资金批发机构,不存在 PD 所形成的违约损失或风险成本,RFIR 应该为零。据此可以得知,以 NSC 这种不可破产的主体信用所支持的 RFIR 应该为零。那么,批发资金的利差,无论基准利率,还是筹币税,抑或长期低息债券,实际上均来源于 Spread 的增信费用。当然,再加入时间概念,Spread 以 APR 或 ARR,甚至 CI 名义,批发 RRI 或 Spread。

由于在 RFIR 市场上,代表国家的金融机构向市场化的金融机构以各种形式开展资金批发业务,或者利率批发业务,包括但不限于基准利率、银行存款保证金与保险,国债或利率产品回购业务,购买或抵押融资资产或风险资产等金融资产。代表 NSC 的金融机构因利率批发业务获得了利润,即剩余价值。但是,如果 RFIR 大于零,则无法解释其所以然,或者不耻于向市场解读,只能解释为如同房地产或不动产租金具有 ARR。

2) CEE 与 RFIR 市场

由于美国属于联邦制,财政部或作为私人机构的美联储,与地方财政并无重大关系。20 世纪 70 年代的美国地方政府债或市政债,则以 RRI 市场的金融工具即 FG 机构进行增信,直至 20 世纪末发生了 2 家地方政府破产,导致 FG 退出资本市场。实际上,作为特殊法律拟制人发行的债券,美国地方政府债或市政债,应该利用 CI 产品所产生的时间价值,完全可将作为增信的 FG 视为 Spread 零售行为,通过 Retail & Wholesale 机制,将 Spread 汇集至增信机构名下进行 VM,并以 CEE 方式实现 CELL。

在 RFIR 市场上,也是可以通过增信将 RRI 转化为 RFIR。但是,

Spread 的转移方式、运用对象、特殊目的,却与 RRI 市场有所区别。因此,同为增信,RFIR 市场与 RRI 市场应该各自具有不同的增信工具。比如,2F America 作为 Mortgage 最大且最后批发机构,发行"两房股"与"两房债",实现了"两房股"对"两房债"的 CEE。但是,2F America 批发购买 Mortgage 的资金,却来源于 2F America 的政府支持企业(Government Sponsor Enterprise,GSE)性质,无论美联储基准利率贷款,还是美国 NSC 背书的"两房债"(只与美国国债只差 15~25 bp),均属于 RFIR 市场,而非 RRI 市场。但是,2F America 对资本市场上的 MBS 所提供的 CEA,却归属于 RRI 市场。

基于 CI 产品相对较低的基础利率可以比 ARR 产品具有更低的 RRI 这一特征,CI 产品其实属于 RFIR 市场,并不属于 RRI 市场。CI 产品,在 RFIR 市场上,可以通过 Spread 与 ARR 的相互转化,无论融资产品,还是增信产品,无论以 NSC 担保,还是 Spread 汇集所形成、以 100% 的风险覆盖率(Risk Coverage Rate,RCR)抵御 RPD 的数学模型为基础的 CELL。那么,无论代表 NSC 的金融机构,还是代表市场信用对 Spread 进行 VM 的 CEE,抑或 CI 产品,都属于 RFIR 市场。

即使在完全市场化的资本市场上,人们对于一些 NSA 仍然持有深刻的偏见,特别是对于个人融资(Financial for Person,FP)和基建融资(Financial for Infrastructure,FI)的"全球两融"(2F Global),认为其风险巨大,以至于只能由金融机构自行决定 RRI,即不太准确的、远高于市场定价的机构定价。机构定价的 2F Global,形成了金融体系特有的"融资难融资贵"的历史谜题。即使已经存在半个多世纪典范孤版 2F America,也并未引起全球金融界对于 2F Global 在认知上的改善。假设,2F America 的资金来源另有途径可以获得,那么,同样作为 NSA 的 2F Global,便可真正解决"融资难融资贵"这一历史谜题。

因此,2F Global 也必将如同 2F America 成立 AMC 进行 VM;作为 2F Global 的 AMC,也一定如同 2F America 成为法律上不可破产的法律主体,如同国家,必然属于 RFIR 市场。

2. RRI 市场

RRI 市场是指开展市场化的金融机构与融资对象、资本市场,或者金融机构相互之间的 RRI 交易市场。金融机构与融资对象通过融资行为,并以 Spread 为定价,形成了融资资产(FIS)。FIS 形成后,可以开展如下的资产交易。金融机构可以相互之间进行资产买卖,调剂补缺,优势互补,形成所谓同业资产交易。金融机构也可以把 FIS 转让给其他金融机构,称之为保理或弗费廷,也可以把 FIS 卖给其他金融机构或投资银行。金融机构也可以相互之间进行增信,无论形成 FIS 时,还是出售 FIS 时,一方金融机构可以为另一方金融机构形成或买卖 FIS 进行增信,把 Spread 从 FIS 分离出来,并由 FG 机构或 CDS 卖方持有,成为 Spread 持有人,即名义上的增信者。

在 RRI 市场上,基于主体信用年度评级的需求,以一国 NSC 的前提条件,金融机构再大也可能破产而不宜进行国家担保的原因,在 RRI 市场上难以开展 CI 产品业务,除非在资金稀缺的不发达国家和地区的资本市场上,或者无法在资本市场上募集资金,商业银行却又急需资金,才会以 CI 产品吸储。但是,其他金融机构或者企业集团却无法吸储,如果发行 CI 产品,缺少适当担保机构,除非国家担保。但在非发达国家比如几年前的中国,金融机构或商业银行被认定为具有 NSC,是不会破产的。这样的 CI 产品,既不利于企业集团,又不利于金融机构,或者仅为"黑市产品",当然会消失于全球资本市场。

1)机构利率与 RRI 市场

RFIR 如为零,则为 Capital,Spread 为 RRI;RFIR 不为零,Spread 只是风险利差。因此,Spread 为 RRI,须基于 RFIR 为零这个事实而产生;增信,无论是 CT,还是 SP,均可使 RRI 转化为 RFIR。在金融体系完善或发达的时代或国家里,如果没有 RFIR,也就不可能有 RRI,两者相辅相成,促进金融体系更趋完善或更为发达。但是,这并不意味着目前全球金融体系或资本市场尽善尽美,只是相对金融体系不完善或不发达的时代或国家而言。在金融体系不完善或不发达的时代或国家里,可能并无 RFIR 与 RRI 之分,均为(金融)机构定价,都是由国家政府主导利率,并非市场化利率。因此融资利率只是一个钱的"官价",如同房产租金收益(ARR),特别强调 Capital 的时间价值,导致 ARR 产品与 CI 产品盛行。

2) 金融机构与 RRI 市场

银行机构与广大储户之间的风险利差交易,即存款。因货币超发与贷款对象、贷款产品风险上升,资管成本上升,导致银行机构与储户之间的存款产品风险利差消失,而且开始收取存款管理费。因此,银行机构或金融机构大力推进资管产品,不仅使广大储户转化为资管产品投资者或资管客户,而且把许多机构客户改变为资管客户。通过 FIS,或者结构性资管产品,金融机构与资管客户之间实现风险利率交易。

在资金零售市场上,ARR 产品零售交易比比皆是,无论是存款,还是贷款;无论是信托,还是租赁;无论是发行债券,还是机构融资,只要是超过 1 年期限的中长期融资,无论直接融资,还是间接融资,均以 ARR 方式定价或计息。金融机构先从资金的 Retail & Wholesale 市场上批发低利率的资金,然后在零售业务中获得批零利差,即剩余价值。当然,由于零售金融机构资产管理或风险控制各有不同,又基于 RPD 分布不均,各个零售金融机构所获批零利差或剩余价值是不同的。

3) CEA 与 RRI 市场

如前所述,具有 CR 的金融机构或企业集团的 FIS 或 Bond,或者 UA,可以通过增信,把 FIS/Bond 中的 Spread 转移出来,或者 Spread 作为信用交易定价而转移;经增信,无论是 SP 方式,还是 CT 方式,FIS/Bond 则由 RRI 转化为 RFIR。比如,某个投资者持有某一只上市公司 Bond,并买入一个 CDS 进行风险对冲,投资者因此所持有的这只上市公司 Bond 即由 RRI 转化为 RFIR。又比如,某个企业集团要发行 Bond,并获得最高 CR (3A) FG 机构的增信,因此这一企业集团 Bond 也应该由 RRI 转化为

RFIR。无论全球金融体系或资本市场,还是一国金融体系或资本市场,增信的 FIS/Bond 均可从 RRI 转化为 RFIR。但是,作为增信,无论 SP,还是 CT,必须为一国金融体系或资本市场所认可。增信如为全球金融体系或资本市场所认可,那么,RRI 便可在全球金融体系或资本市场上转化为 RFIR。

如上所述,基于增信,RRI 均可转化为 RFIR。但在不同的时代或国家里,增信所运用的金融工具或增信产品是不同的。在金融体系不完善或不发达的时代或国家里,盛行似是而非的增信,即民事担保(Civil Guarantee,CG),如政府信用担保或资本机构担保。NSC 至高无上,金融机构因为 NSC 背书,即使它们在全球金融体系中属于低级 CR,甚至垃圾级 CR。因此,这种 CGUL 并不能使 RRI 均可转化为 RFIR,其实只是担保人的 CR 决定着 FIS/Bond 的 CR。

因此,民事担保只能运用于欠发达国家的金融体系与资本市场,却难以运用于全球金融体系或资本市场。在融资体系完善或发达国家里,已经盛行 CELL,尽管目前还是附条件地实现,比如 FG 或 CDS。直到目前为止,增信已经为全球金融体系或资本市场所认可,可将 FIS/Bond 转化为 RFIR,这可能是欠发达国家的金融体系与资本市场所难以理解与接受的。

比如,尽管中国 2010 年已有类似 CDS 这类增信产品,比如 CRMW/CRMA,2016 年也正式引入了 CDS,但却仍然服从于 CGUL,并根据 CG 法律对待 CDS,或者 CRMW/CRMA。但无论如何,CEA,FG 或 CDS 均属于 RRI 市场,不属 RFIR 市场。

4) R-ABS 与 RRI 市场

如前所述,2F America 作为 R-ABS,其所实现的 CEE,应该属于 RFIR 市场。但金融机构可把 FIS 进行再融资而开展 G-ABS,却只属于 RRI 市场,其实与 CEA 没有多大区别。在 G-ABS 中,FIS 通过 Retail & Wholesale 机制,转移至于 SPV 名下换取 SPV 权益,再通过出售 SPV 权益达到再融资这一特殊目的。由于资产转移很难实现"真实出售",并且要求独立的第三方的 CE,即所谓"外部增信"。所谓"外部增信",实际上就是把 SPV 名下基础资产中的 Spread 或 RRI,通过对信用交易定价进行转移,如为 CDS,则是金融机构与资本市场进行 Spread 交易;如为 FG,则为金融机构与 FG 机构之间进行 Spread 交易。

第二章
Spread：创导金融人权

SPREAD,
IT'S PARTED &
VALUE MANAGED

利差增信的价值管理
——开启财富之天眼

第一节　CI 特性与降低利率

一、基础利率下的利息可大于本金

如前所述，CI 价值主要是时间价值，即 CI 的基础利率下的利息在时间指数效应下的价值超过 Capital。比如，ARR 为 10%，10 年利率总和约为 100% 的 Capital；CI 的基础利率如为 10%，10 年利息总和约为 1.6 倍于 Capital；而且，时间越长，基础利率所产生的价值越大；CI 为指数增长效应，ARR 仅为乘数增长效应。以下两个 CI 产品案例可以证明：

1981 年，美国通用下属企业（GMAC）发行为期 10 年的 CI 产品，面值为 1 000 美元，发行价为 252.5 美元，基础利率为 14.75%。1982 年，美国百事可乐发行为期 30 年 CI 产品，面值为 1 000 美元，发行价为 60 美元，基础利率为 9.83%。美国通用的 10 年期 CI 产品的时间价值，或者为 Capital 创造的剩余价值或超额利润为 747.5 美元（1 000 − 252.5），时间所创造的价值远大于 Capital（发行价），约为 Capital 的 2.96 倍。美国百事可乐的 30

年期 CI 产品的时间价值,或者为 Capital 创造的剩余价值或超额利润为 940 美元(1 000－60),时间所创造的价值远大于 Capital,约为 Capital 的 15.67 倍。

对于 CI 产品来说,时间越长,其所创造的剩余价值越大。美国通用 CI 产品以 10 年时间创造了 2.96 倍的 Capital 价值,美国百事可乐 CI 产品却以 30 年时间创造了 15.67 倍的 Capital 价值。与美国通用相比,美国百事可乐 CI 产品的时间增长 3 倍,但价值增长却为 5 倍。更重要的是,美国百事可乐 CI 产品的基础利率仅为 9.83%,远比美国通用 CI 产品的 14.75%基础利率要低,但价值增长却远超美国通用的 5 倍。反之,美国百事可乐的 Capital 仅为 1/15.67,美国通用的 Capital 却为 1/2.96,但是基础利率前者仅为 9.83%,后者却为 14.75%,前者约为后者的 2/3,基础利率远远小于后者。

二、CI 产品的内在矛盾

1. 发行人信用矛盾

上述 CI 产品的基础利率,是依据上述两个美国公司的 CR 来确定的,无论美国通用的 14.75%基础利率,还是美国百事可乐的 9.83%基础利率。尽管在 CI 产品的票面上已经包含了基础利率,但 CI 产品却存在着与发行人的 CR 或 PD 的深刻矛盾。因为在以 CR 为信用定价(Spread)的条件下,融资主体基于 PD 统计的 CR 评估,其有效期限仅为 1 年。未来而非现在,应该不具确定的 CR 或 Spread,却为何在未来 10 年,甚至 30 年里已为上述两个美国公司通过 CI 产品确定了指数增长的基础利率 9.83%或 14.75%。

如果上述两个美国公司中的任何一个公司,或者在未来 10 年里,或者在 30 年期限内发生破产,投资者何以规避破产风险。CI 产品原本应在 RFIR 市场上代表 NSC 的各类机构,在法律上设置为不可破产。作为不可破产的法律主体,代表 NSC 的各类机构发行 CI 产品,或者代表 NSC 的政府机构担保的 CI 产品,无可厚非。但是,作为市场主体的企业集团,破产倒闭却是不可避免,如果在 RRI 市场上发行 CI 产品,存在着难以自我周延的天然缺陷,以及无法调和的内在矛盾。

2. 与社会经济发展的结构性矛盾

基于上述内在矛盾所发行的 CI 产品,必然也在 CI 产品上体现出巨大的矛盾。首先,对于资本市场上的投资者来说,除了上述破产风险,CI 产品可以获得远大于 Capital 的巨额利息,即剩余价值或超额利润。CI 产品所带来的超额利润,不仅早已为世界主要宗教所不齿,现也已为发达国家所吐槽,更是不利于改善贫富差距,可能导致社会矛盾日益尖锐。其次,对于国家来说,除了政治理念,CI 产品的破产风险可能给社会经济发展与进步带来不良影响。最后,对于融资企业来说,CI 产品其实是基于资本市场不发达而不得已而为之,但随着社会经济生活的健康发展,CI 产品并非融资企业所必须,肯定有更多更好、成本低廉的融资产品可以选择,如次级债、可转债与优先股等。

随着资本市场可替代的融资产品层出不穷,无论是可转债、次级债,还是优先股,必将导致 CI 产品从 RRI 市场上消失。因为其过于贪婪,所以必然灭亡。然而,令人不解的是,国家担保的 CI 产品,在 RFIR 市场上也逐渐退出历史舞台,不知是其他利率产品足以应付市场需求,还是惧怕泄露 NSC 对于 RFIR 的关系,如同 Spread 对于 RFIR 的关系,或是惧怕泄露 NSC 与 Spread 关系,不得而知。

近几年来,中国金融业界或金融学界却热衷于探讨 CI 产品在中国资本市场上或 RRI 市场上实践的可能性,这无疑是资本市场资金偏紧的信号,或者符合了金融集团的既得利益,却根本不知 CI 产品在全球资本市场上消失的根本原因。从金融或利率上讲,中国基本上属于"高利贷"的初级资本主义,既得利益的金融集团希望获得无限增长的资本利得,关注于 CI 产品应在预料之中。但是,CI 产品是一把"双刃剑",资方既有巨大经济利益,也有融资方潜在的巨大破产风险。

三、CI 价值可小于 ARR

1. CI 产品属于 RFIR 市场

如前所述,CI 产品,在一定年限条件下,当基础利率较低时,CI 产品所实现的利率价值比 ARR 产品还要低。比如,10 年期 CI 产品的基础利率如果低于 1.05%,7 年期 CI 产品的基础利率如果低于 1.6%,CI 产品所实现的剩余价值比 ARR 产品还要低。这样,虽然可以获得超额利润的 CI 产品在 RRI 市场上已经无法生存,但较低基础利率的 CI 产品却可在 RFIR 市场上发扬光大。

2. CI 产品可以破局 RRI "零和游戏"

当 CI 产品的基础利率较低时,Spread 可以直接对 CI 产品进行风险定价,不仅可以降低融资产品(FIS/Bond)ARR 的定价,或者降低融资成本,同时 CI 产品发行人可以获得低成本资金,可以使资方/银行在扣除基于 PD 的 Spread 后获得当期利润,尽管总体利率价值减少了。

举例来说,CI 产品发行人基于 CR 的 Spread 为 5%,发行 10 年期 CI 产品,票面价为 100 元,发行价为 85 元。通过简单计算可以发现,相对于 CI 产品发行人的 CR,或者基于 PD 的 Spread 为 15 元,约为 17.65%,远大于原来的 5%。但是,CI 产品的基础利率却不到 1.64%,以 ARR 定价方式计算约为 1.765%/年。CI 产品所获得的现有 Spread 价值为 15 元,扣除基于 CR 的 Spread 价值 5 元,剩下 10 元的 Spread,既可视为 CI 产品投资者或持有人的利润,也可与增信机构分享,把 CI 产品的破产风险(Spread)从 CI 产品(Bond)中分离并转移出去,CI 产品即可转化为 RFIR。

由此可见,以 Spread 直接定价的 CI 产品,可以破局 ARR 产品所形成的"零和游戏",不仅 CI 产品投资者或持有人,或者资方,可以获得超过基于 PD 的 Spread 以外的剩余价值,而且 CI 产品发行人的融资成本大幅下降。进一步来看,若 CI 产品投资者或持有人惧怕 CI 产品发行人的破产风险,可以卖掉一部分 Spread,对 CI 产品进行增信,CI 产品可以转化为 RFIR。增信机构因为获得超过基于 PD 的 Spread,同样可以获得增信利益而转化为当期利润。更重要的是,CI 产品的 Spread 一旦与增信产品相结合,成为增信产品的价值基础或基础资产,增信产品必将实现 CELL。

3. 中国必然选择

中国作为金融大国而非强国,理论上金融实务相当于资本主义的初级阶段,无论 NSC,还是整体金融机构或企业集团,在国际三大信评机构的评级体系中,CR 均不是很高。因此,中国还不如抛弃 CR,以 Spread 直接定价的 CI 产品取代以 CR 为基础的 ARR 产品。这样不仅可以破局 ARR "零和游戏",改善商业银行的信贷资产质量,改变"融资难融资贵"的不良现象,而且可将 CI 产品与 CE 产品完美结合起来,可能成为一切融资产品的信用基础,甚至可能取代美国的 NSC,彻底改变全球金融体系与资本市场。在负利率时代,CI 产品与 CE 产品相结合,对于 2F Global 来说,可以降低融资成本,为促进个人全面进化发展,社会经济平稳健康增长,从而造福于全人类提供有效途径。

第二节 CI 定价与实施条件

一、Spread 定价于 CI 产品

基础利率低的 CI 产品,可产生比 ARR 定价的 FIS/Bond 更低的融资成本。如上所述,CI 公式的票面价计算为:

$$S = C(1+R)^t$$

或:

$$R = \sqrt[t]{S/C} - 1$$

其中,C 为 Capital 的发行值;S 为票面价;t 为发行年限;R 为基础利率。当 $S=100$,$t=5$、7、10、15、30,$C=95$、90、85、80、75、70、65、60、55、50 时,R 的计算结果如表 2-1 所示。

表 2-1 CI 产品基础利率表

t	5	7	10	15	30
FIFR(0)	0	0	0	0	0
C(Spread)	基础利率				
95(5.26)	1.03%	0.74%	0.514%	0.34%	0.177%
90(11.11)	2.13%	1.52%	1.06%	0.71%	0.35%

(续表)

t	5	7	10	15	30
85(17.65)	3.30%	2.35%	1.64%	1.09%	0.54%
80(25.00)	4.56%	3.24%	2.26%	1.50%	0.75%
75(33.33)	5.92%	4.19%	2.92%	1.93%	0.96%
70(42.86)	7.39%	5.23%	3.63%	2.41%	1.20%
65(53.85)	9.00%	6.35%	4.40%	2.91%	1.45%
60(66.67)	10.76%	7.57 %	5.24%	3.47%	1.72%
55(81.81)	12.70%	8.91%	6.16%	4.07%	2.01%
50(100)	14.87%	10.41%	7.18%	4.73%	2.34%

举例来说,以 PD 为风险定价的 Spread 为 11.11%,运用于 Mortgage,并设计为 CI 产品或 ARR 产品进行比较。10 年期 CI 产品的基础利率为 1.06%,ARR 产品则计算为 1.11%;15 年期 CI 产品的基础利率为 0.71%,ARR 产品则计算为 0.74%;20 年期 CI 产品的基础利率为 0.53%,ARR 产品则计算为 0.55%。设想一下,如果 RFIR 为零,以个人 PD 为基础的风险定价,Spread 为 11.11% 计算,如果不计算批零差价或经营成本,相当于 10 年期 ARR 产品的年利息为 1.11%,如支付 Capital 的 11.11% 作为利息,Capital 总额即可按月度、年度等额支付,甚至到期支付。如果融资机构觉得个人贷款存在风险,可与增信机构以 CE 方式分享 11.11% 的 Spread,或者另行确定 Spread 及其分配比例。

如此算来,CI 产品便可为个人融资者大幅下降 Mortgage 融资成本。中国原来的 5% 左右的 Mortgage 利率,10 年可节约 80% 的 Mortgage 利息,20 年可节约 90% 的 Mortgage 利息。按发达国家 3% 左右的 Mortgage 利率,10 年可节约 67% 的 Mortgage 利息,20 年可节约 83% 的 Mortgage 利息。由此可见,CI 产品如果能够实施,将大幅降低 Mortgage 融资成本。上述以 Spread 定价的 CI 产品所透露的有价信息如下:

其一,11.11% 的 Spread,对个人 Mortgage 的 PD 来说,应该是比较合适的风险定价。Spread 可以直接为 CI 产品定价并用于 Mortgage,由此可以获得比 Mortgage 的 ARR 产品更低的融资成本,或者可以募集比 ARR 产品更低成本的资金,特别对于 2F Global 来说,可以真正实现金融人权。这样,Mortgage 的机构定价,通过 Spread 对 CI 产品的定价,不仅可以降低 Mortgage 的融资成本,而且也可以对不具 CR 的个人,或对 NSA 进行风险定价。

其二,CI 产品在一定期限条件下,在较低利率基础上,其所产生的总体利息才可比 ARR 产品的总体利息要少,在这个意义上就是降低融资成本。其中还包括两层含义:一是 CI 产品期限不同,所要求的较低基础利率是不同的。比如 7 年期 CI 产品所要求的较低利率与 10 年期 CI 产品不同,期限越短所要求的利率越低。二是相同的较低基础利率,不同期限的 CI 产品所降低的融资成本是不同的。CI 产品期限越长,其所降低的融资成本越低。

其三,可以降低融资成本的 CI 产品,前提条件是 RFIR 为零。以 Spread 定价于 CI 产品的真正切入点,目前只能是已经进入负利率时代的发达国家和地区。由于目前中国的 RFIR 为 2.4% 左右,10 年期的 CI 产品基础利率需要再加上 2.4% 的 RFIR,合计 3.405%,已经不符合 CI 产品对较低基础利率的要求。因此,Spread 无法为中国发行的 CI 产品进行风险定价。

其四,CI 产品所具有的内在矛盾所形成的产品风险应该得到克服,否则难以为厌恶风险的资本市场上主流投资者所接受。也就是说,CI 产品一旦成行,发行人可以在很长期限内不用还本付息直至 CI 产品到期,如发行人在 CI 产品到期之前因为其他债务破产倒闭,将会使 CI 产品投资人损失惨重。

CI 产品发行人的风险控制将是一个重大问题。要么 CI 产品发行人如同国家,至少在理论上是永续存在的,不会破产倒闭;要么 CI 产品发行人借用国家担保,在理论上如同国家一样永续存在;要么 CI 产品发行人借用市场机制,以现代增信替代国家担保,但 CI 产品发行人仍然存在风控问题。由于 CI 产品发行人属于市场化产物,不具有 2F America 的"GSE"性质,因此 CI 产品发行人只能运用市场化的增信方式替代国家担保。但是,增信运用现有信用转移(CT)的增信方式,还是独创利差转移(SP)的增信方式,是 CEA,还是 CEE,有待详解。

其五,如果运用市场化的现代增信方式,CI 产品可为增信提供极有价值的相关信息。CI 产品到期前,不仅可为增信提供较长时间的风险资产或增信资产调账期限,也可为风险资产或增信资产提供相应的增长率空间。也就是说,如果增信资产/增信产品可以如同保险资产/保险产品一样,适用于先计提 MC,到期实际结算盈亏的财会原理,而不是从头到尾的"或有负债"。

因此,CI 产品可为增信资产或增信产品提供最大期限的管理时间(Margin Time,MT)。在 MT 期间内,可以先计提 MC,形成年度利润;也可根据不同年度的 MC 进行市场价格调整,形成较为准确的 MC;在 MT 到期时再对 MC 进行核算,调整 MC 为实际盈亏入账;年度利润在年度增长率的支持下则可迅速累积,逐步形成 100% RCR 去抵御 RDP。因此,增信资产或增信产品持有人或增信机构,必须掌握好、利用好 MT,以增信资产或增信产品作为 CELL 的价值基础。

其六,市场化的增信机构,必须控制 CI 产品发行人的风险,包括经营风险和破产风险。经营风险就是 CI 产品发行人的业务风险,该业务是否可以持续经营,是否符合持续经营的条件。破产风险是指在 CI 产品存续期间因其他债务而破产倒闭,这个风险必须由增信机构来控制。

其七,CI 产品直接运用于客户并形成 Mortgage,这是属于零售业务及其 RRI 市场的运作。基于较低基础利率的 CI 产品则属于批发业务及其 RFIR 市场,这里显然具有矛盾性,而且控制 CI 产品发行人的破产风险也是无法回避的。首先,从事零售业务必有竞争,不可能由一个融资机构直接从事所有 Mortgage "制造"工作,零售市场份额很难占有。其次,从事 Mortgage "的制造"业务或零售业务的金融机构,并不一定有能力对 Mortgage 进行以 AM 为基础的 VM,管理好 Mortgage。再次,如果独家经营,可能导致垄断市场,难以实现降低 Spread 或融资成本这一特殊目的。

因为一旦垄断 Retail 市场，零售机构很难降低 Mortgage 的融资成本。据此，必须配置资产 Retail & Wholesale 机制与 R-ABS 机制来解决前述几个难题，如同美国的 Mortgage 的 Retail & Wholesale 交易市场则是由 Rocket Co 与 2F America 构成了资产 Retail & Wholesale 关系，尽管 Rocket Co 已经占有 12% 的 Mortgage 市场份额，是美国最大的 Mortgage 零售机构；否则，任由零售机构兼任 AMC 机构，如同中国从事个人贷款（FP）的蚂蚁科技或京东数科垄断 FP 市场，致使中国 FP 市场十几年来始终处于高利贷阶段，无法实现降低 Spread 或融资成本这一特殊目的。

其八，作为 Mortgage 的零售机构，如何可以获得 CI 产品的不间断的募资或融资支持，即使 AMC 机构批发购买 Mortgage 或 FP 的资金来源也会成为问题。中国网贷公司跌入 P2P 陷阱，在本质上就是无法解决"制造"资产所需的源源不断的资金来源问题，这也是 2F America 基于"GSE"性质借用美国 NSC 才可存续至今日，成为全球孤版的原因。如果零售机构或批发机构只是市场化操作而产生，特别是 2F Global 的 AMC 机构，更须解决上述资金来源问题；否则，资产 Retail & Wholesale 机制与 R-ABS 机制无法存在。那么，市场化的增信，应该可以通过为 2F Global 的 AMC 提供低成本的资金。在增信条件下，CI 产品应该可为 2F Global 的 AMC 提供低成本的资金。这样，Spread 则可在 CI 产品的 MT 中创造空间价值，设计出以 100% 的 RCR 抵御 RDP 的数学模型，最终实现 CELL。

其九，由 Spread 直接定价的 CI 产品，可为增信机构提供非常关键的 MT，也为增信机构创造全新"增长率"的空间价值，从而涉及改变现有信用转移（CT）的增信观念，重新建立以利差转移（SP）为核心的增信理念，并对因 SP 所形成的纯粹风险资产（Risky-Asset，RA）进行 VM，为 Spread 配置 Retail & Wholesale 机制与 R-ABS 机制。

二、降低融资成本，实现金融人权

综上所述，如果 CI 产品与增信产品进行完美结合，也许就是对 Spread 及其 SP 进行 VM 的最佳形式，可为 2F Global 的 AMC 提供低成本资金，这是 2F Global 的 AMC 存在与发展的必要前提；否则，2F Global 的 AMC 难以开启历史使命，或许重演中国的"P2P"悲剧。基于 CI 产品与增信产品的完美结合，不仅 UA 可以降低 Spread 或融资成本，NSA 也可在确定并降低 Spread 或融资成本，特别是对于 2F Global 来说，不仅可以复制 2F America，使得 2F America 也将不再成为全球孤版，而且有利于保障人类全面进化发展，在世界各国实现金融人权，从而造福于全人类。

第三节　金融人权及其维权

一、基于"人法论"的人权

所谓人权，其实并不关注平等主体之间的权利义务，其专注的重点是超越平等主体之间的权利义务，关注的是不平等主体之间的权利义务，或者"号称"的、"形式"的平等主体之间的不平等权利义务。因为所谓各个"平等主体"，其实都处于一定社会关系中。抽象来说，各个主体是平等的；具体来说，有的主体在一定的社会关系中是平等的，但有的主体在一定的社会关系中是不平等的；有的主体在某个社会关系中是平等的，在另一个社会关系中却是不平等的，并且由此不平等关系导致另一平等关系破裂或无效，也演变成不平等关系；再进一步来说，社会关系并非完全独立，一般都是相互交织的，并且可能由一种社会关系隶属于另一种社会关系。因此，即使一种平等关系，也可能因另一种不平等关系而变得不平等。

关键在于，各个主体在其所处的具体社会关系中的平等权利义务，一种平等关系可能掩盖着另一种不平等关系。比如，家长与孩子在财产继承上的平等关系，不可替代在监护关系上的不平等关系，即在监护关系上家长是管理人，儿子是被管理人；在夫妻关系中的平等性，并不能取代可能的上下级行政关系上的不平等性，比如，由丈夫为官员或高官，妻子为职员或低级官员所形成的不平等行政关系。个人与金融机构在经济关系上的平等性，并不能否认双方在资管（信托）关系上的不平等性，因为金融机构是资管（信托)关系的管理人,个人只是资管(信托)关系的被管理人;同学之间的平等性,并不抛弃各自专业关系上的不平等性,比如,A同学为医生,B同学为患者,在医疗专业关系上,A同学是管理人,B同学是被管理人。

"人法论"关注不平等主体之间法律关系及其调整机制,必然关注人权。人权,在"人法论"中就是保护不平等法律关系中的被管理人权利,或者保护"弱者"权利;保护"弱者",就是制约管理人,调整管理人为义务人,或者被管理人为权利人。在现有不平等法律关系中,"人法论"所提倡的各种人权具有数十种,但最主要的人权,包括个人(自然人)与特殊主体国家之间的"政治人权",个人与国家政务机构之间的"行政人权",个人与经济管理人之间的"信托人权",及其衍生的个人与金融监管机构之间的"金融人权"等。

所谓"反人权",就是在各种不平等关系或管理关系中,管理人以统治者自居,将被管理人作为管理对象,只强调管理人的管理权利或统治权力。在管理关系中,法律根本没有对管理人进行限制或制约,或者没有要求管理人对被管理人承担管理责任,即使被管理人出现重大问题,或者导致被管理人的损灭或利益损害,管理人也无须承担法律责任,或者仅要求按照行业自律处理,或者只须承担道德责任,或者按照一般违法处理原则追究其相应责任,从而根本无法追究其管理责任;反之,被管理人没有办法采取专业知识或信息对称的方式对管理人进行限制或制约,真正成为各种管理关系中不受法律保护的"弱者"。

二、金融人权

所谓"金融人权",就是基于个人与金融机构的不平等关系,或者基于金融专业管理关系中的管理人(金融机构)与被管理人(个人)之间的不平等关系,依据"人法论",应该保护金融专业管理关系中的被管理人或个人,即保护"弱者"。与此同时,"人法论"又要求调整这种不平等关系,将被管理人视为权利人,将管理人视为义务人,并由管理人对被管理人承担管理责任,此即可称为"金融人权"。

1. 创导金融人权

金融人权,与其他人权(包括政治人权、行政人权、信托人权、专业人权)一样,均应为"人法论"所关注的基本人权。"人法论"所关注的基本人权,并不要求完全的平等人权,而是基于现实不平等的人法关系,追求保护"弱者"的人权,调整不平等关系中的相应权利义务,即在各种人法关系中所形成的不平等管理关系,需要给予被管理者以人权保障,限制约束管理人,并由管理人对被管理者承担管理责任。

结合"出民而入刑"和"有罪推定"原则,要从法律上对管理人进行约束,而不仅仅是纪律道德上的约束或自律约束,从而导致管理人在金融管理关系中只是承担对于被管理人的管理义务,如同家长之于幼儿,给予幼儿以"家庭人权"以限制约束家长权力。金融人权属于专业人权,在专业领域里,同样会形成管理人与被管理者之间不平等人法关系,因此必须给予被管理者以专业人权以保护"弱者",限制约束专业管理人。金融人权就是要在金融专业领域里最大限度地限制、约束金融机构,才能最大范围内保护在专业领域中的弱者或"金融弱智",即给予广大民众以金融人权。

2. 维护金融人权

金融人权,除了对违反金融人权的金融管理人实行"出民而入刑"和"有罪推定"原则外,更重要的是,金融产品具备"知情权"。金融产品"知情权",不是简单地把广大民众作为合同平等关系来签订购买金融产品的相关合同,也不是不嫌其烦地要在签订相关合同前告知广大民众有关金融产品的相关风险。因为,金融产品的相关合同既包括了平等的合同关系,又包括了不平等的金融专业管理关系。以不平等的金融管理关系去替代平等的合同关系,这是目前金融管理机构惯用的手段或伎俩。在签订金融产品相关合同前的告知行为,往往是概然性告知金融产品的相关风险,也是惯用伎俩的"装饰"。因为"金融弱智"或广大民众根本不懂得金融产品及其风险条件,无法弄明白所谓金融产品的专业风险。因此,以所谓合同的平等关系去签约,以金融管理不平等关系去告知,何以真正保护"金融弱智"或广大民众的金融人权,这是目前最显著的违反金融人权事例,关键在于理解金融知情权。

  金融知情权就是在金融机构设计金融产品时，或者推向市场之前，应该如同公共产品或公共服务产品，由金融监管机构聘用独立专业金融人士对金融产品进行质询，或者公开质询内容，或者发表专业文章，或者召开专业质询听证会，以便金融监管机构对金融产品及其专业风险在推向市场之前得以管控，并给予保护"弱者"的所有措施与权利。比如，金融产品所有未披露的专业风险，则由作为管理人的金融机构承担责任；所有披露的专业风险，金融机构应根据其经验与专业，谨慎运用并对被管理人承担管理责任，对于应该可以防止而未有效防止的，或者产生实际不利于被管理人的结果，则由金融机构承担责任，或者运用"出民而入刑"和"有罪推定"原则追究金融机构的管理责任。

  目前中国存在的、各种明显的违反金融人权的现象，不仅广大民众并不了解，即使金融监管机构也听之任之，比如：预付利息。众所周知，即使按照"资金成本论"，利息也应该是到期支付。但现实中确实存在小贷机构预付利息的现象，其中包括有的融资行为一次性预付利息；有的先计总息，然后分摊到每月或每季支付利息，实际上也是预付利息；更有的融资先算总本息，然后按月平均收取。这种"算法"，不仅发生了预付利息，而且每月还本的部分也已计息，这实际上是"骗息"。因此，很多利息的"算法"，就是剥削，榨取融资者的"超额利润"。

  金融监管机构却对此利息"算法"，不仅不干预、不取缔，还以所谓平等主体自愿签约为由，保护这种剥削行为，实际上就是违反"金融人权"。这种违反"金融人权"的现象，在我们这个星球上，不仅在过去，而且在现在，甚至在未来很长的一段历史长河中会持续存在下去。因此，倡导金融人权已经刻不容缓，已经到了我们每一个人都应该奋起反击、捍卫人类金融人权的历史时刻。除非这种"算法"用于维护金融人权，避免残酷剥削或超额利润，真正消除融资行为中的"骗息"现象。

三、降低利率，才是金融人权的根本

由于金融行业属于专业经济领域，广大民众很难理解金融产品及其相应风险，需要独立的专业机构、专业人士对金融产品及其相应风险发表独立见解：金融产品对广大民众的利弊得失，风险大小与可能承受程度。金融机构仅仅以告知形式以求摆脱发行金融产品的管理责任，仅仅以合同平等关系要求平等主体（广大民众）签约，谋求"抛锅"，掩盖金融管理关系中的管理人应对被管理人（广大民众）须要承担的管理责任，这就是有违金融人权。

利率已经构成了现代金融体制的最重要部分，对于广大民众（金融弱者）来说有着非常切身的关系。无论是人生成长中的大学生贷款，毕业后追求人生发展的创业贷款，还是婚姻家庭稳定幸福所需的按揭贷款，家庭追求快乐休闲生活的消费贷款，以及保障和维护个人幸福快乐生活的基础设施所需的基建融资，2F Global 对于全人类健康进化发展具有不可估量、不可或缺的重大意义。因此，我们每一个人都应该要求金融监管机构将利率的时空价值公之于众，维护人类与生俱来的金融人权。

例如，利率到底是如何构成的，构成因素又是什么，以及这些因素是如何变动的；为什么会有 ARR 产品或 CI 产品，及其所基于的主要因素为何，与 PD 或 CR 及其 Spread 是什么关系；金融机构提出的按月付息与年化利率如何界定，小贷公司的预付利率是否符合利率的合法概念；如果可以为广大民众提供更低的融资成本，为什么政府却站在资方/银行角度；为什么中国民众作为 Mortgage 融资人要比发达国家多支付 3 倍左右的利息，Mortgage 利率还有多少下降空间，利率问题为何与增信有关，增信何以降低 Spread 或融资成本等。未来增信可否有新的形式，或者区别于 CT 式的增信。比如 SP，SP 式的增信取代 CT 是否可行；如果 SP 取代 CT，可否实现 CELL，实现 CELL 与维护金融人权的关系，增信何以与广大民众受惠于利率下降有关等等这些专业问题，均应属于上述知情权范围。

就目前金融界而言，对于 2F Global 的机构定价，既不运用 2F America 的市场定价来降低融资成本，又保护着管理不善或管理落后的金

融机构，据此为金融机构创造了丰厚利润与剩余价值。中国的蚂蚁科技与京东数科更是在这种机构定价中获得了长足发展，甚至超越商业银行。但是，这种机构定价的结果，必然加入了金融机构或者金融主管机构的主观意识或狂热偏见，也必然会在分享疯狂的最后晚餐中走向没落。

进一步来说，赋予风险资管以特殊目的，是增信不可缺失的基本条件。在发达国家和地区，现仅可以 2F America 这个全球孤本在降低 Mortgage 融资成本上部分反映了金融人权；本书所倡导的 2F Global，则是为了降低 Spread 或融资成本，更集中地反映了全人类的基本金融人权。对此，以后各章会逐渐对以上有关利率、增信及其如何降低利率或融资成本等各种金融专业问题进行深入研究与解析，以供广大民众捍卫金融人权之用。

第三章
Spread：增信价值基础

SPREAD, IT'S PARTED & VALUE MANAGED

利差增信的价值管理
——开启财富之天眼

第一节　价值基础

一、基于担保的增信

　　增信,从一开始就与有限责任相连,就是为了摆脱无限责任的担保责任。有限责任,必然涉及增信的价值基础,即以什么价值支撑增信,实现CELL。因此,增信,基于无限责任的民事担保(CGUL)结合了有限责任的商事担保(Business Guarantee for Limited Liability,BGLL),于20世纪70年代初在美国开创了有限责任的金融担保(Financial Guarantee,FG),即以Spread定价信用交易的FG,在金融领域把担保概念升华为增信概念,由此美国的FG开始跨入了增信门槛。

　　民事担保(Civil Guarantee,CG),是因无法对人身性质进行具体估值的担保,与人身性质相关的担保,担保人所承担的担保责任必然是无限的,担保也就形成了CGUL;又因人身性质的担保,该担保不可让与第三人,担保资产不可转让；更因人身性质的担保，担保对价本应不可成立，却因形式要求而具有担保对价，但担保对价却并不构成担保的价值基础。尽管民事担保中设有最高限额的担保，看似以最高限额为有限责任，却在融资领域很少具有实践意义，如果最高限额低于融资限额。

人身性质的担保在融资领域寻获主体"信用"概念，演变成信用担保。由于空洞的主体信用概念无法量化定价，对于担保人来说，担保对价并非信用担保的真实对价，只是"安慰金"而已。在这种 CGUL 条件下，作为担保人，或者所谓担保机构，中国融资担保必然无法从事正常的担保业务，只是满足商业银行贷款担保的形式要求，成为一种附属产业，并不能也不应该独立为一个风险资产（担保资产）管理行业。因为融资担保机构以其自身资本金作为担保的价值基础，要么是债券定价不准，要么是信评机构给予的融资主体或融资产品的 CR 不准，否则是不需要融资担保机构的资本金作为债券担保的价值基础的。因此可以说，融资担保业务就是对债券定价和信用评级的否定。可悲的是，融资担保却不可能真正实现担保责任，即时偿付违约损失。

商事担保（Business Guarantee，BG）仅以物权价值为限进行担保，脱离了信用担保，在融资领域首创了 BGLL，具体表现为按揭融资（Mortgage）与信用证（L/C）等。商事担保的具体特征如下：

其一，以物权价值及其处置价值承担担保责任，可谓有限责任。在商事担保中，物权价值为担保的价值基础，不论物权价值是否足够，也不论物权价值在履行担保责任时是否足够担保所确定的价值，必须仅以物权价值或处置价值为限追究担保责任。

其二，在物权处置价值之外不得再追究担保人的担保责任，因此担保人摆脱了无限责任，与 CGUL 得以分道扬镳。可见，商事担保实以物权价值为担保的价值基础，从而真正开创了 BGLL。

但是，商事担保对中国来说，Mortgage 在引入时已按 CG 进行改造，演变成 CGUL。Mortgage，在中国仅仅是房产抵押担保融资，只是把房产抵押作为民事担保的一个分类，在房产抵押后仅使担保人或担保机构获得了优先处置权及其收益权,如果处置不足,房产抵押人仍须承担担保责任。因此,中国的房产抵押担保,根本不是真正意义上的 Mortgage,更不是 BGLL,却仍然属于 CGUL。

　　增信,引入了 BGLL,不仅增信的价值基础发生了质的变化,而且交易方式也发生了根本变化,担保概念由此开始发生质的变化,进化为增信概念。增信不仅超越了商事担保,更是终结了民事担保。增信,扬弃了具体物与具体人的范畴,进入了纯粹价值领域;不再与担保物/增信对象(Object of CE, OCE)简单对立,而是与 OCE 的对立统一;价值基础不再来自 OCE (FIS/Bond)之外,而是来自 OCE 自身,即增信的价值基础是从 OCE 中转移出来,所谓转移出来的增信价值基础,就是利差 Spread。

　　Spread 作为增信的价值基础,才可实现 CELL。增信的产生,与有限责任公司的伟大产生一样,具有深远的历史意义。增信,摆脱了落后封建意识或非市场化的无限责任枷锁,插上了先进资本意识或市场化的有限责任翅膀,可以自由翱翔在资本市场上,服务于资本而推动着资本市场发展。从 FG 开始迈入增信门槛,发展到 CDS,增信历史演变伴随着人类知识的深度进化。当然,囿于人类知识的局限,也许存在金融利益集团的阻挠,增信的发展并非一帆风顺,时常陷于困境,直至今日几乎已经步入绝望境地,所谓"衍生产品"完全替代了增信概念。

二、提供价值基础

　　Spread 为增信提供了价值基础,并且只有当 Spread 成为增信价值基础时,无论名义上是 CT,还是 SP 本身,才会成就增信,并与 CGUL 或 BGLL 相区别。如果不可定价或为无限责任,增信只是一句空话,不得不退回到 CGUL。增信的价值基础如果不是来自 OCE,或者从 OCE 中转移出 Spread,而是他物或物权,也许只能停留在 CGUL 或 BGLL。

　　从理论上来说,主体信用并不具有价值或估值,或者不可定价,但随着信用理论以主体信用为基础发展出 CR 概念,CR 开始反推或促进信用理论的进一步完善。于是,人身性质的担保在融资领域转化为信用担保,甚至在金融领域进一步转化为信用买卖,关键在于主体信用所发展出来的所谓CR可以进行信用定价。因此,CR何以进行增信,信用何以定价买卖及其转移,从FG到CDS,需要层层剥茧以便掌握与理解。

1. 第一个层次:Credit

在FG中,FG机构(增信机构)以其所谓信用(Credit)作为担保,信用则是担保的基础,由此形成信用担保。在CDS中,CDS买卖双方(下称"交易对手")自身信用其实均未参与交易,却以虚拟的卖方信用作为交易对象。众所周知,Credit,属于人身性质,只是一个抽象概念,并无具体价值判断或评估,也就不可能进行定价买卖,因此形成了以往CGUL。但是,增信中的Credit,却不是纯粹的Credit,与民事担保不同的是,却是CR。只不过,如前所述,运用谁的Credit,谁的CR,也许是在偷换概念,也许是在不知不觉中进化,也许故意而为之。

2. 第二层次:CR

在FG中,FG机构名义上以自身信用进行担保,实质上却以主体信用的物化标志,或者标准化的CR,作为信用担保。一般来说,由CR较高的FG机构为CR较低的UA进行信用担保。在CDS买卖中,交易对手之间的CR根本与信用买卖无关,即使交易对手没有CR,仍然可以参与CDS买卖。到底是谁的CR在买卖交易,如何定价转移,涉及信用等级之差(下称"信等差")。

3. 第三层次:信等差

对FG来说,FG机构用于为UA进行信用担保的,却是FG机构的CR与UA的CR之间的信等差,却非FG机构自身信用或CR本身;反之,FG机构如果CR较低,则不可为CR较高的UA进行增信,甚至与UA的CR相同而没有信等差,同样也因产生不了增信效果而无法形成增信。对于CDS来说,CDS名义上为交易对手之间的信用买卖,实际上却是UA的CR与理论上存在的最高CR之间的信等差。比如到期国债这类RFIR产品,在理论上属于最高CR。这种信等差,既非CDS卖方或Spread持有人的 CR 与 UA 的 CR 之间的信等差,也非 CDS 交易对手之间的信等差,而是基于 UA 的 CR 可以推断出与理论上存在的最高 CR 之间的信等差。因此,这个第三层次的信等差与上述第二层次的 CR 通常相互混淆,令人难以辨别。无论如何,前述 FG 的信用担保与 CDS 的信用买卖,何以定价转移,却着实令人费解,又陷入一头雾水。

4. 第四层次:Spread

在进一步解构 FG 的信用担保或 CDS 的信用买卖后发现,所谓 UA 的信等差,其实也只是表象而已。实质在于信等差与相对应的信用利差或风险利差(Spread),即对 UA 进行风险定价的 Spread。因此,在 FG 或 CDS 中,名义上均以 Credit、CR 或信等差等作为交易对象进行转移,Spread 只具有定价功能,只对信用担保或信用买卖进行交易定价。

5. 第五层次:Spread 以交易定价名义转移

在 FG 或 CDS 中,Spread 只是 UA 的信用定价。具体表现为,以信用或信用保护名义作为交易标的,以担保或买卖作为交易方式进行交割转移,并以信用交易对价或信用交易费用名义支付而转移 Spread,从而形成 FG 的信用担保与 CDS 的信用买卖。这是信用理论所支持的以 Spread 作为信用定价的信用转移(CT)的增信概念,与风险理论支持的作为交易对象的利差转移(SP)的增信概念相区别。或者说,CT 与 SP 分属不同的增信阶段,现有的 CT 应该属于增信的初级阶段,未来的 SP 属于增信的高级阶段。但是,无论是 CT,还是 SP,Spread 都是增信的价值基础;否则,增信概念将无法立足,并轮回到担保概念中去。

三、价值基础

1. 价值基础与 ARR

即使 CT 阶段的增信,作为增信的价值基础,本质上应该是 Spread。但从融资产品(FIS/Bond)中转移出来的 Spread,却表现为融资产品的 APR 定价方式或 ARR 定价形式,却未曾见 CI 定价的融资产品有过增信。CT 阶段的增信,仍然与融资产品一样,追求 Spread 的时间价值,以求 Capital 的剩余价值。但是,作为 Spread 持有人,无论 FG 机构,还是 CDS 卖方,往往会因无法承担因 RDP 所带来的违约损失而破局 CELL,成为最后担保人而为 CGUL。

可见,作为名义增信者或 Spread 持有人,FG 机构或 CDS 卖方,却远没有资方或银行那么幸运,因为后者可以通过不断发行货币(M2)扩大银行信贷资产规模,来掩盖 ARR 定价方式的信贷资产/融资资产的"零和游戏"及其带来的不良资产。除非跨入 SP 阶段的增信,不再追求 Spread 的时间价值,不再追求 ARR 定价方式为 Capital 带来剩余价值,仅仅追求基于 PD 的 Spread 的自身价值,并在风险资产 Retail & Wholesale 机制与 R-ABS 机制下,由增信机构对 Spread 进行 VM,设计出可以抵御 RDP 的数学模型,不仅可以实现降低 Spread 或融资成本,保障金融人权,而且 CELL 也可最终得以实现。

2. 价值基础与增信形式

无论如何,Spread 作为增信的价值基础是毫无异议的,无论是 CT,还是 SP。增信就是 Spread 在不同主体/机构之间的流转买卖或市场化的交易定价,实现了初步的风险转移,即资产增信(CEA);Spread 又通过 Retail & Wholesale 交易实施 R-ABS,各种权益(证券)得以进行市场化交易定价,资产风险转化为市场风险、交易风险与产品风险,最终实现了 UA 或融资资产的风险转移即权益增信(CEE),CEE 则为终极 CE,可以实现 CELL。

对于 FG 来说,以担保对价形式或担保费用来转移 Spread,形成担保资产,如同保险资产来自保险对价或保险费一样,无可非议。也就是说,担保或保险,以所谓收费形式进行风险资产转移,并形成所谓由担保机构/保险机构持有的担保资产/保险资产。作为 CELL,FG 当然可以形成、持有且可转让的担保资产/增信资产。对于 CDS 来说,信用买卖的交易对象本应是 Spread。Spread 可以作为交易对象进行转移。但是,CDS 却以交易对手之间的信用保护买卖为名,以 Spread 对其进行定价,并以信用买卖对价或交易费用支付名义转移 Spread,这才有了 CDS 这种故弄玄虚的名词。

Spread 作为 CDS 交易费用支付名义转移,也就无法形成独立的纯粹风险资产(RA),因此也不可自由转让,只可根据其交易结构买入 Spread 对冲风险或套利交易,必然形成可引爆金融系统风险的交易对手风险。

作为交易对象的 SP 与作为交易定价的 CT,在增信方向上正好相反。本应作为交易对象的 Spread,却仅作为信用担保或信用买卖的交易定价,或者信用交易费用的支付而转移,因此形成了 CT 式的增信。从法律上的解释,这只能是因沿袭了担保这种古老资产转移方式;从利益上的解释,则是符合了既得利益的资本集团。更令人不解的是,CDS 在把 FG 担保交易结构改造为买卖交易结构之时,本应把 Spread 作为交易对象进行转移,却沿袭了 FG 担保对价或担保费用来转移 Spread,这究竟是基于 CDS 设计者疏于法律原理,还是基于相关金融集团或金融寡头的既得利益,不得而知。

3. 价值基础与交易方式

尽管 FG 仍然沿袭了担保这一古老交易方式,但作为现代金融形式的增信,必然要走向买卖这一现代交易方式,CDS 取代 FG,代表了自由式买卖替代了限制性担保,更表明了现代金融走向金融贸易的历史必然。作为古老交易方式,无论是担保,还是信托,在现代金融中,均反映为以买卖方式为基础的金融贸易。无论权益投资的股票或基金,权益融资的商事信托(Business Trust,BT)或资产证券化(ABS),抑或 CDS,传统金融形式的民事信托(Civil Trust,CT)与民事担保,均以商事信托、投资基金,以及 CDS 的买卖方式终结自身的存在,最终形成以自由买卖为准的现代金融贸易。

现代金融贸易如同现代国际贸易一样,依赖于国际标准交易规则,打破了各个主权国家对金融制度的不同设置,方便世界各国投资者在统一金融产品交易制度下进行交易。现代金融贸易可以使一些国家金融体系迅速跨入发达国家的金融体系,但有些国家金融制度则因无法理解现代金融贸易体系而处于相对落后阶段。比如,新加坡、阿联酋的迪拜在适用伦敦金融城的金融贸易规则后,在 10—20 年建立了国际金融中心。

反之,中国因不能深刻把握并理解以自由买卖形式为主的现代金融贸易,导致中国金融体系相对落后。比如中国融资担保仍为 CGUL,难以跨入增信的门槛,无法理解信用买卖是民事担保的现代买卖形式或现代增信产品。即使中国引入了 CDS,甚至创立了 CRMW,也只是列入融资担保的法律范围,并按照担保机构监管,根本无法真正理解 CELL。

20 世纪 90 年代初产生的 CDS,把(信用)担保演变成(信用)买卖,攻克了传统金融的最后堡垒,开辟了国际金融贸易新时代。但 CDS 的(信用)买卖,却沿袭了 FG 的(信用)担保,从上述增信价值基础所剥离的五个层面来看,Credit 只是一个过客,只是与美国 NSC 及其美元霸权(Top Chips)产生的历史相关,在近 50 或 60 年内具有承上启下的作用,最终会发生新的历史选择。也许,Credit 只是一个附属品,Spread 必将登上金融历史舞台,成为增信的真正主角。

四、Spread 的 VM

Spread 的 VM 是建立在 AM 基础上,只是因为风险资产而深化了 AM,比 AM 更有深度与广度。具体来说,只有在控制风险或对冲风险,最终为转移风险(增信)并立于不败的基础上,增信才有风险套利或风险收益,犹如 CDS 设计。因此,Spread 的 VM,包括 Spread 本身 VM 和 SP(增信)的 VM。Spread 的 VM,其实是基于资方/银行需要而形成的。

例如,货币来自基于金银的代币,却在信用货币时代仍然主张 Capital 成本的,RFIR 不可为零,与 RFIR 一起形成 RRI 自然也追求主体成本与时间成本。Spread 运用于不同信用主体而产生的主体价值或时间价值,又因 PD 或 CR 的年度统计或信评,Spread 又基于时间价值转化为 APR、ARR,直至 CI,以期获得 Spread 的时间价值或剩余价值,甚至超额利润。但是,APR 其实并未产生时间价值或剩余价值,还可能因为时间比例折失 Spread 的空间价值;ARR 则陷于"零和游戏",Spread 的时间价值或剩余价值具有"或然性";CI 的超额利润在 RRI 市场上难以立足,除非基础利率低至 1% 左右才可在 RFIR 市场上发扬光大,甚至可以破局 ARR"零和游戏"。

由此来看，Spread 的 VM，对于增信的 VM 来说，CI 的 Spread 定价或 VM，才是最需要关注的，或者说，CI 产品的 VM 结合增信产品的 VM，在降低 Spread 或融资成本的条件下，又可使资方与增信方在负利率时代获得相应利息，进而维护了金融人权，则是 Spread 的 VM 的根本。

1. 增信的 VM

直到现在为止，增信只是信用交易的产物，或者 CR 租售，形成了 CT 的增信阶段。即使在 CT 的增信阶段，Spread 仍然是增信的价值基础，SP 仍是实际上的增信，CT 只是名义上或形式上的增信。Spread 作为增信价值基础，则是对于 Spread 进行 VM 的必然要求与客观安排，呈现出了 Spread 及其 SP 的丰富性与多样性。与此同时，增信从初级阶段的 CT 发展到高级阶段的 SP，则是历史必然。

民事担保的价值基础是担保人的人身价值，商事担保则是担保物的评估价值，与这两者担保不同的是金融担保的价值基础却是 Spread，是从可称为 UA 或 OCE 中转移出来的 Spread，也就是增信的价值基础。增信的价值基础却来源于对 Spread 的 VM：

（1）增信的价值基础是 Spread，不再是担保人的人身价值或担保物的物权评估价值。与人身价值与评估价值不同，Spread 的价值是由市场确定的，并以其交易价值为增信提供价值基础。

（2）Spread 作为增信的价值基础，本身就是增信物或增信者，如同商事担保中的物权是担保物或担保者，物权持有人只是名义担保人，并因有限责任而不会成为最后担保人。Spread 持有人，无论是 FG 机构，还是 CDS 卖方，均不是增信者，或者只是名义上的增信者，却可能因破局 CELL 而成为最后担保人。

（3）Spread 不再是 OCE 以外的任何价值，而是从 OCE 中转移（分离）出来的。而且，正因为 Spread 价值在直观上小于 OCE 价值，因此 Spread 可能破局 CELL。CT 的增信阶段，无论是 FG，还是 CDS，只能实现附条件的 CELL。

（4）Spread 的空间价值，与其时间价值所表现的 APR、ARR 或 CI，在价值算法上，或者计算方向与尺度上可能是根本不同的。例如，Spread 如由 3% 调整为 2.5%，在 APR 与 ARR 看来，只是 0.5% 的利率变化。但在 Spread 的空间价值上，却是需要增加 Capital 的 20% 价值来适应 0.5% 的 Spread 变化。这个增加 Capital 的 20% 价值，正是适应了 Spread 的空间价值，即 RDP 可能发生的违约幅度或违约分布。否则，基于 PD 或 CR 的 Spread，就应该如同保险费率对客观事物概率或生命身体概率的定价。正因为 Spread 的增信费率区别于保险费率，才使得 20 世纪最后 30 年美国保险机构因参与 FG 业务而显得完全无法适应，目前中国保险机构却以"信用险"名义介入债券保险（增信），必将重蹈覆辙。因为目前 Spread 的定价机制只是"风险中性违约"，无法对空间分布不均匀的 RDP 作出定价。因此，才有必要对 Spread 进行 VM，最终为了抵御 RDP，实现 CELL。但 Spread 的 VM 前提条件必须是，Spread 可以作为交易对象进行转移，只有这样才能量化汇集，设计出抵御 RDP 的数学模型。

2. 增信的 VM 理念

1) 直面风险

从 FG 来看，FG 机构以自身较高 CR 通过信用担保方式"租售"给 UA，收取 FG 机构与 UA 之间的信等差所形成的 Spread，即 Spread 以信用定价名义从 UA 中转移出来，并由 FG 机构持有。作为 Spread 持有人，FG 机构将直接面对 Spread 所带来的 RDP，原本以增信错期及其资本杠杆对 Spread 进行 VM，期望可以形成相应的 RCR 可以抵御 Spread 所带来的 RDP，却因 Spread 价值不足以承担 RDP 所带来的违约损失而破局 CELL，最终可能沦落为最后担保人。

2) 规避风险

站在 CDS 角度来说，CDS 卖方或 Spread 持有人，已经深刻地理解了 Spread 可能因价值不足而难以承担 RDP 所带来的违约损失，进而可能破局 CELL 而成为最后担保人。据此，CDS 被赋予流动性，即 Spread 可以通过 CDS 买卖而流动，或者 Spread 持有人可以通过 CDS 买卖进行风险对冲或套利交易。买卖 CDS 如同买卖证券产品一样，只是盈亏交易而已，由此规避增信所带来的违约风险，或者因持有 Spread 而必须直面违约风险。CDS 买卖价格与 UA 的信用表现，或者基于 CR 的信用定价 Spread 有关，只要 CDS 买卖市场一直存在而不会消失，除非 2008 年美国金融危机。

3）直面风险与规避风险相结合

无论是 FG，还是 CDS，都有其存在的积极意义，但也各自存在着一定缺陷，也许这是金融产品的宿命。但是，增信历史不能在规避违约风险中消逝，增信产品在演变成 CDS 这种所谓衍生产品后而退出历史舞台。可以肯定，CT 的增信阶段，无论是 FG，还是 CDS，只是增信历史的一部分，并非全部历史。可以相信，未来肯定会有更完善的增信产品问世，并将以直面风险与规避风险相结合的方式展现完善的 VM 理念。

首先，目前的增信产品，FG/CDS，都是针对具有 CR 的 UA，还未有针对不具有 CR 的 NSA。因此，完善的增信产品必然可以为 NSA 进行增信。

其次，即使对 UA 的增信，也从未真正解决违约风险问题。因为这种增信也仅仅是 CEA，只属于附条件的 CELL，Spread 持有人难以抵御 RDP 而可能沦为最后担保人。

最后，通过 Retail & Wholesale 机制及其 R-ABS 机制，便可实现直面风险与规避风险相结合，不仅可以解决 NSA 的增信问题，而且从根本上可以解决 RDP 问题，或者真正解决违约风险问题。

进一步来说，Spread 零售商制造增信资产而直面违约风险，却因无法抵御 Spread 所带来的 RDP 需要批发出售 Spread 及/或其转化的 RA，因 Retail & Wholesale 交易获利而规避风险。R-ABS 发行人或管理人批发购买零售商的 Spread 及/或其转化的 RA，规避 Spread 零售业务所直面的违约风险，专注于在 R-ABS 中的对于 Spread 的 VM，设计出如何以 100% 的 RCR 去抵御 RDP，并因此又直接面对所有违约风险，最终实现 CELL。

3. 增信的 VM 方式

1）错期增信与资本杠杆

与民事担保或商事担保运用外在价值进行担保不同，为了增信，FG 机构必须运用 OCE 内生的 Spread 价值，并通过信用担保等转移方式进行增信。但是，由于 Spread 价值在直观上远小于 OCE，因此 FG 机构希望通过错期增信及其资本杠杆提高 RCR 去抵御 RDP。持有 Spread 的 FG 机构，基于 FG 直面违约风险的 VM 理念，期望通过错期增信及其资本杠杆形成较大的 RCR 去抵御 Spread 所带来的 RDP。FG 机构却因对错期增信的理解不足而无法实现形成较大的 RCR，也因错误使用资本杠杆而无法抵御 RDP，因此可能破局 CELL 而沦落为最后担保人，甚至破产倒闭，最终导致 FG 退出增信历史。

2) 单一增信与交易市场

由于 CDS 采取规避风险的 VM 理念，又基于 Spread 只是作为信用保护的风险定价而转移，CDS 必然对 Spread 采取单一增信方式进行 VM，即仅仅就单一的，同质的 Spread 进行风险套利或风险对冲的 VM。由于 Spread 价值远低于 OCE 价值这一事实，Spread 持有人或 CDS 卖方，在一般情况下进行风险套利或风险对冲，可以缓释信用风险；但在特殊情况下，比如 CDS 市场消失等极端情况，风险对冲失败或破局 CELL，可能成为最后担保人而承担无限责任。

CDS 希望在增信以外开辟一个 Spread 风险博弈市场，却失去了 Spread 的 AMC，使得交易对手因"击鼓传花"可能沦为"赌徒"；又以长短利差的时间价值来吸引交易对手，却无法解决 RDP 的冲击，交易对手风险鼓励"大而不倒"非市场化原则，导致疯狂的赌徒行为。由此可见，CDS 也是希望运用 Spread 时空转换手段来规避增信风险，只是难以真正解决增信问题。

3) 时空价值有效结合

由于 Spread 是基于 PD 的空间概念，ARR 定价机制看似创造 Spread 的时间价值或超额利润，却实为人类贪婪本性/弱点所导致的低级错误，属于融资双方的"零和游戏"。以往增信站在资本方立场，希望在 CI 中收获 Spread 的时间价值或超额利润，结果却是知易行难。基于 CI 特征又将产生对 Spread 的 VM 所实现的降低融资成本这一特殊目的，有利于促进或改善金融人权。

　　增信正处于难以为继而被抛弃的边缘，甚至已改头换面为"衍生产品"。如果专注于 Spread 的空间价值与 CI 时间价值的有效结合，并在时空转换中对 Spread 进行有益的 VM，可以达到满足融资各方利益与增信各方利益的多赢局面，即由参与融资增信的各方共享 Spread 的时间价值或超额利润。

第二节　构成因素

一、财会与增信

　　基于担保的增信，应该如同 BGLL，如果破局 CELL 则如同民事担保。FG 以错期增信与资本杠杆方式直面风险，因破局 CELL 而被 CDS 替代；CDS 却以单一增信及其产品化方式规避风险，其实为"传花击鼓"，谁可幸免。何况 CDS 交易对手风险可能引爆金融机构系统性风险，或者可能引发"大而不倒"非市场化保护。SP 可使 OCE(FIS)转化为 RFRI，无论是 FG，还是 CDS，抑或是未来增信，将持续进行这个增信模式：FIS － Spread = RFRI。FIS 持有方，或者 Spread 支付方，财会做账很清晰明确，只要根据财务制度进行相应调整。增信的财会问题，本质上就是 Spread 受让方或持有人的财会问题，即 FG 机构或 CDS 卖方的财会问题，未来则是 Spread 买方，或者零售机构与作为批发商的增信机构的财会问题。

1. FG 机构

　　如果为 CGUL，从民事担保合约到担保人资产负债表，均应体现为"或有负债"，而且在民事担保合约终止前不可变动。因为法律规定民事担保具有人身性质，CGUL 所形成的合同权益不是担保资产，作为具有无限责任的"或有负债"不可转让。根据增信含义，Spread 是增信的价值基础，也是实际增信者,无论 FG 机构,还是 CDS 卖方,均为 Spread 持有人只是名义增信者。Spread 因 FG 转化为 FG 资产,或者 FG 机构所持有的 Spread 是 FG 资产。又因 FG 为有限责任,FG 资产应该属于可转让资产。对于 FG 机构来说,在 FG 合约层面,应属"或有负债";在 FG 机构财报层面,应该属于 FG 资产。作为增信费用支付而转移的 Spread,FG 机构收到后即成为 FG 资产。

由于 FG 资产受制于 FG 机构资本杠杆而难以转让,一般只能持有到期。按照错期增信与资本杠杆结合预期,FG 机构可构建一定的 RCR 抵御 RDP,应该不会破局 CELL。因此,FG 机构财会如同保险机构,先按 MC 计提,到时实际核算计入盈亏。其实,FG 根本无法抵御 RDP 并很可能破局 CELL,FG 机构因收取增信费用而持有的 Spread,作为增信价值基础显然不足。那么,Spread 不在 FG 机构财报层面,应否作为 FG 资产遭到质疑。除非配置 Spread 批零机制作为零售机构制作财报。在 Spread 批零机制尚未设置之前,FG 机构及其 FG 业务必然被 CDS 所取代,犹如民事担保被金融担保(FG)替代,担保被增信替代一样。

2. CDS 卖方

由于 CDS 演变为 Spread 产品化,即作为信用保护费用/增信费用的 Spread 通过 CDS 合约标准化而形成产品化,Spread 持有人就是 CDS 这一衍生产品的卖方,可以依赖于 CDS 市场,尽管仅为柜台交易市场,随时可以卖出 Spread(买入 CDS)。对于 CDS 套利交易/Spread 交易来说,CDS 卖方或 Spread 持有人,在 Spread 持有期限内,只要存在 CDS 交易市场,即为"套利/金融资产";如果 CDS 交易市场不存在,则为"或有负债"。

Spread 作为交易对象而非交易定价而转移,即为 Spread 买卖,如前所述,可称为 RBS(Risky-asset Buys)。RBS 与 CDS 一样,具有风险对冲或信用缓释的增信功能,可以规避增信风险,因此 RBS 在财会上应该与 CDS 一样。但是,RBS 与 CDS 在交易对手地位上正好相反。Spread 持有人是 CDS 卖方,却是 RBS 买方;反之亦然。

3. Retail & Wholesale 的财报

1）零售机构

Spread 的零售机构在一个（季度）财报内卖出因零售买入的 Spread，即可转化为风险资产，在财报上可为"零售资产"；在一个（季度）财报内无法卖出 Spread，在财报上则为"或有负债"。只要从事 Spread 的零售，均可如此制作财报，无论过去的 FG，还是未来 Spread 的零售机构。

2）批发机构

Spread 的批发机构，应该属于具有特殊目的的 Spread 管理机构（AMC），可以批发购买 Spread，并以 CEC 法律框架及其设计的数学模型对 Spread 进行 VM。在批发购买 Spread 并移置于资产池后，在增信尚未到期前，AMC 的财报可将批发购买的 Spread 作为 MC 或风险拨备进行计提；在增信兑付期间，AMC 的财报对 MC 进行核算，以实际损失（理赔金额）对计提资产进行调整盈亏并计入财报。综上，Spread 的 AMC 可将 Spread 持有人的风险，依据其所处地位，通过各自财报简明清晰地表明或显示。真正麻烦的则是 CDS 或 RBS 这种套利交易/风险对冲的财报，Spread 作为金融资产是以 CDS 市场存在为前提的，否则就是"或有负债"。

二、管理模式与增信

1. 增信管理模式与商事信托模式

信托（Trust）即资产转移且由他人管理。为融资目的而设立的商事信托（Businesses Trust，BT）或二元信托，却将信托资产持有人与管理人相分离，以区别于单一受托人的民事信托（Civil Trust，CT）或"一元信托"。BT 最早见诸于 20 世纪 20 年代美国"麻省信托"，虽为法律上的人（Legal Entity），但需外部管理人进行管理的拟制人，相当于自然人中的无行为能力人。BT 是拟制人及其资产权益化，即信托财产转入 BT 这种拟制人名下而转换为拟制人权益，即 BT 权益，因此也可谓"二元信托"。

增信定义为 SP 的价值管理，与 BT 一样，同属 AM 或他人管理。首先，增信与 BT,必然存在资产转移,无论转移方式如何。其次,最终均可拟制人及其权益化,无论证券化,还是公司化。再次,作为 AM 或他人管理,管理人必然承担信托责任或管理责任,这就构成了各种资产管理的本质要素,无论风险资产管理(Risky AM,RAM)的增信,还是 AM 的 BT,信托责任均是中国 AM(资管行业/资管业务)中最为缺失的,因为中国法律缺乏基于信托责任的人法结构或人法理论。增信与 BT 的不同在于:

其一,在资产管理范围上。BT 管理对象要比增信管理对象大得多,虽然增信与 BT 并行不悖。增信管理对象为 Spread 或 RA 这类风险资产或增信资产,BT 管理对象则为一般资产或 BT 资产。

其二,在价值管理的水平上,增信要远高于 BT。增信属于积极管理,BT 一般为消极管理,尽管有时也可进行积极管理。

其三,在 VM 上,或者在特殊目的上,增信远胜于 BT。增信的主要目的在于 VM,不仅要以 Spread 作为增信的价值基础进行风险对冲,而且要汇集 Spread,并以 100% 的 RCR 去抵御 RDP,实现 CELL。BT 目的仅在于保护受益人权益,调整两者不平等的人法关系。

2. 风险资产管理模式

同样作为风险资产,博弈资产或博弈产品是基于自然数字的随机概率,博弈管理人只要控制好最大额度管理,"上帝之手"便可帮助博弈产品使博弈管理人处于不败之地。保险资产或保险产品是基于人体生命或自然物质的随机概率,保险管理人在"上帝之手"帮助下,通过所谓"精算"可对保险资产进行价值管理,创造并获得边际收益(Margin Income,MI)。

增信资产是基于 PD 的风险利差 Spread 转移(SP)所形成,在没有"上帝之手"的条件下,如何对增信资产进行 VM,是对人类智慧的一大挑战。可见,博弈与保险,因基于自然的随机概率,经营资本并无信用杠杆,也就无需资本杠杆限制,更不存在因竞争无法集中管理 Spread 所带来的资产风险。而且,博弈机构根本不属于金融机构,保险机构在美国也无金融机构监管。因此,博弈机构与保险机构均可以公司法人形式进行管理,可以运用名义上的自我管理模式。

　　增信则是基于PD的随机性质,增信机构为了资本运用效益而运用资本杠杆,却受制于资本杠杆。一方面,增信机构如同其他金融机构受限于10倍资本杠杆,因为无法承受PD的随机性质,始终处于赌徒地位;另一方面,增信机构如不受限于资本杠杆率,也会因竞争而无法集中管理Spread所带来的资产风险,同样可能导致增信机构破产倒闭。

　　因此,增信机构无法以传统的公司法人形式进行自我管理,必须寻求他人管理模式即特殊目的公司(SPC)。SPC在特殊目的条件下可以管理金额庞大的各种资产(包括风险资产),可以不受限于资本金杠杆率。增信资产由自身管理转化为他人管理,只有当增信机构转化为增信资产管理人,才能使Spread直接转移所形成的CEA(主体增信、机构增信或一元增信),通过汇集(批发收购)形成并转置于SPC名下的资产池,并以SPC名义持有,形成可以CEE的增信机构(CEC),即法律框架上类似的"2F America"。

三、大数据与增信

　　Spread所赖以存在的PD,无论历史纵向的积累数据所形成的真实违约率(Actual Default Probabilities,ADP),还是现实横向的集中数据所形成的风险中性违约率(Risk-Neutral Default Probabilities,RNDP),凡是概率均涉及大数据理论。有了大数据概念,便可统计分析出各种概率,无论是主观目标的概率,还是客观分布的概率。即使某一时空下的数据分布密集,或者呈现上升趋势,也只是反映了有限范围内的概率表现;从更大范围的时空来看,这个概率表现也只是局部的、临时的,会被更大范围的数据平均掉。某些反映主观目标的分类数据,在某一时空里可能形成一定概率,在另一时空里则难以体现为一定概率。因此,所谓数据及其形成的随机概率,必须具有量化集合性质,如果随机概率以单一主观目标的分类数据为基础,那么,这个所谓概率就失去了"随机"性质,所谓数据也失去了客观性质。

　　概率是可测试的数据(Data)所反映主观目标或客观分布的

Probabilities 或 Rating，非为主观推测的 Chance 或 Possible 来表达。如同掷币，所谓 50%∶50%，只是主观推测的 Chance 或 Possible；如果只是一次性掷币，只有一个 100% 的结果；只有在无限次的，或者掷币次数形成的数据足够大，才可能会成就所谓 50%∶50% 的概率（Probabilities 或 Rating）；在不同时段、不同地点及其不同场景、不同掷币者所产生的掷币数据，都会产生不同的概率，均不会形成 50%∶50% 这一概率。由此可见，概率分布是不均匀的，不平衡的，也是随机的；只有出现 50%∶50% 的概率非常小，绝大多可能是围绕着 50%∶50% 这一概率上下或左右运行。

在传统的信用之说下的增信，无论 FG，还是 CDS，只是以从历史数据演化出的 ADP 为基础，并反映在主体信用等级上，再还原为理论上的 RNDP 为基础的 Spread，并未获得现实数据的实际支持。因此，现实数据所支持的 PD 及其随机性质，使得单一增信的 Spread 难以覆盖其所增信的 OCE，或者 FIS/Bond 违约损失，因此也就难以实现 CELL。在现代增信学说中，增信希望给予一个合适载体，在大数据理论支持下，追求集合量化的现实数据，获得以 RNDP 为基础的 Spread，形成集合的或复合的权益增信资产，并以这些现实数据设计出超过 100% 的 RCR，足以抵御 RDP，形成 CEE，并完全实现 CELL。

四、征信与增信

征信与增信不可混为一谈。征信属于信用学说，是以静态方式研究信用，并结合实践的一种专业。增信却是以动态方式研究信用，只是基于信用学说对于信用转移无法自圆其说，或者信用转移实践出现了巨大风险，便提升至风险转移或 Spread 转移，终成风险理论范畴的增信学。

CR 应以征信为前提。但是，征信必须是以建立信用体系或信用社会为目标，根据信用历史积累数据对"人"的各种分类或类型信用特征不仅要提出相应可能（Maybe），更应以信用数据概率（Credit Data Probabilities），用以不断调整与丰富各种类型信用特征。增信应以主体征信为基础，不仅应以历史的、纵向的信用积累数据对各种"人"的类型信用特征进行征信,并通过信评机构以信评及其信评结果"CR"为征信目标,更要以现实横向集中信用数据概率进行调整,从而实现征信或信评预期,为增信奠定基础。可见,征信只能基于概率,而非单个主体;否则,可能形成人的"血统论"。

个体征信的法律基础,或者信用法律管理,应该在于宽严并举。对于非故意失信,应予以法律宽待,其实属于信用管理中的客观概率,虽无可挽回但已计入管理成本。对于故意失信,一方面,法律应予以严惩。发达国家法律对于故意失信者,在民事上可以给予 10 倍违约惩罚金,在刑事上可以判处与杀人放火传统恶罪同等的甚至更高的刑罚处置,这是因为主观因素影响信用管理中的客观概率,可能导致社会管理成本大幅提高。另一方面,在自由与非自由的生活状态选择上,法律应给予明确导向,希望个体放弃成为故意失信者,从而减少社会管理成本。

也许,在个体征信或个人信用管理上,如果缺乏法律的明确导向而采用专制管理制度,即"宁错杀一千,不放过一个",将会导致社会管理成本大幅增加或提高,整体民族或全部民众也就难以提高信用素质,社会发展就会呈现轮回现象,难以进化为成熟民族或成熟国家。

五、风险资产与增信

风险资产的 AM,或者 RAM 必须转化为 VM;否则,风险资产难以实现风控,难以 SP,RAM 只是停留在形式上,商业银行通过扩大 M2 可以不断地膨胀风险资产(金融资产),再将不良资产调至表外进行所谓"资管",以掩饰表内资产的恶劣处境。

1. 范围

风险资产,在金融领域,各种名曰融资资产、金融资产、信用资产、债务资产、结构融资产品等固定收益资产(FIS)及其融资者、发行人(UA),均为包含 Spread 并以 Spread 为风险定价的资产。Spread 来源于 PD 又对 PD 进行风险定价而为风险资产(Financial Risky Property,FRP),FRP 属于大范围的风险资产,Spread 因转移出 UA(FIS/Bond)而形成独立的 RA,则属于小范围的纯粹风险资产;Spread 及其转移所产生的 RA,独立于 FPR,亦可称为增信资产,属于特殊形态的风险资产。

风险资产,既非只属于与 Spread 相关的金融领域,又非仅与金融资产(FIS/Bond)有关。如前所述,Spread 实际来源仅为 PD;如果提高一个层次,Spread 摆脱具体特性后,提升为 PD 或升华为概率;那么,风险资产均来源于概率,即基于概率的资产,便为风险资产(Risky Property,RP);因此,除了增信资产之外,还应包括同样基于概率而产生的保险资产与博弈资产。所有风险资产,博弈资产、保险资产与增信资产,均与概率相关,并与之进行博弈。除了从事风险资产市场开拓业务的零售机构外,所有从事风险资产业务的,只是风险资产管理人,即增信资产管理人(增信牌照持有人)、博弈资产管理人(博弈牌照持有人)与保险资产管理人(保险牌照持有人)。

2. 博弈资产与保险资产

博弈与增信,是基于不同的概率所形成的不同风险资产。博弈是以"赔率"或"赢面"的数字概率为价值基础的,在资金总量、最高限额、博弈次数所构成的博弈概率条件下,博弈管理费用或佣金,或者名曰"抽水"所形成的博弈资产,必然是赌徒与数字概率的博弈,博弈管理人则必然成为博弈的大赢家。保险是以生命、财产等客观事物的自然概率为价值基础,所形成的保险资产通过精算一般都由自身管理。也就是说,尽管保险公司的资本金通过精算足以抗衡自然概率,但以保险行业管理方式或年度保险收费制度构成了保险资产的边际收益,使得保险资产足以抵御出险概率所带来的赔付金额,从而保险机构可为"常胜将军"。

增信与保险,两者曾经在 20 世纪 70 年代作为 FG 中相结合过,保险机构也曾为 FG 机构,但 20 世纪末却因保险机构无法及时偿付而与增信分手,却又加入 21 世纪初开始红火起来的 CDS 交易,为此又受累于 CDS 交易对手风险所引爆的 2008 年美国金融危机。因此,保险机构应当专守本业,不应认为是风险资产管理或概率管理便可"伸手"经营增信行业,除非保险机构遵循增信原理开展增信业务。

1) 博弈的 MT 与 MI

首先,单一博弈,作为 50%对 50%的博弈,只是赌徒与博弈管理人之间的博弈或一次性博弈。博弈管理人因自身在博弈也成为赌徒,赌徒的下注资金无法转换成博弈管理人所管理的博弈资产。这种博弈不存在 MT(Management Time),因此不存在博弈行业及其管理方式。

其次,只有当赌徒的下注资金,代表着赌徒与数字概率在进行博弈,对于博弈管理人来说,仅是博弈管理人管理的博弈资产;博弈管理人以博弈行业管理方式收取博弈管理费用或佣金"抽水",是对博弈资产进行外部管理,而非作为博弈对手;那么,博弈管理人持续管理时间,即为 MT。

最后,在对博弈资产进行外部管理条件下,博弈管理的边际收益为 2%的佣金"抽水",每博弈一次,即为博弈管理人提供了 0.02 幂次方的 MI(Marginal Income)。而且,这个 2%的佣金"抽水",并不表现于博弈结果中,而是体现在博弈过程中或数字概率中,将 50%:50%平等数字概率改变为 48%:52%,甚至更倾向于博弈管理人的不平等数字概率,形成了所谓"上帝之手",改变了数字概率。"上帝之手"在改变数字概率基础上形成了博弈的 MI,即下注资金转化为博弈资产,最终形成博弈的 MI,从此博弈管理人才真正处于博弈管理的不败之地。

2) 保险的 MT 与 MI

基于出险概率的精算而形成的保险资产,需要在发现 MT 中创造并获得 MI。

第一,保险只是偶然之作或一次性行为,只是保险人与被保险人之间的一次性保险。保险管理人因自身在保险资产关系中成为保险人,被保险人给予保险人的保险费,无法转换成保险管理人所管理的保险资产。这种保险不存在 MT,因此不存在保险行业及其管理方式。

第二,只有当被保险人给予的保险费,代表着被保险人与出险概率进行博弈,对于保险管理人来说,仅是其管理的保险资产,而且是保险管理人以保险行业管理方式收取的保险管理费用,并对保险资产进行外部管理,增信管理人所持续管理保险资产的时间,即为 MT。

第三,在对保险资产进行外部管理条件下,保险管理人的 MI 为保险管理费用。保险与博弈一样,动用所谓"上帝之手",改变了出险概率,形成了倾向于保险管理人的不平等出险概率,并由投保资金转化为保险资产,最终形成保险的 MI,保险管理人成为风险资产管理的"常胜将军"。

3)增信的 MT 与 MI

同理,Spread 转移所形成的 RA,要实现 CELL,同样应该在 MT 中创造并获得 MI。增信要成为 VM 行业,必须运用人类智慧,进行时空转换,要在 Spread 之中运用 MT 并创造获得 MI,而且可以发现,MT 与 MI 成正比。

其一,增信不可如同 CGUL,只是偶然之作或一次性行为,只是担保人与被担保人之间的担保或一次性担保。增信管理人因自身在担保关系中成为担保人,被担保人可能不存在担保费或者给予担保人的担保费,则无法转换成增信管理人所管理的增信资产。这种担保不存在 MT,因此不存在增信行业及其管理方式。

其二,只有当被担保人给予的担保费,代表着被担保人与违约概率进行博弈,对于增信管理人来说,仅是其管理的增信资产,而且是增信管理人以增信行业管理方式收取的增信管理费用,并对增信资产进行外部管理,增信管理人持续管理增信资产的时间,即为 MT。

其三,由于 Spread 存在于 UA/FIS/Bond 之中,增信仅是 Spread 转移。基于 PD 的 Spread,是无法动用"上帝之手"去改变 Spread,否则 Spread 就失去对 FIS/Bond 的定价功能,也将失去存在的意义。因此,增信要比保险或博弈在 VM 上更高一个维度,直至今日,增信仍未成长为一个具有价值、甚至具有价值管理内容的行业。

六、增信概念确立

虽然名义上曾为信用转移(CT),均因 OCE 转为 RFIR,又因 Spread

成为增信的价值基础,简单地说,利差转移(SP)即为CE。但SP仅为CEA,基于Spread成为增信的价值基础可能破局,属于附条件的CELL,因此必须进行VM,形成可以抵御RDP的CEE,才能实现CELL这一管理目标。这样,应该把SP与VM结合起来,才能概括出增信的本质属性与应有的范围。增信更为准确的定义应该为"利差转移且价值管理"(Spread Parted & Value Managed)。

从Spread自身来说,它既代表了基于PD的风险,又反映了PD或CR的定价,又可在SP中独立为资产(RA)。因此,对于Spread持有人或名义增信者来说,无论是FG机构,还是CDS卖方或RBS买方,持有Spread,既意味着拥有风险资产,又将承担资产风险,必须对其进行VM,使其实现时空价值,降低融资成本,促进并改善金融人权,造福于全人类。

由此可见,SP的增信,其实也是对Spread进行VM的需要,也是增信历史的必然。实现Spread最大时空价值的CI,因其固有矛盾特性又必然为Spread的VM及其管理目标提供最大的时空价值,防止Spread不足以支撑增信的价值基础而破局CELL,形成足以抵御RDP的CEE。从Spread到CI,再从CT回归SP,最终形成的增信,必然是可以抵御RDP的CEE,体现了对Spread进行VM的历史进程与历史必然。

据此,本书英文名称为"Spread, It's Parted & Value Managed",便是充分考虑到Spread的相关因素及其相互关系。作者早期三本增信书籍曾将增信定义为"风险转移且价值管理"或"风险资产转移且由他人进行价值管理",一方面没有考虑到增信资产与其他风险资产的区别,比如保险资产或博弈资产;另一方面没有考虑到VM必为市场化的,市场化的VM,必然由他人管理,因此有画蛇添足之嫌,应当纠正。

第四章

Spread：交易定价转移

SPREAD,
IT'S PARTED &
VALUE MANAGED

利差增信的价值管理
——开启财富之天眼

第一节　CT 的增信

一、概述

中国融资担保,英文名称也许可以叫"FG",却以其资本金信用进行无限责任担保(不穿透到股东),即融资担保机构是实际担保人,是担保的物质基础,其实属于民事担保,还未跨入增信的门槛。中国融资担保所谓的信用管理或信用监管,仅为了不要超过资本金的 10 倍杠杆,既不可将担保费用转化为风险资产,又因无限责任不可转让,担保风险难以控制,却又希望如同再保险机构那样建立再担保机构。但这种希望不仅不符合无限责任担保不可转让的法律限制,而且再担保机构仍然受限于资本金的 10 倍杠杆,这与扩大融资担保机构资本金并无区别。再担保机构并不产生更多的担保效应,却可能累积更多的资产风险。无论是这几年中国成立的近 700 亿元人民币的国家级"中小企业担保基金",还是千亿元人民币的"国有资产担保基金",并不因为作为再担保机构可以降低担保风险,很可能"昙花一现",没几年便消失得无影无踪。

　　增信,直到今天为止,主要是基于信用交易所产生,无论信用担保的 FG,还是信用买卖的 CDS。Spread 只是作为交易对价转移,即以信用交易费用支付名义转移,并作为定价功能附属于信用转移而转移,因此可称为因信用转移(Credit Transfer,CT)产生的增信。

　　CT,不仅导致增信对象(OCE)转化为 RFIR,直接产生增信效果,而且因 Spread 转移成为增信的价值基础,增信才可能区别于民事担保的无限责任,成为 CELL。名义上 CT 的增信,却实际存在着 Spread 转移(SP)并成为增信价值基础这一不可忽视的现象或事实,SP 才构成了实质上的增信,并以 Spread 自身价值追求着增信的有限责任,无论是附条件的 CELL,还是完全的 CELL。

　　基于 Spread 价值,与 FIS/Bond 在价值比例上,在交易市场分布上,及其 OCE 在产品设计上等方面原因,CT 的增信,又可分为资产增信(CEA)与权益增信(CEE)。CEA 又称为一元增信,属于附条件的 CELL;CEE 亦可称为二元增信,属于完全的 CELL,或者终极增信。Spread,无论是从 OCE 中转移出来,还是存在于 OCE 之中,并以交易对价名义附属于信用转移而转移,却成为增信的价值基础,这就是 CT 的增信,而且分为 CEA 与 CEE。

二、CEA

　　CEA 的实现形式,既包括 Spread 从 OCE 中转移出来的增信,如 FG 或 CDS;又包括 Spread 与 OCE 一起转移,如资产批零业务(Retail & Wholesale)或资产保理/福弗廷(Forfaiting)。CEA 的转移方式既可为担保方式,如 FG;又可为买卖方式,无论是 Retail & Wholesale,或者是 Forfaiting,还是 CDS。无论实现方式,还是转移方式,CEA 的增信效果为 OCE 因风险转移转化为 RFIR 或现金,这就是增信的本质,也是 CEA 的本质特征。

1. 从 OCE 中转移出来

　　以信用担保或信用买卖的 CT 方式进行增信,使得 Spread 从 OCE 中转移出来，但仍在金融机构之间或金融机构内部市场进行内部转移，可视为内部增信，却不同于广义证券化（G-ABS）中的所谓"内部增信"。在 G-ABS 中，对 ABS 的 CEA 称为所谓"外部增信"，无论是以 FG 形式，还是以 CDS 形式；又因这个"外部增信"为不同权益（证券）进行定价而形成不同层级的权益（证券），被称为所谓"内部增信"，这是对增信本质的曲解。目前人们提及最多的增信名称，却是 G-ABS 中的所谓"内部增信"与"外部增信"。尽管实际已经存在近 4 个世纪，CEE 却仍未被人知晓，且又被 G-ABS 中所谓"内部增信"所混淆，因此现行存在的增信仅为 CEA。如果不能摆脱增信概念混淆不堪的处境，就可能很难认识增信的"庐山真面目"。

在金融机构之间的 Spread 转移，追求 Spread 转移所实现的 CELL，但实际上只能实现附条件的 CELL，最终 Spread 持有人即增信机构只能以其主体信用进行增信，比如 FG 机构，因此可之称为"机构增信"或"主体增信"。CDS 替代了 FG，因其流动性实现了附条件的 CELL，可称之为"产品增信"或"增信产品"。又因 CDS 无法彻底摆脱 Spread 持有人或 CDS 卖方，或者 CDS 交易对手，可能对 CDS 及其交易带来的各种风险，称之为"交易对手风险"，CDS 因此亦可称为"主体增信产品"。CEA 所基于的 OCE，均为具有 CR 的 UA（FIS/Bond），又因 CR 各不相同，只能对一个具体的 UA 进行 CEA，因此，CEA 亦可称之为"单一增信"。

Spread 持有人，无论 FG 机构，还是 CDS 卖方，均可能因持有 Spread 而拥有"或有负债"，绝非保险公司所持有的保险资产。CDS 尽管以可交易性或流动性而声称为衍生产品/金融产品以规避"或有负债"，但 CDS 的可交易性或流动性却在 2008 年金融危机中消失了。于是，对于 Spread 持有人或 CDS 卖方来说，"或有负债"则不可避免，并导致雷曼兄弟公司破产倒闭，雷曼兄弟公司又因 CDS 交易对手风险拉爆了那场美国金融危机。

2. 与 OCE 一起转移

Forfaiting，或者 Retail & Wholesale，导致 Spread 与 OCE 或 FIS 一起转移，只是因为 Spread 存在于 FIS 并为其进行信用定价，FIS 的转移也意味着 Spread 的转移。又基于资产转移与风险转移是同时的，受让资产的同时受让风险，对于 FIS 买卖双方来说，FIS 买卖意味着增信，即 Spread 转移。比如，FIS 卖方亦为 Spread 卖方，卖出 FIS 的同时卖出 Spread，卖出 FIS 而获得现金，FIS 转化为 FRIR（现金，Capital），因此 FIS 卖方已经转移了资产风险（Spread）。

可见，Spread 来源于 FIS，却与具有 Capital 的 FIS，具有相同的违约风险损失。从价值上看，具有 Capital 的 FIS 远大于 Spread，好像违约损失一般不会损失到 Capital，至多 Capital 有些许损失却不会全损，只是感觉上在损失程度或损失进程上可能会缓和一些，其实，违约损失是相同的，并不意味着违约损失少一些。

据此，FIS 的买方，实际上可视为增信者。如果买入仅为持有到期，与 FG 机构持有 Spread 到期并无二致，除非符合供应链金融的 Forfaiting。作为 FIS 的买方，其实不应成为持有人，应该秉持"为卖而买"或"为卖而造"的经营理念，赚取批零差价而不用承担风险，这就是 Retail & Wholesale 机制。FIS 的买方，作为 Retail 业务，既不受限于资本总额，也不受限于资本杠杆，任何可以从事贷款业务的机构，包括各种小贷公司，均可从事"为卖而买"的金融零售业务，与大型金融机构或商业银行相比，十分便捷而经济。在 Retail & Wholesale 机制下，小贷公司如拥有较低利率开展 Retail 业务，其他金融机构的存在可能成为历史。

但小贷公司从事 Retail 业务的前提条件是，存在着一个从事 Wholesale 业务的、FIS 的终极买方，即配置于狭义证券化（R-ABS）机制、SPC 法律框架的 ABS，或者具有特殊目的的 AMC，如同美国 Mortgage 市场上的 2F America。AMC 既不受限于资本总额，也不受限于资本杠杆，还可无限循环、无限额度地购买。可见，这种资产 Retail & Wholesale 机制与 R-ABS 机制或特殊目的的 AMC，才是实现资产管理与资产风控的具体手段与措施，是实现 CELL 的必要条件。

三、CEE

CEE 就是在 R-ABS 机制中以 Spread 为信用定价的各种风险资产或

融资资产（FIS），转移至 SPC 或具有特殊目的的 AMC 名下，成为资产池中的基础资产，构成 SPC 或 AMC 不同层级的权益（证券），形成由上市股票支持或增信债务结构的 CEE。R-ABS 机制目前唯一存在的 CEE，就是以 Mortgage 为基础资产的 2F America，但以所谓"内部增信"偷换 CEE 概念的 G-ABS 却大行其道，因此有必要区别 R-ABS 与 G-ABS。

1. G-ABS

G-ABS 就是为了融资或再融资的特殊目的的，以 SPV 为法律框架与核心设计的 ABS。因基础资产数据不足以为不同层级的 ABS 证券（权益）进行风险定价，需要在"外部增信"，诸如 FG/CDS 等外部增信条件下，才能对 G-ABS 的不同层级的证券（权益）进行风险定价，并形成由底层证券对优先证券的所谓"内部增信"。因此，G-ABS 不具风险定价能力，不同层级证券（权益）之间不存在 Spread 转移，无法产生 CEE；如果要说存在 Spread 转移，只是转移给了所谓"外部增信"，即 FG 机构或 CDS 卖方。可见，在 G-ABS 中，对不同层级的证券（权益）进行风险定价的，只能是所谓"外部增信"。

从 MBS 与 2F America 对比中可以看出，MBS，是由商业银行或投资银行（投行机构）通过 Mortgage 的 Retail & Wholesale 市场购买并发行的；由于几百家投行或商业银行分享美国 40% 左右的 Mortgage 市场份额，因发行一个 MBS 所基于的 Mortgage 数据非常有限，不足以为 MBS 的不同层级的证券（权益）进行风险定价；一般以 CDS 作为"外部增信"，为 MBS 的不同层级的证券（权益）进行风险定价，并由此形成所谓"内部增信"。中国的各个商业银行以其持有的仅为近万个 Mortgage 所组成的"资产包"发行 MBS，却非常武断地为 MBS 不同层级的证券（权益）进行风险定价，甚至不需要独立的"外部增信"。这种武断的风险定价完全缺乏风险定价所需 Mortgage 资产数据的支持，只能说明中国的各个商业银行对 MBS 风险定价的无知。

G-ABS 只能使用 SPV，这是一种便捷且暂时的法律框架，却无法使用 SPC 模式。因基础资产数量不足以进行权益定价，并依赖于"外部增信"

的定价功能，SPV 因此无法实现法律主体的真正独立性，只能依赖于 AMC 而存在，如同幼儿作为被监护人而存在一样。只有基于 CEE 的 R-ABS，因无需外部增信才可使用 SPC 模式，并可成为具有真正独立性的法律主体。

2. R-ABS

R-ABS 作为 SPC 法律框架的 ABS，也就是具有特殊目的的 AMC。R-ABS 的主要法律特征之一，犹如投资基金（Fund），不受限于资本杠杆。但是，R-ABS 与 Fund 管理的基础资产不同，前者管理的初始资产为贷款资产或各种 FIS，特殊目的为降低融资成本，属于另类金融机构；后者管理的则是现金，唯一目的是投资回报最大化，属于一般金融机构。

作为基础资产，FIS 中存在的 Spread，在 SPC 名义下，得以在不同层级的证券（权益）之间进行有效分配或风险定价，由 SPC 股票支持增信 SPC 债务结构/边际成本。因此，R-ABS 无需任何"外部增信"，因为 FIS 中的 Spread 并未流向 FG 机构或 CDS 卖方。

R-ABS 的前提条件是建立 Retail & Wholesale 机制。无论是商业银行，还是小贷机构，作为资产 Retail 机构，都不可能获得较大的市场份额。因此，应对该资产进行 Retail & Wholesale 交易，通过批发购买资产，可以最大量级的汇集资产数据，在占有市场一定份额后，便可开展降低融资成本的 R-ABS。当然，建立 Retail & Wholesale 市场，是一个市场化竞争过程。基于具有市场竞争力的融资成本，2F America 很快以其成本优势占领近 60%的美国 Mortgage 市场份额，如果不是反垄断法的限制，2F America 可能会占据更高的 Mortgage 美国市场份额。

四、评论

1. FG 开创了 CELL

FG 开创了 CELL 的历史先河。如果 FG 合约债务条件不成就，或者合约债务条件成就而发生违约偿付，且 FG 的 Spread 年度收入与违约赔偿相等，且不计 FG 机构经营成本，FG 机构可以维持原有 CR，原来因资本金杠杆开展的 FG 业务或经 FG 增信的 FIS 或 UA 不受影响,成就了 CELL。总之,当 FG 机构因信用担保(FG)业务收取的信用担保费用,是以预期 PD 为基础的 Spread,大于实际 PD 所带来的增信理赔损失,在这个前提条件下,FG 对 FIS/Bond 的增信,即实现了附条件的 CELL。

FG 的价值管理不足以成就 CELL。FG 机构持有的所谓"FG 资产",其实就是 Spread,在价值上远小于 OCE,难以承担 PD 所带来的增信理赔损失,即增信费用(Spread)无法为 FG 提供有效的增信价值基础,或者 Spread 无法作为增信的实际增信者,FG 机构必将成为最后担保人并承担无限责任。在这种条件下,增信的现代形式——FG,必将回归到古老的 CGUL。由此可见,作为风险管理的 FG,没有在 VM 上成为增信价值基础,尽管采取了一些 VM 措施,错期增信与资本杠杆,但是却远没有达到 VM 的要求和目标。

2. CDS 扩展了 CELL

CDS 的流动性能够缓释信用风险。CDS 因标准合约而具流动性,尽管是柜台交易方式。因流动性而形成 CDS 交易市场。CDS 买卖双方或交易对手,前手或后手,可以在 CDS 交易市场买入或卖出。从根本上说,CDS 卖方或 Spread 持有人,卖出 CDS 对 UA 进行增信,或者根本不知何为增信,只是基于 Spread 可以进行套利交易。如果 Spread 不可进行套利交易,或者套利交易市场消失,则意味着 Spread 持有人或 CDS 卖方将成为最后担保人而承担无限责任,也将回归 CGUL。

CDS 的 VM 既包括积极措施是 CDS 交易市场与长短利差,也包括消积措施"大而不倒"。但是,信用交易结构所带来的 CDS 交易对手风险,却是挥之不去的恶魔,要么导致金融机构系统性风险,要么造就"大而不倒"的非市场化措施。最终,在"无本万利"支持下,击鼓传花式的交易方式导致规模化"赌博",并失去增信原则。

3. 悖论

从逻辑上讲,Spread 只有作为增信的价值基础,才能成就 CELL,也就意味着主体信用对资产风险没有影响;如果 CELL 需附条件实现,则意味着主体信用对资产风险具有附条件的影响；如果 CELL 无法实现，则意味着主体信用对资产风险具有完全而绝对的影响。

如果 Spread 未能有效地作为增信的价值基础，无法成就 CELL，导致 Spread 持有人，无论是 FG 机构，还是 CDS 卖方，成为最后担保人，并承担无限责任，这应该真正符合了信用理论的基本观点，即主体信用决定产品风险。

因此，从开创现代增信的 FG，再退回古老的 CGUL，信用之说又归于原点或零点，并在信用转移或增信问题上违背了信用之说的基本观点，导致静态概念与动态概念相互违背。因此，附条件地实现 CELL，或者完全实现 CELL，需要在更高层次上终结"主体信用决定资产风险"的基本思想，信用之说必将走进"死胡同"。

从 FG 到 CDS，附条件的 CELL 获得了长足进步，但如何迈向真正的、完全的 CELL，也许超出了信用之说的视界。也许，信用之说在信用动态范围，特别是对于信用转移，或者对于增信，失去了相应的主导地位，无法自圆其说，甚至踏入了陷阱而不可自拔。在信用之说中，自从增信名称出现后，就没有一个严谨科学的概念或定义，而且在形式上也没有离开过概念。比如，在 ABS 中，把 FG 或 CDS 归入所谓"外部增信"，把 ABS 不同证券之间的 CEE，归入于所谓"内部增信"。不仅如此，随着 CDS 出现，甚至完全跳出了增信概念，与增信概念"彻底脱钩"，形成单独的衍生产品概念。从 CDS 开始，增信的概念不但没有走向系统理论，而是走进了"墙上"历史。

第二节　定价功能

一、在信用产品/融资资产中

在信用产品/融资资产（FIS/Bond）中，Spread 是 RFIR 或 Capital 对基于 PD 的 CR 或主体信用的信用定价。无论 RFIR 是否为零，RFIR 是否为Capital，Spread都是基于PD的CR运用于信用主体的信用定价。FIS/Bond，就是因主体信用或CR不同，Spread才对其进行不同的信用定价，才使RFIR/Capital转化为各种CR不同的FIS/Bond，即RFIR/Capital加上Spread，成为信用产品。

如前所述，依据信用之说而有资金成本论，Capital因此才有了不为零的RFIR。在"资金成本论"推动下，Spread开始具有了时间成本，因此与RFIR一起在时间成本基础上发展出APR或ARR产品、CI产品。在Spread转化为APR或ARR条件下，认为Spread可以获得时间价值或剩余利润的，极有可能是误解。

1. **期限不到1年的情况**

如果期限不到1年，APR或ARR产品如果因此同时间比例相应减少的，那是对Spread误解，可能直接导致Spread价值损失。因为Spread是对主体信用或CR的信用定价，无论1天，还是1年，甚至10年、20年，在空间价值上不会因为时间长短而变化。假定相对于主体信用或CR的Spread为4%，在信用定价的那一刻起，以后的任何时候都应该是4%，除非Spread以后发生变化并需要进行调整。但是，目前的APR产品却可细分至以天为单位的年化收益率，根本不以PD为基础的Spread进行信用定价。

2. **期限超过1年的情况**

如果期限超过1年，ARR产品则可能陷于"零和游戏"。因为Spread在空间价值上不因时间长短而变化，假设RFIR为零，相对于主体信用或CR的Spread为4%，即使超过1年也是4%，何况Spread所定价的PD或CR也是按年度统计或信评的，ARR分割在每年所产生的APR，与基于PD或CR的Spread都是相同的4%。因此，作为资方或银行来说，Spread在每年分割形成的APR在价值上与ARR没有区别，也没有取得所谓时间价值，即并没有因时间延长而获得剩余价值。因为每年收到4%利息的ARR产品，正好抵销Spread基于PD或CR所带来的4%违约损失。即使机构定价高于市场定价的Spread，也会因零售机构在RDP空间分布上的不均匀而被 ARR 年度统计的 PD 或信评的 CR 所消化掉。站在融资者角度，特别是 Mortgage 融资者，如果融资期限是 10 年，ARR 产品每年支付 40% 的利息，总共需要支付 20% 的 ARR 利息，如果融资期限是 20 年，总共需要支付的 ARR 利息却高达 80%。

3. 在 Spread 转化为 CI 的情况下

在 Spread 转化为 CI 条件下，与 ARR 相比，会产生截然相反的结果。

首先，10 年期 CI 产品的基础利率或 RFIR 如果超过 1.05%，或者 7 年期 CI 产品的基础利率或 RFIR 超过 1.6% 的，CI 产品比 ARR 产品形成更大的时间价值或超额利润，当然是资方的"最大福音"。但是，CI 产品所基于的主体信用或 CR，每年信评 CR 却与 CI 产品长期确定的 Spread 具有矛盾性，要求主体的永续存在或 CR 不变。那么，只有国家或 NSC 才可能符合 CI 产品的要求，无论国家担保 CI 产品，或者国家发行 CI 产品。

其次，10 年期 CI 产品的基础利率或 RFIR 低于 1.05%，或者 7 年期 CI 产品的基础利率或 RFIR 低于 1.6% 的，CI 产品的利息总和还不如 ARR 的利息总和，CI 产品的作用与意义因此会发生根本性变化。如果某个资本市场的 RFIR 为零，另一个资本市场的 RFIR 不为零，CI 产品便可借用 RFIR 为零的资本市场上的资金，去为 RFIR 不为零的资本市场提供低于 RFIR 的资金，即低成本资金。不仅如此，CI 产品也可在 RFIR 为零的资本市场提供与 ARR 不同定价的资金，或者低成本资金。当然，市场化的 CI 产品必须与增信相关，或者两者无缝对接。

由于商业银行具有增发货币（M2）的特殊功能，往往可以掩盖 ARR 的"零和游戏"，并有选择地运用小于 1 年的 APR 定价的信用产品，却很少为存款使用 CI 产品。因为 RFIR 一般都高于 2%，除非在特殊时期，商业银行需要占有长期资金。但是，随着金融产品的不断丰富完善，商业银行可以有更多选择，比如次级债、永续债、优先股等金融产品来替代 CI 产品。美国 20 世纪 80 年代曾经有大型企业集团发行过 CI 产品，但过高利率的 CI 产品同样会被其他信用产品所替代，而且发行期间可能发生破产风险,一直令人不安而质疑 CI 产品的信用,以至于要求国家或 NSC 进行担保。

二、从信用产品中转移

Spread 从信用产品中转移,即 CEA,具有两个方面的意义:一方面,直到目前为止,Spread 从信用产品(OCE)中转移出来,只是以交易对价方式进行转移,即为信用交易进行定价,并以交易费用名义支付进行转移,无论 FG,还是 CDS。既然 Spread 只是作为信用交易的定价,其实就是对信用产品 CR 进行的信用定价,信用定价的数学公式的名称,亦称之为 CDS Spread。由此可见,Spread,只是信用产品的 CR 附属品,依附在信用产品的 CR 上并成为或有负债,只是因为给予 CDS 以交易市场而为金融资产或衍生产品。

因此,Spread 只可一一对应地为 UA 的 CR 进行信用定价,CDS 卖方所拥有的 Spread,也只能一一对应着 UA 的 CR,并应成为 CDS 卖方的"或有负债"。只是 CDS 设计人以所谓 CDS 流动性说服了国际会计准则制定者,使得 CDS 卖方所持有的 Spread,定义为金融资产或衍生产品。但是,2008 年美国金融危机导致了 CDS 流动性的完全消失,使得 CDS 定义为金融资产或衍生产品受到了极大的质疑,不得不于 2009 年由 ISDA 推出修改版的 CDS。

无论 FG,还是 CDS,对信用交易定价的 Spread,并未坚守其作为增信价值基础这一底线,却与资方/银行一样,期望分享 Spread 时间价值与剩余利润。举例来说,一个债券利率(RRI)减去 RFIR,剩余部分为增信双方增信定价利率范围。某一 5 年期债券利率为 4.5%,RFIR 为 2.5%,转移 Spread 的范围为 2%,即增信费率在 2% 幅度以内,且以年度计算与季度支付。如果增信费率确定 1.5%,5 年合计 7.5%,按季支付 0.375%。

也就是说,所谓 Spread 以信用对价或信用交易费用支付名义而转移,并成为 FG/CDS 的价值基础,其实就是 Spread 定价于 FIS/Bond 时所产生的 ARR 定价方式作为信用对价而转移,即 Spread 转移被替代为 ARR 转移，ARR 代替 Spread 成为 FG/CDS 的价值基础。从表面看，CDS 的风险套利原理来自 ARR，在价值上应该可以依据"长短利差"进行套利，越接近 CDS 到期，ARR 与长短利差所形成的利差越大，时间价值越能体现，剩余价值也大。从本质上看，作为形式上的增信者，或者 Spread 持有人，无论 FG 机构，还是 CDS 卖方，均陷于 ARR 的"零和游戏"，只是取代了资方/银行的地位，其实并无剩余价值可言。

因为 Spread 在价值上小于信用产品，只能基于"击鼓传花"的赌徒命运进行规避风险，并因 CDS 交易市场，CDS 方可进行风险套利或风险对冲，使其不敢如同 FG 直面增信风险或 RDP 所带来的违约损失。更为人所不知的，CDS 卖方，或者 Spread 持有人，深陷于 ARR 的"零和游戏"却不可自拔，甚至可能破产倒闭引发 CDS 交易对手风险，并引爆 2008 年美国金融危机。因为 CDS 卖方，或者 Spread 持有人，并不具备商业银行的造币功能（M2），通过扩大信贷规模而掩盖资产风险。当然，FG/CDS，还有其他原因导致无法承受增信风险，包括交易对象，对于 RDP 认识不够，特别是对 FG 机构因与 RDP 进行博弈而处于赌徒地位而浑然不知，并以资本金杠杆进行更大的赌博，因此 FG 机构破产是可以预见的。

三、Spread 与 ABS

无论 G-ABS，还是 R-ABS，只要资产能够出表，无论是 FG/CDS 作为独立的所谓"外部增信"（其实就是 CEA），还是 ABS 不同层级的权益（证券）结构所形成的所谓"内部增信"，都可以实现对 ABS 进行权益定价/证券定价，进而得以支持 CEA 及其资产定价（Spread），从而实现降低 Spread 或融资成本这一特殊目的。

对于资产所有人来说，商业银行或投资银行，无论"为卖而造"的贷款零售业务，或者为了发行 ABS 而批发购买的贷款，还是发行可以实现资产出表的 G-ABS 或 R-ABS，均可打破 ARR 的"零和游戏"。假设，如以 3.2% ARR 定价方式的均为 10 年期的本金为 10 亿美元的 Mortgage 证券化，经"外部增信"的最终成本为 2.5%，商业银行或投资银行理论上因此可能一次性获得 0.7 亿美元以上的收益。这个时空转换的资产交易可以打破 ARR 的"零和游戏",将机构定价与市场定价的 Spread,以 Retail & Wholesale 交易或 ABS 将名义上的 ARR 收息方式以一次性折让取得(另需发行成本、增信成本等),即增信 ARR 现金化。增信 ARR 现金化,调整了机构定价为市场定价,"榨取"了 ARR 的剩余价值,破局了 ARR 的"零和游戏",并最终达到了降低 Spread 或融资成本这一特殊目的。

第三节 MBS 与 2F America

一、Mortgage 与 MBS

Mortgage 是金融机构的信用产品或融资资产(FIS)。MBS 则是 G-ABS 的一个部分或分支领域或专业范围。因 Mortgage 属于个人融资资产(IP)而不具有 CR,因此无法准确定价,只是机构定价或行业定价。但 Mortgage 具有中长期稳定现金流,如果排除了个人信用风险干扰,不仅符合了美国治理社会的基本理念,而且更可配合"居者有其屋"这种"美国梦"的实现。

因分属于各个金融机构持有 Mortgage,机构定价却是基于各个金融机构不同 PD 进行风险定价,Mortgage 的 RRI 或 Spread 在这种非市场化定价条件下则会居高不下,用于保护"经营不善"的金融机构,则必然产生"木桶长板"管理效应。目前中国 Mortgage 及其风险利率(RRI),包括所有因尚无 CR 而无法准确定价的其他 FIS,包括个人融资(FP)和基础融资(FI)及其 RRI 也是这样形成的,融资成本基本上均比发达国家高 3 倍,比如大学生贷款直到目前为止而无法广泛落实,形成了"融资难融资贵"的局面。

由于 Mortgage 属于中长期 FIS,个人信用风险(PD)因人因时因地等各种环境导致分布不均,不仅为了保护"经营不善"的金融机构,为了对于 Mortgage 的准确定价,可通过 R-ABS,即 2F America,形成以 CEE 为基础的权益定价,最终实现降低 Spread 或融资成本这一特殊目的,符合了美国为了社会管理的国家战略与长远利益。

通过 SPV 名下资产池集合一定数量等级的 Mortgage 数据,期望进行以 PD 为基础构架 SPV 不同层级的权益结构,以底层证券支持或增信优先证券。SPV 名下不同层级的权益结构,应该以 Mortgage 数据量级达到一定程度,可以 PD 为基础进行风险定价并进行构架。美国 MBS 的不同阶段,Mortgage 数据表现不同,权益定价/资产定价、CEE/CEA 处于不同地位。

1. 初始阶段

MBS 都是单一商业银行将自行"制造"的 Mortgage 进行 MBS,只是希望加强资本周转率,防止长期资产风险,实现金融去杠杆。但是,作为 MBS 原始权益人、产品发行人、资产管理人,商业银行难免道德风险,特别是资产定价仍然建立在"机构定价"基础上,对投资者"不公平"。也就是说,即使单一商业银行所拥有的 Mortgage 达到 1 万个甚至更多的资产数据,但对于整个 Mortgage 来说,1 万个资产数据还达不到最起码的资产定价所需要的数据量级,因此无法构架以 PD 为基础的风险定价所构建的 SPV 不同层级的权益结构,从而无法支持 Mortgage 的 Retail & Wholesale 机制的 CEA 为基础的资产定价,即 Mortgage 定价。因此,如果没有所谓"外部增信",则是"金融武断"或机构定价,对资本市场上的投资者"不公平";如果具有所谓"外部增信",则是"外部增信"下的 SPV 权益结构,破局了以 CEE 为基础的权益定价,演变成所谓"外部增信"定价或机构定价。因此,这个阶段的 MBS,只是处于尝试时期,目的在于风险转换,实际却是机构定价的再融资,并不具有公平的市场定价,因此属于 G-ABS。

2. 发展阶段

MBS 将 Mortgage 作为零售资产,不再是商业银行专有业务,可由各种专业 Mortgage 公司去开展零售业务,制造 Mortgage,从而建立起了 Mortgage 的 Retail & Wholesale 机制和 MBS 机制。也就是说,专业从事 Mortgage 制造的零售机构,将 Mortgage 批发出售给投行机构,再由投行机构设立 SPV 组建 Mortgage 资产池，发行 MBS。一方面，Retail & Wholesale 机制可以将 Mortgage 零售业务的风险或制造 Mortgage 的道德风险降到最低。另一方面，Mortgage 池中的资产数据可以进一步扩大到一定量级，有益于构建以 PD 为基础的风险定价所支持的 SPV 不同层级的权益结构。但是一定量级的 Mortgage 数据，仍然不足以支撑构建 SPV 不同层级的权益结构。即使由 2F America 增信的 MBS，也只是 2F America 增信下的 MBS 权益结构，难以确立 MBS 自身的权益定价。在这个阶段，2F America 增信 MBS，已经具有对 Mortgage 的准确市场定价，大大降低了 Mortgage 融资成本，MBS 却仍由投行机构发行所谓"外部增信"的 MBS，包括增信的 MBS，目的在于 Mortgage 的风险转移或 CEA。

3. 高级阶段

SPV 的 MBS 演变成 SPC 的 MBS，即 2F America，资产池中的资产数据，不仅包括 2F America 设立前的 Mortgage，也包括 2F America 设立后不断批发购买而注入的 Mortgage，Mortgage 数据为数千万个，由此已经占据美国 Mortgage 市场份额的 60%，价值高达 6 万亿美元。以此资产数据所形成的以 PD 为基础的风险定价，作为构架 SPC 不同层级权益结构的坚实基础，可以确立以 CEE 为基础的权益定价，实现降低 Mortgage 的融资成本这一特殊目的。这个阶段的 MBS，以其翻版 SPC 的 2F America，实属于成熟的高级阶段。无论 2F America 自己发行且增信的 MBS，还只是增信其他投行机构发行的 MBS，这个"外部增信"只是 2F America 所具有的权益增信的自然外延与主动扩张，与初始阶段的 MBS 所需的"外部增信"已经不可同日而语。

二、影响因素

1. PD 与权益定价

PD 是构建 SPV 不同层级权益结构的基础，如果 Mortgage 因尚无 CR 而无法准确定价（或许存在机构定价），转移至 SPV 名下的资产池中形成三种状态：

（1）Mortgage 数据无法构建 SPV 不同层级的权益结构，如果宣称构建，只是形式而已，无法以 CEE 为基础而支撑权益定价，只是所谓外部增信下的机构定价。

（2）正因为 Mortgage 数据无法构建 SPV 不同层级的权益结构，需要所谓"外部增信"来构建 SPV 不同层级的权益结构。形式上的权益结构，同样无法支撑权益定价，也只能是所谓外部增信下的机构定价。

（3）Mortgage 数据量足以支持以 PD 为基础的风险定价，可以构建 SPV 不同层级的权益结构，形成以 CEE 为基础的权益定价。

2. Mortgage 处置收入

如果暂且不论 Mortgage 资产数据与 PD 之间的关系，因以按揭个人 PD 构建权益结构，资产风险已经包含在权益结构中。那么，按揭房产在按揭个人违约后的处置收入，属于超额收入。如果按揭房产处置收入平均为 20%，那么 PD 的违约损失可因此下降 20%；如果按揭房产处置收入平均为 50%，那么 PD 的违约损失也因此下降 50%。因此，按揭房产处置收入对以 PD 为基础的风险定价所构成的 SPV 权益结构并无负面影响，基本上可以忽略不计。由此可见，房产按揭可以摆脱中国房产融资的"典当"金融模式，Mortgage 比例甚至可以高达 9 成。

3. 早偿及其概率

早偿及其概率可以对 CEE 形成一定的影响，并且超过一定早偿率，可能破局 CEE，瓦解权益定价。由于 Mortgage 存在诸多早偿动因，可能导致早偿率走高，早偿动因包括因个人资产调整、风险利率调整、市场竞争调整及其 Mortgage 房产自行处置而调整。正因为如此，早偿及其概率对证券化的 CEE 和权益定价构成重大影响，甚至在权益定价中具有早偿公式。

三、资产定价与权益定价

1. Mortgage 定价

Mortgage 属于长期 FIS，是 RFIR 与 RRI 的结合，Mortgage 尽管属于

尚无 CR 而无法准确定价的 FIS，但是由 PD 支持的风险资产只是在 RRI 范围内，不会出其右，除非因 Mortgage 数据不足以确定 PD；Mortgage 的 RRI，属于机构定价，可能因"木桶长板"管理效应而推高 RRI；已形成机构定价的 Mortgage 反而可能降低了相应的资产风险，RDP 却并不能完全认可这种认识。

2. MBS 权益定价

MBS 权益定价可能需要所谓的"外部增信"。一旦 MBS 具有所谓外部增信，权益定价可能转换为增信机构定价。

其一，随着 PD 及其早偿率的不断显示，MBS 发行人的 MI 提高，或者底层证券持有人的收益提高或拥有超额收益，原来以机构定价所支撑的 MBS 权益定价将受到挑战。

其二，在 Mortgage 的 Retail & Wholesale 机制及其 ABS 发行机制条件下，这种 MI 或超额收益，将会转导到 Mortgage 的零售阶段，Mortgage 的 RRI 或 ARR 会趋于下降，即 Spread 下降。除非中国式监管，缺乏市场价格传导机制。

最终，当 Mortgage 数据足以确定 PD 并形成以其为基础的 SPV 权益结构并构成了 CEE，产生了 2F America，抛弃了所谓"外部增信"，从而以 CEE 为基础支撑了权益定价，并实现了降低资产定价。

2F America 发行且增信的 MBS，其实是为了再融资。只不过是"两房股"所增信的"两房债"（债务结构）之一，并不破局 MBS 的权益结构与 CEE。当然，这种 MBS 的权益定价，由 2F America 增信的优先级证券利率略高于"两房债"，也属于 RFIR，由于交易市场不同，两者之间可能存在的利差，也许成为无风险套利的对象，丰富活跃了市场产品及其交易量。

MBS 基于 Mortgage，在上述权益定价机制下，权益定价并无定价模型或定价公式可寻。Mortgage 处置收入既然对权益结构或 CEE 未能构成影响，当然对权益定价也无多少影响力，却是早偿率对权益定价构成重大影响，因而早偿公式对权益定价来说，可能是唯一的定价模型。

四、2F America

1. R-ABS 与 SPC

作为特殊目的公司，运用 SPC 的 ABS，即 2F America，与 SPV 所形成的 MBS 不同的是，MBS 只是证券化产品（ABS）的一种，只是投行或 2F America 发行的一个 ABS 产品。2F America 则是一种上市公司，2F America 股权结构来自其名下资产池及其权益结构。2F America 的法律构架，犹如上市的有限合伙（LP），或者上市的投资基金与基金管理公司合而为一。2F America 的股东，如同有限合伙中的有限责任合伙人（LP），LP 不参与 2F America 的管理事务，只是财务投资者，如同 MBS 产品投资者；LP 持有的合伙权益不具有流动性，但 2F America 的股东所持有的却是具有流动性的上市股票。与 SPV 的证券化产品（MBS）交易平台不同，作为 SPC 最为典型的 2F America，"两房股"与"两房债"在证券交易所上市交易，具有更大更强的流动性，因此风险资产的市场定价更准确。

2. 资金来源

作为"GSE"，2F America 可获得美联储给予优惠利率贷款（额度高达 190 多亿美元/天），发行近乎 RFIR 的"两房债"，与美国国债 ARR 只差 15～25 个 bp。这些低成本资金可以持续获得，并用于批发购买 Mortgage，不断地注入 2F America 名下的资产池，使得 2F America 资产池规模高达 6 万亿美元。基于数千万个 Mortgage 数据，支持了以 Mortgage 的 PD 为基础的风险定价所构建的"两房股"与"两房债"的权益结构。基于最大化数据支持所产生的权益结构，使得 CEE 立于不败之地，彻底抛弃了所谓"外部增信"，为权益定价打下了无可挑剔的坚实基础，实现了降低 Mortgage 融资成本这一特殊目的。2F America，这一 SPC 模式，或者具有特殊目的的 AMC，也被日本所学习，并立规设立"特殊目的公司"，用于 SPC 形式的资产证券化。

3. 资产定价与剩余价值

2F America，不仅为美国，而且为全球发达国家和地区提供了

Mortgage 的市场定价。半个多世纪来，不具 CR 的 Mortgage 从居高不下的机构定价调整为市场定价，不断降低 Mortgage 的市场定价 Spread，或者 RRI/ARR，目前已经下降到 2%～3%，比非发达国家的 Mortgage 机构定价要低 3 倍以上。基于 2F America 的资金来源，只能是全球孤版，除非以 Spread 为基础资产的 R-ABS/RBS，或者 CEC/RAMC 的产生，2F Global 才能与 2F America 同在，甚至取代 2F America。

以"GSE"为支撑所形成的美联储"贷款"，其实已经让 2F America 跻身于 RFIR 市场，以及与美国国债 ARR 相差无几的"两房债"，与 Mortgage 之间的 Spread，作为 Mortgage 剩余价值，支撑着"两房股"。不仅如此，2F America 又通过发行 MBS "榨取"ARR 的 Mortgage 剩余价值，用以支撑当期"两房股"，甚至通过增信其他投行机构发行的 MBS 获得 Spread，及其 Mortgage 剩余价值，用于提振"两房股"股价。

基于 ABS 可以"榨取"ARR 的银行贷款的剩余价值，2F America 也可"榨取"ARR 定价方式的 Mortgage 剩余价值。举例来说，2F America 如以 3% ARR 定价方式的均为 10 年期的本金为 10 亿美元的 Mortgage 进行 ABS，ABS 最终成本如为 2%，那么，2F America 在理论上可以获得 1 亿美元的利润支持"两房股"。

4. Mortgage 市场竞争

2F America 占取美国按揭资产市场总量的 60%，MBS 则占 40%，但 MBS 的发行与交易却可打破 2F America 的资产垄断所形成的价格垄断。也就是说，美国投行机构可以通过 Mortgage 批发业务，与 Mortgage 进行竞争性购买，并将 Mortgage 价格传导到零售业务，从而可以降低 Mortgage 的 RRI。虽然投行机构发行 MBS 可以起到降低 RRI，打破 2F America 的垄断价格，但过度竞争却可能带来诸如 2008 年美国次贷危机。

因此，在垄断与竞争之间，需要取得适当平衡。在 Mortgage 的 RRI 不断创新低的条件下，MBS 将逐步趋于减少，2F America 所占 Mortgage 比例会稳步提高，这不仅是价格机制起的作用，而且风控与安全也是重要因素，何况 2F America 执行美国政府的金融政策、货币政策与利率政策，不会因垄断地位产生垄断价格，可以推高 RRI。

2F America，作为 BMS 的 SPC 版本，必须建立在 Mortgage 的 Retail & Wholesale 机制之上。制造 Mortgage 的 Retail 机构如果持有 Mortgage，不仅根本无法解决制造 Mortgage 的资金来源问题，而且也不可能独占 Mortgage 市场，否则会形成垄断。即使 2F America，也只占取不到 60% 的 Mortgage 市场，即不可形成垄断及其垄断价格，否则无法实现降低 Spread 或融资成本这一特殊目的。有人认为，2F America 是万能的金融机构，不仅批发购买 Mortgage，而且也做制造 Mortgage 的零售业务，有时还发行 MBS，或者增信 MBS。其实，所有这些都是在不要触犯垄断这一红线，并不是希望 2F America 演变成万能的金融机构。

美国最大的 Mortgage 零售机构是 Rocket Companies（上市编号为 NYSE：RKT），占取 Mortgage 市场的 12% 左右。它根本无法如同 2F America 持有 Mortgage 并进行管理，因为没有低成本资金来源。同时，Mortgage 零售与 MBS 一样，可以摆脱 ARR 的"零和游戏"，获得 Mortgage 的 ARR 定价方式所形成的利润，即 ARR 现金化。这样，不仅可以通过加速资本周转率，提高公司盈利，而且可以不断地支持着上市公司日益高涨的股价。2F America 与 Rocket Companies，构成了美国 Mortgage 的 Retail & Wholesale 机制的典型。

第四节 阿里小贷证券化

一、中国对世界金融的唯一贡献

阿里小贷的对象是网络微商，相当于个人或个体户，这是一种全新的小贷资产。尽管不具有 CR 而无法准确定价，却是一种风险资产（FIS）。阿里小贷及其发展起来的蚂蚁科技，或者京东数科，都是对网络微商开展小贷业务。因此，阿里小贷证券化（ABS）摆脱了传统信贷业务对资本金杠杆监管。原来可循环购买入池（资产池）的额度是每季度人民币 200 亿元，每年总额度为人民币 800 亿元。基于阿里小贷对网络微商的小贷资产占到市场总量的 30%～50%，这个信贷资产数据坚实地支撑了阿里小贷证券化，及其 SPV 不同层级的权益结构，从而可以形成以 CEE 为基础的权益定价，可以实现了降低 Spread 或融资成本这一特殊目的。

当然，由于阿里小贷在中国开展网贷业务，又是开创一个全新的风险资产（FIS），起初必然存在所谓"外部增信"的要求，无论来自资本市场，还是来自监管层。尽管存在形式上的所谓"外部增信"，却不能否认阿里小贷证券化（ABS）以最大化资产数据所支持的 PD 的真实形成，并以 PD 为基础的风险定价构建了 SPV 不同层级的权益结构，进而以 CEE 为基础支撑着权益定价。因此，阿里小贷证券化（ABS）应该是中国金融创新的伟大成果，是中国金融对世界金融的首次贡献，即因无 CR 而无法准确定价的阿里小贷及其融资者（网络微商），通过 ABS 彻底摆脱传统金融机构的机构定价，可以实现了降低 Spread 或融资成本这一特殊目的，也可为终结"融资难融资贵"历史跨出了坚实的一步。

但是，随着中国传统金融机构或既得利益金融集团的"疯狂"反击，先是通过限制小贷业务的地域范围失败后，最终在资本金杠杆上限制小贷业务，限制小贷业务或零售资产（FIS）制造，从而减少证券化资产数据，最终可将阿里小贷证券化（ABS）扼杀于襁褓之中。中国金融监管机构非但没有意识到阿里小贷证券化（ABS）对于中国利率市场化，即以 P 为基础的风险定价的改革推动作用，反而认为阿里小贷破坏了传统监管格局和秩序。

当然，阿里小贷证券化（ABS）确实也并没有真正实现资产定价中的"降低 Spread 或融资成本"这个特殊目的。也就是说，阿里小贷 ABS 的特殊目的应该是降低网络小贷成本，应该如同 2F America。尽管阿里巴巴的高层管理人声称，这种网贷业务不良率远未达 1%（还不是 PD 1%），也许风险拨备应该不低于 5%。那么，现在这种网贷业务的 Spread 及其 ARR 降低多少，或者网贷成本降低多少。如果没有降低，那么阿里小贷 ABS，就是打着解决"融资难"这一口号，实际却是为阿里小贷获取了巨额利差或超额利润。

正因为阿里小贷证券化所带来的巨额利差或超额利润,引起中国监管机构及其他传统金融机构的警惕与妒忌,使得传统金融机构急于布局消费贷款,争夺个人信贷市场,并进一步限制小贷资本金杠杆。因此,阿里巴巴不应只是解决网络微商的"融资难"问题,更应以 ABS 作为利率化市场改革措施,实现资产定价,降低 Spread,真正解决网络微商的"融资贵"问题。从而终结金融机构垄断定价即机构定价的历史,终结"融资难融资贵"的中国历史。只有这样,中国传统金融机构或既得利益金融集团的"疯狂"反击一定会失败,阿里小贷证券化(ABS)才会立于不败之地。

随着 ABS 对于因尚无 CR 而无法定价的风险资产(FIS)具有资产定价功能,可以实现降低 Spread 或融资成本这一特殊目的的深入认识,中国金融监管机构及其金融机构应该把基建融资、小微企业、学生贷款及其他个人消费贷款等"2F Global"尽快提上 ABS 或 AMC 的议事日程上来。特别是 FI,更需给予如同 2F America 一样的更多关注。因为中国百万亿元人民币的基建 FI,加大了金融机构杠杆率,利率居高不下而且非市场化,长短利率倒挂,推高了资产风险。不仅如此,国有资产与金融资本的结合形成以美国为首的西方国家所谓的"国家资本主义",可能导致中国被排斥、被封闭在世界新型经济体系之外,也可能导致更多地超发人民币,引发更为长期的、更深层次的金融风险和经济危机。因此,基建融资证券化,应该成为中国从金融大国走向金融强国的最高级别的国家战略与首要金融政策或经济政策。

二、中国 SPC 机制建设

1. 可行性

基于中国大陆属于大陆法系,对于来自英美法系的拟制人,类似于 SPV、BT、LP、Fund 等外部管理拟制人,不甚了解,即使中国大陆已经立法确立信托计划(BT)、有限合伙(LP)与投资基金(Fund),也只是有其形而无其实。尽管在 2005 年中国证监会的企业资产证券化规则中确立了 SPV 的拟制人地位,十几年后的今天,仍受到中国大陆许多法律学者的莫名指责,即使证监会的法律部门对于 SPV 也是含糊其词,或者词不达意。而且,在中国银监会却直接将 SPV 改成所谓"SPT",即以中国文字特有造意功能堆沏出了一个 SPT。

由于同属大陆法系的日本已经推出特殊目的公司(SPC),中国大陆金融界现在正忙着推出房地产投资基金(Reits),对于 BT 这种英美法系的产物不甘心,不正视,却开始忙于研究从英美法系的 SPV 改造为美国版的 SPC,最终才移植到日本的 SPC。可见,中国大陆法学者不是研究 SPC 制度的正版 SPV 的精髓所在,而是研究 SPC 制度出现在同为大陆法系的日本,并采取"拿来主义"再移植到中国大陆,这样便可名曰"师出有名",又可"引经据典"。综上所述,如果在中国大陆推行或实施 ABS 或 RBS,SPC 版的 ABS,可能会方便些,各种阻力会小一些。

第一,只要把 SPC 与金融机构的公司法人相区别,特别是金融监管机构对于金融机构的资本金杠杆限制,不适用于 SPC。因为 SPC 是由增信公司改为 AMC,对风险资产池公司进行管理,如同基金管理公司管理证券投资基金,资本金不受证券投资基金规模的限制,即 SPC 没有资本金杠杆限制,除非为了抵御随机风险而自行限制。由此看来,SPC 只是基金管理公司与基金的合而为一,只是将基金份额改为公司股票而已,但两者却都是(外部管理)拟制人权益,只是名称不同而已。

第二,只要把 SPC 与阿里巴巴的合伙人管理制度相区别,SPC 的管理人是管理公司,不是合伙人。阿里巴巴因管理层是合伙人不得不赴美上市,又因港交所修改合伙人可为上市公司的管理层,阿里巴巴近日又回归港交所上市。因此,上市公司的管理层可为合伙人,在法理上当然也可为管理公司。由管理公司替代"三会制度"的管理层,或者替代"合伙人",这就是 SPC 制度,为了实现国家战略这一特殊目的而设立的发起式上市公司。

第三,既然阿里巴巴的合伙人管理制度可以作为上市公司的管理人,实际上意味着有限合伙(LP)上市,只要将 LP 权益改为公司股票即可。但是,无论有限合伙(LP),还是公司股票,两者却都是(外部管理)拟制人权益,只是名称不同而已，两者管理人其实都是 GP 合伙人，当然 GP 合伙人也可以是有限公司。有限公司作为管理人，如果有限合伙（LP）上市，如同公司股票，只要具有特殊目的，就形成特殊目的公司（SPC）。

2. 现实需求

中国很多融资资产或风险资产（FIS），包括基建融资、大学生贷款、创业贷款、消费贷款、按揭贷款，即 2F Global 的价值总量可达数百万亿元人民币。如将 2F Global 进行 ABS，一方面应该符合实现金融去杠杆，优化金融资产结构，实现利率市场化，提高金融产品定价准确度等国家战略或长远利益；另一方面还可以把这些 FIS 降低 Spread 或融资成本，有利于中华民族整体复兴对于人才、创业、消费与管理上的需求。更重要的是，可以实现为"一带一路"建设提供巨额资金支持，也可以真正实现人民币国际化等重大国家战略。

3. 建立 Retail & Wholesale 机制

ABS 机制的完善，有赖于贷款资产的 Retail & Wholesale 机制。阿里小贷，即现在所谓的"蚂蚁科技"在目前中国金融机制下，正在走向另一个方向。蚂蚁科技，或者京东数科，以 Retail 领域的科技手段，在 FP 领域，特别是网络小贷（创业贷款）取得了重大发展，占取了一定的市场份额。但是，无论蚂蚁科技，还是京东数科，却未如同 Rocket Companies 坚守 Retail 领域，都希望以其所谓科技手段，建立 Retail & Wholesale 及其 AMC 行业的霸主地位。

蚂蚁科技或京东数科，尽管在资金来源上通过所谓网络金融，或者支付金融得以解决。但是，资金市场的白热化竞争已经让其资金成本日益上升。他们的重点却没有放在 AMC，或者融资资产的 VM 上，也就是实现降低 Spread 或融资成本这一特殊目的上。因此，蚂蚁科技或京东数科的这种管理模式，其实与 P2P 没有区别。如果蚂蚁科技或京东数科在上市后仍然采用现有经营模式，肯定会出现如同商业银行的"滞胀"状况，但商业银行却具有增发货币功能（M2），这又不是蚂蚁科技或京东数科所拥有的。

即使蚂蚁科技或京东数科通过上述 ABS 打破 ARR 定价的"零和游

戏"而获得巨额利润,可以获得一时的野蛮生长,却因其使用融资型 ABS（G-ABS）而放大了资本杠杆,是很难符合中国金融监管要求的。蚂蚁科技或京东数科要重新定位自己属于 Retail 行业地位,把 Retail 业务所制造的小贷资产进行出售,特别是破局 ARR 的"零和游戏","榨取"并变现 ARR 的剩余价值,通过加速资本周转率创造超额利润,这是蚂蚁科技或京东数科的上市股票升值所必需的。在这个条件下,2F Global 及其为低成本资金提供增信的 CEC 或 Spread 的 RAMC 就会早日登上历史舞台,提高蚂蚁科技或京东数科的 FP 市场的竞争能力,扩占更多的市场份额,可以比拟美国的 Rocket Companies。

然而,由于中国金融监管限制了金融资产包括小贷资产的市场化转让,即无法把央行和银监会监管的银行或金融机构所持有的金融资产包括小贷资产转让给证监会所监管的券商/投资银行,因此有必要在中国各个自贸区建立"跨境资产买卖"或"国际金融资产交易",打破行业壁垒或"封建割据",加入国际金融贸易体系,以现代国际规则改变国内僵硬制度,使金融资产包括小贷资产可以顺利流转到资本市场,使资产风险在市场交易与市场定价中得以缓释,这就是所谓"Retail & Wholesale"机制。

通过这个机制,只要将阿里小贷或金融科技网贷进行出售,形成买卖型或资管型 ABS,而不是融资型 ABS,就不存在杠杆,就符合金融监管,而且绝对形成不了垄断。因为小贷、网贷资产出售,"蚂蚁""京东"只是零售机构,没有定价权。定价权最终由资产批发与管理机构,以及增信机构在市场博弈或市场交易中确定。

第五章
Spread：交易对象转移

SPREAD,
IT'S PARTED &
VALUE MANAGED

利差增信的价值管理
——开启财富之天眼

第一节 Spread 前身后世

一、Spread 自然演化

Spread,本来仅为 RFIR 与 RRI 之间的差。但有个不容忽视的现象,就是并非实际同时存在着 RFRI 与 RRI 以后才有 Spread。只是需要经由 Spread,才能确立这两个"上顶下底"的 RFIR 与 RRI 之间的利率关系,即上顶的 RRI 需与 Spread 相减才可成为下底的 RFIR,或者下底的 RFIR 需与 Spread 相加方可成为上顶的 RRI。正因为如此,除了 RFIR,Spread 具有了对 RFIR 或 Capital 的定价功能,即 RFIR + Spread = RRI。

特别是当 RFIR 为零并转化为 Capital 时,Spread 则由风险利差转化为风险利率(RRI),即 Capital + Spread = RRI;或者 RRI − Capital = Spread;RRI − Spread = Capital。由此可见,风险资产或融资资产(FIS/Bond),只是 Spread 对 Capital 的风险定价,是基于 PD 并对 PD 的风险定价。PD,及其基于 PD 的 CR,却因主体信用而异。因此,Spread 对 Capital

的风险定价,其实就是 Capital 运用于不同信用主体或不同 CR 的人的信用定价,简言之,Spread 是 Capital 运用于人的定价。由此看来,Spread 既是对 PD 的风险定价,又是对信用主体及其 CR 的信用定价。

当 RFIR 为零并转化为 Capital 时,Spread 在 CDS 交易中作为信用交易对价转移,事实上是在为 UA/OCE(FIS/Bond)进行增信。独立于 RFIR 或 RRI 的 Spread,或者直接作为 RRI 的 Spread,本来就可对 PD 进行风险定价,如作为交易对象进行交易或作为交易对象转移,应该属于正常的逻辑推断或理性判断。但是,这种性质的 Spread 却迟迟还未被金融学界或金融业界所认识,尽管已在 2F America 的权益增信(CEE)中已有显露,但仍有必要厘清以下几个困惑问题。

1. Spread 不是 RFIR 或 Capital 的时间成本

基于 PD 或 CR 的 Spread,如前所述,不仅仅只是对主体信用或 CR 的信用定价。Spread,对不同的人或不同 CR 的信用定价并形成不同的信用资产,原本也可以直接对 PD 进行风险定价,或者反映 PD 的风险成本,并形成不同的风险资产,这才是 Spread 存在的本质(风险理论)。因此,Spread 根本不可能是 RFIR 或 Capital 的时间成本,而是信用成本或风险成本。

但是,在信用之说中,"资金成本论"与"资金房产论"却把 Spread 概念偷换为 RFIR 或 Capital 的时间成本,导致 Spread 因定价功能而演变为 RFIR 或 Capital 的利息或收益率等附属品,比如 APR、ARR 或 CI 等等表现为 RRI 的融资资产或风险资产(FIS/Bond),即使 CI 产品的基础利率可能在很短年限内大于 Capital,当基础利率为 7.2% 时,10 年期 CI 产品将会超过 Capital 本身。

2. Spread 不只是信用或信用交易的附属物

根据信用之说,Spread,在融资资产或风险资产(FIS/Bond)中为基于 PD 的主体信用或 CR 进行信用定价,或者在增信产品(FG/CDS)中为信用交易进行定价,并作为信用定价或信用交易费用支付名义而转移,只是具有信用或信用交易的定价功能,是信用或信用交易的附属物。

但是，根据风险理论，Spread 不只是具有定价功能，也不因为定价功能完全属于信用或信用交易的附属物。基于 PD 或 CR 的 Spread，既可为 CR 定价而附属于信用或信用交易，也可对 PD 进行定价形成风险资产或增信资产，不仅可在融资资产或风险资产（FIS/Bond）中作为独立的 RA 进行套利交易，也可作为交易对象从融资资产或风险资产（FIS/Bond）中转移出来，作为独立的 RA 进行产品交易或资产 Retail & Wholesale 交易。

根据信用之说，Spread 只是为信用（保护）这个交易对象而存在与转移，不可作为交易对象自主存在与独立转移，这个认识存在明显的认知错误。

（1）即使作为定价功能，作为附属物转移，也是可以成为独立资产的，比如由 Spread 作为交换定价的 CDS，就是独立的金融衍生产品，在财务上作为独立资产入账。

（2）由于 Spread 并非需要实际同时存在的 RRI 与 RFIR，而是可以独立于 RRI 与 RFIR 而存在。尽管要么与 RRI 相减，要么与 RFIR 相加，并且当 RFIR 为零时，Spread 可直接对 PD 进行风险定价而成为 RRI。

因此，不仅具有定价功能的 Spread 可以作为独立资产，而且 Spread 也可对 PD 进行风险定价直接成为风险资产。进一步来看，所谓 FIS/Bond 的交易，实质就是 Spread 交易，在增信过程中，Spread 也可直接作为交易对象从 FIS/Bond 中转移出来独立为 RA，进行产品交易或资产 Retail & Wholesale 交易。

二、SP 的增信

SP 的增信，其实就是 CEA。CEA 的交易形式主要为标准买卖，标准买卖可分为两种不同的形式，即风险资产产品化与风险资产 Retail & Wholesale，及其 R-ABS 机制。在现有 CT 的增信中已经存在产品化的增信，即 CDS。但 CDS 交易对手风险在 2009 年改革版 CDS 中得以避免，从这个意义上讲，风险资产产品化与改革版 CDS 并无差别。因此，Retail & Wholesale 及其 R-ABS 机制才是 SP 的增信所关注的重点，是为了完成真正的 CELL。

1. 风险资产产品化

将 Spread 作为交易对象进行标准买卖，并从 FIS/Bond 中转移来而形成独立的纯粹风险资产(RA)，因通过标准化合约及其买卖条件，Spread 演化为 RBS，如同 CDS，具有信用缓释功能。RBS，Spread 价值难以完全覆盖增信的 FIS/Bond 违约损失，只能为附条件的 CELL。

2. 风险资产 Retail & Wholesale

Spread 标准买卖可为零售业务，并因零售交易所形成的 RA，才可为批发出售及其 R-ABS 提供相应基础资产，在 SPV 模式的 RBS 或 SPC 模式的 CEC 名下的资产池中汇集 Spread 进行 VM，设计出 100% 的 RCR 用以抵御 RDP 的数学模型，形成以 RBS 或 CEC 的上市证券/上市股票支持或增信在 RBS 或 CEC 名下的债务结构的 CEE。RBS 或 CEC 的最重要功能在于将 Spread 的资产风险转化为市场风险、交易风险和产品风险，最终实现 CELL，或者实现对 FIS/Bond 的终极增信。

三、Spread 与风险资产(FIS)一起转移

1. 定价认知

基于 PD 的 Spread，所谓对 PD 的风险定价，在 Capital 或 RFIR 面前，转化为对 Capital 或 RFIR 的风险定价。当 RFIR 为零时，其转化为 Capital，Spread 则由风险利差转化为 RRI。在负利率时代，RFIR 肯定为零，Spread 也定为 RRI。基于空间概念的 Spread，仅为 RFIR 或 Capital 的风险定价，基于 Spread 所转化的 RRI 就不应转化为 APR 或 ARR，而应该是较低基础利率的 CI。在负利率时代，较低基础利率的 CI 产品应该盛行，可以在 ARR 的"零和游戏"中实际获得 Spread 的空间价值。又由于 CI 相对于 ARR 来说，经过溢价谈判或者产品设计，年度融资成本可以大幅下降，如果融资产品或风险产品(FIS/Bond)的期限够长。

如前所述，以 ARR 定价的增信产品与 ARR 定价的融资资产一样，同样会陷于"零和游戏"。因此，无论是增信产品，还是 ARR 产品，均应进行

ARR 现金化的产品设计,方可跳出"零和游戏",才能实现 Spread 的空间价值,并且享有 Spread 的剩余价值或经营利润。为此,对于 Spread 的自然演化,应该具有如下认识:

(1) RFIR 为零,令"资金成本论""资金房产论"或者"利息天生论"大跌眼镜,难以接受。依据信用之说,特别是许多金融专家坚持认为,负利率只是临时现象,肯定不会长期存在,全球不可能进入负利率时代,RFIR 也不可能为零。因此,美联储作为美国 NSC 及其美元霸权的代表,直到最近才难以启齿地宣告,美元利率接近零,而非负利率。其实,人们早已发现,NSC 所衍生的"印钞权",所谓印钞成本其实早已忽略不计,RFIR 本应为零,只有因私有化的美联储绑架了美国"印钞权",或者利用国家权力与民争利的专制政府,才不愿放弃"资金成本论""资金房产论"或者"利息天生论"。

(2) Spread 作为 RFIR 或 Capital 的风险定价,只能是 PD 或 CR 的风险定价。既然 RFIR 可以为零并表现为 Capital,那么就更应清楚通透地证明,Spread 就不应是 RFIR 或 Capital 的时间成本,或者资金利息与租金收益。所谓 ARR 产品或 CI 产品,其实只是资方/银行追求 Spread 的剩余价值与超额利润产生的金融产品。

(3) Spread 既然不是 RFIR 或 Capital 的时间成本,那么 RFIR 或 Capital 也就不再具有时间成本。Spread 本来只是空间概念,无论是对以 PD 为基础的 CR 进行信用定价,还是直接对 PD 进行风险定价。具体来说,无论相对于具有 CR 的 UA,还是相对于不具有 CR 而须依赖于 PD 的 NSA,Spread 也应该只有一个,并不再具有时间概念,不应按年计息,或者利上滚利。

(4) Spread 既然可以不作为 RFIR 或 Capital 的时间成本,那么,就应该独立于 RFIR 或 Capital,并与 RFIR 或 Capital 一样,可以作为独立资产而存在。过去的 RFIR 不为零且未转化为 Capital 时,Spread 只是作为风险利差而非 RRI 而存在,因此只是 RFIR 的定价功能。具有定价功能的 Spread,长期以来在融资资产/风险资产(FIS/Bond)中一直被认为不具有独立性,好似只能附着于 RFIR,又好似 RFIR 的时间成本,可为 RFIR

带来剩余价值与超额利润。因此,金融界花费大量精力与资金,并不惜重金聘请、诱导许多数学家为 Spread 的定价功能进行所谓信用定价,故意以时间概念把 Spread 引入歧途,并不重视金融学家莫顿早于 20 世纪末所提出的"Spread 应基于 PD"科学论断。其实,20 世纪初的爱因斯坦已经看到复利"时间性"所带来的超额利润,并将复利称之为"世界第八大奇迹"。

(5)基于 PD 及其为基础的 CR 都是以年度统计、年度信评所形成的,那么,Spread 作为利息或增信费,无论 FG 机构的增信费,还是 CDS 信用保护费用,站在资方/银行角度,追求剩余价值也应该没有什么错误。但是,ARR 的"零和游戏",CI 产品的矛盾表现,这些问题却考验着人类智慧,如何运用 Spread,如何转移 Spread,测试着金融界专业人士的智商。

2. RRI 市场定价

也许,20 世纪那些幕后利益集团,或者资方利益,在运用资本那只"看不见的手"时,在满足资本贪婪的同时,却误导着人们的良知,令人永远无法看清 ARR 产品或 CI 产品的真实面目。例如,20 世纪 80 年代,美国通用名下某一公司发行了 30 年的面值为 1 000 元、发行价仅为 60 元的 CI 产品。人们精算与深思后可以发现如下各种情况:

(1)这个 CI 产品的基础利率竟高达 9.83% 以上,而且利上滚利。如果当时美国 RFIR 在 2.5%,美国通用的 CR 定价 Spread,或者 RRI 就可能高达 7.33% 以上。尽管美国通用也只能"真死"一次,这个 CI 产品极大地满足了资本市场的贪婪。

(2)这个 CI 产品在资本市场上却留下一个巨大疑问,假如这个美国通用名下的公司在承兑这个 CI 产品之前发生破产倒闭,怎么办?因此,这个 CI 产品应该具有极大的投资风险。

(3)在当时美国资本市场上,发行 CI 产品都应得到了国家主权信用(NSC)的担保,但 NSC 为什么要为 CI 产品担保,难道不可以由国家来发行 CI 产品。

(4)NSC 增信的 CI 产品如何计息,因为 NSC 的 Spread 相当于零,CI

产品就相当于 RFIR。因此根本无法满足资本市场的贪婪，RFIR 如为 1% 左右，可能连 ARR 的收益都难以达到。

（5）NSC 支持的 CI 产品，与财政部发行的长期国债，与美联储推出的基准利率等 RFIR 或一级资金市场上的各种产品，又有什么区别。

（6）最终，CI 产品在资本市场上消失了，留下了太多疑问，令人不得其解，迷茫于 Spread 与 ARR 的不同表述中。

3. RFIR 市场定价

在 RFIR 为零条件下，如果 10 年期 CI 产品的基础利率为 1.05%，7 年期 CI 产品的基础利率为 1.6%，则与 10 年期或 7 年期的 ARR 产品利息总和相当。因此，可以在 RFIR 市场定价上发行这类较低基础利率 CI 产品，特别是 AMC 会获得低成本资金。作为 UA 或 OCE，AMC 应该视为 RFIR 市场上的一级批发商，并且属于 SPC 的 AMC。

四、Spread 从风险资产(FIS)中转移出来

1. 作为交易对象

Spread 只是为 PD 进行风险定价，或者为主体信用及其 CR 进行信用定价，并非为 RFIR 或 Capital 时间成本或融资收益，或者房产租赁收益。但是，Spread 在为主体信用及其 CR 进行信用定价时却只是具有定价功能，并依附于主体信用，或者依附于信用交易，并随其转移而转移。其实，Spread 对 PD 的风险定价，本身可为 RRI，是可以进行风险套利交易的风险资产，是一种独立的风险资产；如果从融资资产（FIS/Bond）中转移出来，Spread 可以作为独立的 RA，进行产品交易或 Retail & Wholesale 交易。因此，Spread 对 PD 的风险定价功能与对 CR 的信用定价功能，应该有所区别。

Spread 不仅可以作为信用（资产）交易定价而转移，而且可以作为风险（资产）交易对象而转移，可独立为 RA。在这个意义上讲，Spread 即可为 RRI，也可为 RA。Spread 既是 RRI 的本源，也是 RA 的本源。因此，Spread 作为交易对象而转移，作为独立的 RA 进行交易，既符合金融逻辑，

也符合金融现实，更应符合金融未来发展的需求。

RRI 由 Spread 进行定价并作为 RA 交易，在利率市场上比比皆是。尽管 Spread 转移的 CDS 交易的 95% 都是为了风险套利即 Spread 交易，甚至改革版 CDS 完全显示了 CDS 交易就是 Spread 流转，即 Spread 在作为交易对象进行交易流转。但是，CDS 目前仍以信用作为交易对象，哪怕只是形式上的。可见，Spread 作为交易对象并进行风险定价，从 FIS/Bond 中转移出来，或者因增信交易从 FIS/Bond 中转移出来，还需市场共识，即使在理论上，在金融逻辑上已经毋庸置疑。

Spread 转移，如以交易对象名义直接转移，可以通过风险定价以 RA 名义存在，也可以直接以 Spread 名义存在，只是其含义发生了变化，由风险利差转化为 RRI 产品，或者风险资产/增信资产。无论命名为 Spread，还是命名为 RA，或者 RRI，既可为 CEA 而买卖交易，也可为 CEE 而 Retail & Wholesale，Spread 或 RA，不仅可以承继 CDS 的风险对冲（增信）功能与风险利差交易功能，而且可为 CEE 奠定了前提基础。无论是包含 Spread 的 FIS/Bond，还是 Spread 从 FIS/Bond 中直接转移出来，不仅可以通过买卖交易实现 CEA，而且可以通过 Retail & Wholesale 为 CEE 提供基础资产。

2. 增信定价

Spread 作为交易定价，应该充分认识到：其一，Spread 作为风险资产，因定价功能限制不可改变，那么交易 Spread 如何获利。除了以长短利差进行套利外，充分利用所谓 Spread 时间价值获得超额利润，看似可谓"无本万利"，这种观念应该是说服 CDS 卖家入场的主要诱因。其二，现存的 FIS/Bond，本来就存在 ARR。因此，除了 RFIR，剩余价值均可随着 Spread 转移而转移，为 Spread 及其持有人（CDS 卖方）创造时间价值、最大边际收益或超额利润。

但是，贪婪必为贪婪所困。由于 CDS 交易定价，Spread 转移应该与 ARR 转移同步（价值可能不同），即并未将某个 UA 的信用数据抽取出来，这并不影响整个或同类 UA 的信用数据所统计的 PD 及/或其信 CR。也就是说,因 ARR 每年所支付的风险对价 Spread 并没有改变;Spread 与 FIS/Bond 或 Capital 在价值比例上,或者风险成本/增信边际成本上,其实并没有变化;Spread 相对于 FIS/Bond 或 Capital,仍然只是风险利差或 RRI,在价值上不会超过前者。

1) ARR 的增信定价机制

限于某个 UA 的信用数据所统计的 PD 及/或其 CR 的价值反映,如果原有利率(R1)确定转移,则必定形成相对应的新利率(R2),但现行增信费用计算方式则是一种错觉,即 R1 并未因此而调整为真正的 R2。未来实现增信费用(Spread)的真相将由下述公式来表达。Capital + Spread = RRI,Spread = RRI − Capital;又:RRI 应包含 Capital,并表现为由 R1 调整为 R2,即:R2(Capital + Spread) = R1(Capital),求 R1 调整为 R2 的 Spread:

$$Spread = \frac{R1}{R2}(Capital) - Capital$$

$$= Capital\left(\frac{R1}{R2} - 1\right)$$

此处的 Spread 是以数值形表现的。

假设,原有利率(R1)为 1%、2%;3%、4%、5%、6%,调整为 R2 后的 ARR 价值与 Spread(P)价值,详见表 5-1 至表 5-6 所示。

表中的 Capital(S)为增信后的数值,即为初始 Capital + Spread;初始 Capital 在本系列表中取值为 100 元;表中的 Spread(P)为 Spread 的百分比表现形式,Spread(P) = Spread/(Capital + Spread) × 100%。

表 5-1 R1 为 1%的情况

R		现行(错觉)	未来(真相)
R1	R2	Capital(S)/Spread(P)/R2	Capital(S)/Spread(P)/R2
1%	0.8%	100.2 元/0.2%/0.998%	125 元/20%/0.8%
1%	0.6%	100.4 元/0.4%/0.996%	166.67 元/40%/0.6%

表 5-2 R1 为 2%的情况

R		现行（错觉）	未来（真相）
R1	R2	Capital(S)/Spread(P)/R2	Capital(S)/Spread(P)/R2
2%	1.8%	100.2 元/0.2%/1.996%	111.11 元/10%/1.8%
2%	1.6%	100.4 元/0.4%/1.992%	125.00 元/20%/1.6%
2%	1.5%	100.5 元/0.5%/1.990%	133.33 元/25%/1.5%
2%	1.4%	100.6 元/0.6%/1.988%	142.86 元/30%/1.4%
2%	1.2%	100.8 元/0.8%/1.984%	166.67 元/40%/1.2%

表 5-3 R1 为 3%时的情况

R		现行（错觉）	未来（真相）
R1	R2	Capital(S)/Spread(P)/R2	Capital(S)/Spread(P)/R2
3%	2.8%	100.2 元/0.2%/2.994%	107.14 元/6.66%/2.8%
3%	2.6%	100.4 元/0.4%/2.988%	115.38 元/13.33%/2.6%
3%	2.5%	100.5 元/0.5%/2.985%	120.00 元/16.67%/2.5%
3%	2.4%	100.6 元/0.6%/2.985%	125.00 元/20%/2.4%
3%	2.2%	100.8 元//0.8%/2.976%	136.36 元/26.66%/2.2%
3%	2.0%	101.0 元/1%/2.970%	150.00 元/33.33%/2.0%
3%	1.8%	101.2 元//1.2%/2.964%	166.67 元/40%/1.8%

表 5-4 R1 为 4%时的情况

R		现行（错觉）	未来（真相）
R1	R2	Capital(S)/Spread(P)/R2	Capital(S)/Spread(P)/R2
4%	3.8%	100.2 元/0.2%/3.99%	105.26 元/5%/3.8%
4%	3.6%	100.4 元/0.4%/3.98%	111 元/9.91%/3.6%
4%	3.5%	100.5 元/0.5%/3.99%	114.28 元/12.5%/3.5%
4%	3.4%	100.6 元/0.6%/3.976%	117.65 元/15%/3.4%

(续表)

R		现行（错觉）	未来（真相）
4%	3.2%	100.8元/0.8%/3.968%	125.00元/20%/3.2%
4%	3.0%	101.0元/1%/3.960%	133.33元/25%/3.0%
4%	2.8%	101.2元/1.2%/3.950%	142.86元/30%/2.8%
4%	2.6%	101.4元/1.4%/3.945%	153.84元/35%/2.6%
4%	2.4%	101.6元/1.6%/3.937%	166.67元/40%/2.4%

表5-5 R1为5%时的情况

R		现行（错觉）	未来（真相）
R1	R2	Capital(S)/Spread(P)/R2	Capital(S)/Spread(P)/R2
5%	4.8%	100.2元/0.2%/4.990%	104.17元/4%/4.8%
5%	4.6%	100.4元/0.4%/4.980%	108.70元/8%/4.6%
5%	4.5%	100.5元/0.5%/4.975%	111.11元/10%/4.5%
5%	4.4%	100.6元/0.6%/4.970%	113.64元/12%/4.4%
5%	4.2%	100.8元/0.8%/4.960%	119.05元/16%/4.2%
5%	4.0%	101.0元/1%/4.950%	125.00元/20%/4.0%
5%	3.8%	101.2元/1.2%/4.940%	131.58元/24%/3.8%
5%	3.6%	101.4元/1.4%/4.930%	138.89元/28%/3.6%
5%	3.4%	101.6元/1.6%/4.920%	147.06元/32%/3.4%
5%	3.2%	101.8元/1.8%/4.910%	156.25元/36%/3.2%
5%	3.0%	102.0元/2%/4.900%	166.67元/40%/3.0%

表5-6 R1为6%时的情况

R		现行（错觉）	未来（真相）
R1	R2	Capital(S)/Spread(P)/R2	Capital(S)/Spread(P)/R2
6%	5.8%	100.2元/02%/5.988%	103.45元/3.34%/5.8%
6%	5.6%	100.4元//0.4%/5.976%	104.14元/3.98%/5.6%
6%	5.5%	100.5元/0.5%/5.976%	109.09元/8.33%/5.5%

(续表)

R		现行（错觉）	未来（真相）
R1	R2	Capital(S)/Spread(P)/R2	Capital(S)/Spread(P)/R2
6%	5.4%	100.6元/0.6%/5.964%	111.11元/10%%/5.4%
6%	5.2%	100.8元/0.8%/5.920%	115.38元/13.33%/5.2%
6%	5.0%	101.0元/1%/5.940%	120.00元/16.67%/5.0%
6%	4.8%	101.2元/1.2%/5.930%	125.00元/20%/4.8%
6%	4.6%	101.4元/1.4%/5.920%	130.43元/23.33%/4.6%
6%	4.4%	101.6元/1.6%/5.976%	136.36元/26.66%/4.4%
6%	4.2%	101.8元/1.8%/5.890%	142.86元/30%/4.2%
6%	4.0%	102.0元/2%/5.880%	150.00元/33.33%/4.0%
6%	3.8%	102.2元/2.2%/5.870%	157.89元/36.66%/3.8%
6%	3.6%	102.4元/2.4%/5.860%	166.67元/40%/3.6%

现行担保（增信）机制是在ARR利率上分离出担保（增信）费率的机制。并且，中国的RFIR不仅不为零，而且较高，尤其是CR的中国信评要比三大国际信评机构高四个等级。因此，上述表5-1至表5-6是根据中国现行利率状况而设计的。在正常状况下，ARR应在2%～4%范围内，即只要表5-1至表5-3即可，而且只有债券或FIS持有人才可卖出Spread，支付所谓增信费用，债券或FIS发行人则无法如此实现增信。在ARR条件下，R1调整为R2的些许利差，与基于Capital的较大Spread，也许正是反映了Spread的风险波幅，或者随机违约率，这是未来的重大研究方向。

假设，实际RFIR为2%，基于发行人CR的风险定价（Spread）所转化或确定的ARR为2%，RRI合计为4%，100元面值的债券以ARR形式定价发行。如仅以2%ARR转移，即增信费为2元，由债券持有人支付2元每年作为增信费，持有债券的实际成本应为102元，债券实际收益率则为3.92%（4/102），其实仅转移了0.08%。如依据ARR的增信定价机制，如果债券的ARR由4%调整为3.5%（根本不用调整至2%），债券持有人应向Spread零售商或RBS买方支付的增信费应该是14.28元，持有债券的实际成本应为114.28元，也是OCE的增信总额，但增信费率却高达

12.5%,而不是 0.5%。

从债券持有人来看,支付 14.28 元每份债券后,债券实际收益率由 4%下降到 3.5%,仅 0.5%的调整即可使债券转化为 RFIR,比 2%的 RFIR 高出 1.5%的无风险收益。从 Spread 零售商来看,实际 Spread 应该为 2%,却收到 14.28 元增信费,高达 12.5%。在扣除 10%零售费即 1.428 元(1.25%)后,Spread 零售商可出售给 Spread 批发商,1.428 元作为毛利入账不再承担资产风险。从 Spread 批发商来看,其在收到 12.85 元(11.25%),且扣除基于发行人 CR 所形成的 2%MC 后,9.25%可作为 MI 计入利润;如果为 Spread 产品化 RBS,则扣除 2%MC 后将 10.5%作为 MI 入账。

唯一不完美的是,如果违约赔偿,债券持有人没有获得 2%的 RFIR。因此,RFIR 如果为零,则满足了债券持有人的所有需求。假设,RFIR 为零,银行存款为负利率,基于发行人 CR 的风险定价为 2%,RRI 合计为 2%,100 元面值的债券以 ARR 形式定价发行。债券的 ARR 如由 2%调整为 1.8%,债券持有人应向 Spread 零售商或 RBS 买方支付的增信费应该是 11.11 元,持有债券的实际成本应为 111.11 元,也是 OCE 的增信总额。那么,债券转化为 RFIR,相比为零的 RFIR,无风险收益高达 1.8%。如果违约赔偿,因为 RFIR 为零,债券持有人不仅没有任何损失,而且因不用支付银行存款管理费而可避免 Capital 遭受损失。

因此,在负利率时代,RFIR 为零将成为常态,依据 ARR 的增信定价机制,对于现行以 ARR 定价方式发行的债券来说,债券投资者与增信机构找到了一个好的增信机制。当然,ARR 定价方式对于债券发行人来说还是有失公允,应该发行 Spread 定价的 CI 产品,如果发行人的 CR 足够形成较低的基础利率。

2) Spread 的增信定价机制

Spread 的增信定价机制,多用于 CI 产品。基于 CI 产品可以直接运用 Spread 定价机制,因此可以从 CI 产品中直接转移 Spread,形成 Spread 的增信定价机制。不仅 CI 产品持有人,而且 CI 产品发行人均可卖出

Spread,支付所谓"增信费用",与 ARR 的增信定价机制有所区别。

假设 RFIR 为零,10 年期 CI 产品票面价为 100 元,发行价为 85 元。为了防止风险,CI 产品持有人另行出售 10 元 Spread,即支付 10 元增信费给 Spread 零售商进行增信,持有成本合计为 95 元,使得 CI 产品转化为 RFIR。基于发行人 CR 的基础利率为 1.64%,比 RFIR 为零收益要高一些,且不因存款管理费而使 Capital 受损。

同样案例,假设 RFIR 为零,10 年期 CI 产品票面价为 100 元,发行价为 95 元。为了防止风险,CI 产品发行人可以先行出售 10 元 Spread,即支付 10 元增信费给 Spread 零售商进行增信,使得 CI 产品转化为 RFIR。CI 产品持有人的票面价为 95 元,基于发行人 CR 的基础利率为 0.514%,比 RFIR 为零收益要高一些,且不因存款管理费而使 Capital 受损。

对于 Spread 零售商来说,10 元 Spread 相对于到期不能兑付的 100 元,Spread 为 10%,生效开始值为 85 元或 95 元,Spread 为 11.77%～10.53%,比基于发行人 CR 的 Spread 价值 1.64%～0.514%差不多要高出 10～20 倍。对于 CI 产品发行人来说,10 年期 CI 产品存在一个 CR 或 PD 的矛盾性,通过 Spread 增信机制,可以方便发行,获得低成本融资。

五、SP 的 CEE

1. 增信未来

直至今日为止,Spread 还只是 FIS/Bond 的信用定价,或者具有定价功能,即使 RFIR 已经为零而为 Capital,Spread 也已不再是 Capital 的时间成本,却仍为 Capital 创造时间价值;Spread 也已从风险利差转化为 RRI,不再仅仅附属于 Capital 为其信用定价,而是可以基于 PD 并可独立为 RA。但是,直至今日为止,作为风险定价的 Spread,却并没有完成职能转化,还未独立为 RA。尽管绝大部分的 CDS 交易是为了风险套利,即 Spread 交易,尽管 2009 年改变版的 CDS 完全显示了 CDS 交易流转的就是 Spread。据此,Spread 作为 RA 的间接转移,运用 R-ABS 进行 CEE,形成 CEC,或者 SPC 的 RAMC,仍在十月怀胎中。

2. 未来需求

正因为 Spread 尚未间接转移形成 RA,因此无法形成市场信用支持的 CEC/RAMC 也就无法形成融资资产(FIS/Bond)的 Retail & Wholesale 机制。因为缺少 FIS/Bond 最终买方,要产生 FIS/Bond 最终买方,必须是对 FIS/Bond 进行 VM 的,并具有降低利率这一特殊目的的 AMC。要形成这种 AMC,必须具有 CEC/RAMC,才可为这种 AMC 提供市场化的低成本资金。这样,2F America 就不再成为全球孤版,由 CEC/RAMC 支持的 2F Global 必将崛起,必将替代由 GSE 提供低成本资金的 2F America。

3. Retail & Wholesale 机制

从 CEC/RAMC 角度看,就是设计以 Spread 为定价基础的增信产品,或者确定 Spread 的 Retail & Wholesale 定价机制,在 Retail 利润与构建 100% 的 RCR 之间获得平衡,以及如何避免 Retail 机构跨季持有 Spread。

4. R-ABS 机制

CEC/RAMC 要持续经营,首先必须建立可以抵御 RDP 的、完全实现 CELL 的、具有 100% 的 RCR 的数学模型,并以此设计出 Retail & Wholesale 定价机制,或者增信产品;其次必须以降低 Spread 或融资成本为特殊目的,维护融资市场的定价权,否则无法维护 Retail & Wholesale 机制,CEC/RAMC 也将失去存在的意义。不要以为垄断可以维持持续经营,这是人类弱智的表现。

第二节 Spread 产品化

一、风险资产产品化(RBS)

如前所述,Spread 不仅仅是主体信用或 CR 的信用定价,而是作为定价功能附属于主体信用或 CR 而存在,并且随着信用交易转移而转移。其实,Spread 也可以对 PD 直接进行风险定价而成为 RA,无论作为融资资产,还是作为增信资产。因此,Spread 可以作为交易对象进行买卖交易,即可在融资资产中进行套利交易（利率产品交易），可从融资资产中转移出来进行风险套利或风险对冲交易，即 CEA 的 RBS，如同 CDS，只能对 UA 进行 CEA 并发行 RBS，却不能对 NSA 进行 CEA 并发行 RBS。

1. 定价机制

RBS，既可为 ARR 的增信定价机制，也可为 Spread 的增信定价机制。如果 OCE（FIS/Bond）是以 ARR 定价的，并且属于 RRI 市场，则从 UA/OCE 中转移出来的 Spread，就是上述 ARR 的增信定价机制。如果 OCE（FIS/Bond）是以 Spread 定价的，并且属于 RFIR 市场，则从 UA/OCE 中转移出来的 Spread，就是上述 Spread 的增信定价机制。如此定价的 RBS 将会如同 CDS，尽管具有风险对冲和风险套利功能，却难以避免"零和游戏"带来的增信盲点，难以真正成为增信价值基础。但是，在 RBS 增信条件下，OCE 均应当是具有 CR 的 UA，不可为不具 CR 的 NSA 进行增信。因为 NSA 的 PD 极不稳定，波动幅度较大，可能击穿 RBS 所具有的 Spread 价值，导致破局增信的价值基础，可能导致名义增信者成为最后担保人而承担无限责任。

2. 与 CDS 区别

Spread 经交易而形成 RA，又可将 RA 设计为标准交易，即以标准合约或标准履约条件进行 RA 买卖，并赋予其相应流通性，便开始了风险资产产品化（RBS），演变成具有信用缓释（Credit Mitigation，RM）功能的主体增信产品，如同 CDS/CRMW。RM 功能是指 RBS 价格随着 FIS/Bond 价格的变化而变化，并通过市场交易或市场定价把资产风险逐步而缓慢地释放出来的功能。RBS，与 CDS 不同表现为：

首先，在 RBS 中，Spread 作为交易对象而非交易定价而转移。在 CDS/CRMW 中，Spread 只是作为交易定价而转移，或者只是作为信用保护交易的附属物，即以信用交易费用名义而转移。

其次，在 RBS 中，Spread 或 RA 可以开展等份化、持续化的买卖交易，并在资本市场上的各个交易者之间进行流转，如同债券其实也是风险资产产品化，只是产品化的基础资产不同。在 CDS/CRMW 中，Spread 仅为交易定价或附属物而转移，都是服务或配合于信用保护交易，不可能作为独立资产进行等份化、持续化的买卖交易。

最后,在RBS中,所有参与者只是面对RBS交易中心,或者RBS交易中心是RBS所有参与者的交易对手,如同被美国总统特朗普取消的改革版CDS所涉及的CDS清算(交易)中心或CDS清算所。在原版CDS中,相对于某一交易对手,前手与后手没有交易关系,只是交集于某一交易对手,每一个交易对手都是相对的,因此产生了交易对手风险,可能引爆系统性风险,或者产生"大而不倒"的非市场化措施。

二、各方关系

1. RBS 的卖方

从 RBS 的卖方来看,应该是融资资产或风险资产(FIS/Bond)的持有人,或者发行人或融资者。他们将其持有的或发行融资的 FIS/Bond 中的 Spread,以 RBS 名义定价挂牌出售,以求对 FIS/Bond 的增信,由此成为 RBS 的卖方。基于 Spread 转移而获得增信的 FIS/Bond 也就具有最高 CR(3A),属于 RFIR,如同到期国债。

2. RBS 的买方

从 RBS 的买方来看,它是利用 Spread 转移对 FIS/Bond 产生 RM 功能而进行风险对冲或风险套利的市场参与者,它以 RBS 名义定价挂牌认购,从而形成对 FIS/Bond 的增信,也就成为 RBS 的买方。FIS/Bond 持有人、发行人或融资者,及其市场交易者相互之间,进行出售或进行认购,所有交易对手均可将 Spread 以 RBS 的名义挂牌交易。

3. 交易地位与交易方向

同为 CEA 的主体增信产品,RBS 与 CDS/CRMW 却在交易地位与交易方向上正好相反。CDS/CRMW 的买方,就是 RBS 的卖方,或者 FIS/Bond 持有人;CDS/CRMW 的卖方,就是 RBS 的买方。如果 Spread 仅作为交易定价转移,CDS/CRMW 的信用保护买卖必将形成以 CDS 交易对手为中心或支撑的交易系统结构,定会形成"大而不倒"所带来的交易对手风险,由此可能引发系统性金融风险。如果 Spread 作为交易对象转移,RBS 交易则以交易平台为中心,如同债券交易,不会形成"大而不倒"所带来的交易对手风险。因此,RBS 在交易过程中,既可为 FIS/Bond 实现 RM 功能,也可为市场交易者带来风险对冲或风险套利,促进资本市场繁荣发展。

三、配套制度

1. 法定增信制度

凡 3 年以上期限的中长期 FIS/Bond,必须或选择卖出 Spread,并以 RBS 或 Spread 名义挂牌卖出。如果符合国家战略的,尚未具备 CR 而无法准确定价的 FIS/Bond,则必须卖出 Spread/RA,主要是 FI 和 FP。如果具备 CR 且可准确定价的 FIS/Bond,在期限在 3 年以内的,则可自主选择增信。

2. 资本金杠杆制度

基于全部 UA(FIS/Bond)的 Spread 所可能带来的平均违约风险,应该在 2%~3%。因此,市场交易者的资本金杠杆应该在 50 倍,与保险机构所基于的自然概率相差无几;否则,就是否定 Spread 作为增信价值基础的根本特征。如果否认了迈入增信门槛的基本要素,那么何以谈论增信。

四、CELL 实现程度

因为 Spread 作为增信的价值基础,RBS 因存在着难以覆盖违约损失的可能性,据此应该判断,RBS 属于附条件的 CELL,如同 CDS 是一种 CEA。因此,RBS 仍然未脱离市场交易者的主体风险,因此也可称为主体增信产品,如同 CDS/CWMW。如上所述,RBS 属于 CEA,如果 RM 功能失常,或者出现断崖式违约风险,甚至随机风险突袭,Spread 可呈几何级数扩大,其所支持的 RBS 也将失去交易,最终难以实现 CELL。RBS 持有人因此可能成为最后担保人而承担无限责任。与此同时,RBS 还受以下几个因素制约:

(1) 从 RBS 交易价格来看,RBS 作为市场交易产品,是根据 FIS/Bond 价格进行定价交易的。RBS 交易定价过程,就是 FIS/Bond 的风险管理过程。对于市场交易者来说,这是一个盈利与亏损的问题,随着 RBS 价格变化,存在一个止亏为盈的操作过程。

(2) RBS 已经摒弃了交易对手风险,也就不可能产生金融机构的系统性风险,即使出现 FIS/Bond 极端个别的重大突发性风险,也很少涉及 RBS 市场交易者的资本金完全亏损问题。

(3) 以 Spread 作为交易对象的 RBS,金融机构不可通过理财产品参与 RBS 交易,必须以金融机构自身资本金参与 RBS 交易,否则金融机构难辞道德风险。

作为 CEA,RBS 与 CDS 一样,是具有 RM 功能的主体增信产品,虽然也存在"击鼓传花"效应,却因除去 CDS 的信用交易所带来的交易地位与交易方向的变化,从而使 RBS 市场交易者不会形成交易对手风险,即使放大 RBS 交易总量,也不会因交易对手风险引发系统性金融风险。又因存在 Spread 的批零制度,不仅有助于解决资本市场上 RBS 交易出现"消失"问题,而且有利于 RBS 交易市场健康迅速地发展。

第三节 Spread 批零交易

对于 UA,Spread 转移初始形态为 CEA,但仅为附条件的 CELL。为了防止 RDP,完全实现 CELL,就有必要使 CEA 转化为 CEE,CEE 才是对 OCE(FIS/Bond)的终极增信或 CELL,但前提条件必须是 SP 的增信。如果为 CT 的增信,则无法以 Spread 作为交易对象转移或买卖 Spread,也就是无法量化汇集 Spread,通过 Spread 的 Retail & Wholesale 去形成 CEE。对于 CEE 来说,CEA 只是 Spread 的零售交易;CEE 才是 Spread 的批发交易追求的结果;Spread 的转移,由 CEA 转向 CEE,是基于 Spread 的 Retail & Wholesale,是 SP 增信进行 VM 所要构成的基础部分。

对于 NSA,依据于可以将机构定价调整为市场定价这一 CEE 特征,一方面,可基于大于市场定价(Spread)的机构定价进行转移,比如 FI,可以将其机构定价与 RFIR 之间的价差作为 Spread 进行转移,然后通过 CEE 将机构定价调整为市场定价 Spread；另一方面，可以将 NSA 通过 Retail & Wholesale 机制，形成 NSA 的 AMC，不仅包括 FI，而且包括 FP。基于 AMC 属于上市公司，可为 UA 而转移 Spread，更因 AMC 作为 RFIR 市场成员，这种 AMC 作为 OCE，则被设计为不可破产的信用主体，与现行的信评或 CR 体制无关，即可以绕开信评或 CR，也是权益增信产品（RBS/CEC）所选择的最重要的 OCE，并且 AMC 与 RBS/CEC 一起构成了另类金融体系中的 RFIR 市场。

一、Spread 零售及其定价机制

同为 Spread 转移或 CEA，Spread 的零售与 Spread 产品化是两个不同的定价机制。Spread 产品化把 Spread 作为交易对象进行转移，尽管可以避免 CDS 的交易对手风险，却难以实现 CELL。作为 CEA，Spread 产品化只能实现风险套利与风险对冲的信用缓释功能，仅为附条件的 CELL。因此，Spread 的零售定价机制，可以采用以下两种不同的方式。

1. ARR 的增信定价机制

在 OCE（FIS/Bond）的定价机制为 ARR 的条件下，假设 RFIR 为零。某一 Bond 持有人，持有一个期限为 5 年、面值（Capital）为 100 元、ARR 为 3% 的 Bond（即 RRI 为 3%）。持有人希望通过 Spread 交易市场进行增信，达成 Spread 为 20% Capital 的增信费一次性支付给 Spread 零售商，并为 Bond 持有人保本增信（120 元）协议。这个增信协议对增信双方来说，具有如下各自公平的增信利益。

从 Bond 持有人（Spread 卖方）来看，这个 Bond 的总成本为 120 元，ARR 则由 3% 改为 2.5%，该 Bond 则因增信由 RRI 改为 RFIR，2.5% 的 RFIR 则远比零要多了许多利息，Bond 持有人获得更多利益。即使这个增信的 Bond 违约，因增信保本即 RFIR 为零，Bond 持有人也没有任何损失，甚至可以避免负利率的存款而造成 Capital 的损失。因此，这种增信的 Bond 是非常有利于长期且巨额资本的投资需求，同样，这种定价的增信产品也同样会深受发达国家的资本市场所热棒。

Spread 零售商(Spread 买方)一次性收到 Spread 为 20%的增信费,6倍于原来 3%的风险定价(Spread),相当于 OCE 价值的 1/6,即使对 NSA 的 PD 风险定价也完全足够。但是,又必须认识到,这个 20%的 Spread 作为 RBS 来说,尽管可以为 UA 增信,却不可为 NSA 增信。即使为 UA 增信,在价值上还是无法覆盖 RDP 所带来的违约损失。Spread 零售商秉持"为卖而造"的经营理念,如果留下 10%的零售利润即 2 元而批发出售 18元,则完成了 Spread 的 Retail & Wholesale,获得了零售利润而又不承担增信风险(持有 Spread 可能带来的违约损失)。

CEC 或 RAMC 如以 18 元价格批发购买了这个 Spread,将原来 3%的风险定价即 3 元,作为风险资产或边际成本(MC)计提,剩余的 15 元则作为当期利润入账,实现了 Spread 转移所创造的 5 倍剩余价值与超额利润。风险资产或 MC 计提的 3 元在增信期满时对同类风险资产的 Spread 进行核算,并按实际盈亏入账,与此同时,又可以根据实际盈亏对当期同类风险资产的 Spread 进行微调或保持不变。当然,Spread 零售商的定价机制不可能由自己确定,否则会因无法批发出售,Spread 可能成为"或有负债",导致 Spread 零售商承担资产风险。因此,Spread 零售商的定价机制应该来源于 Spread 批发商,是由 Spread 批发商向 Spread 零售商提供增信的定价机制,或者向零售商提供其所设计的增信产品,包括增信定价机制。

2. Spread 的增信定价机制

Spread 的增信定价机制应该是由 CEC 或 RAMC 一并设计的 CI 产品与增信产品。当 RFIR 为零时,根据 SP 的增信原理,增信的 Bond 便为 RFIR,Spread 则为 RRI。假设,RFIR 为零,根据 UA 的 CR 计算的 Spread 为 2.5%,10 年期 100 元票面的 CI 产品,发行价为 80 元,可计算出的基础利率约为 2.26%,以 ARR 计算则为 2.5%。CI 产品持有人又向 Spread 零售商支付 10 元增信费,CI 产品由此而转化为 RFIR。

Spread 零售商基于 PD 或 CR 所计算的 Spread 应该为 2.5%,却一次性收到 10 元增信费,Spread 费率高达 12.5%,5 倍于原来基于 CR 的风险定价 Spread。Spread 零售商留下 10%约 1 元的零售利润,将 9 元 Spread

批发出售给 Spread 批发商,因此获得零售利润而不再承担增信风险。

Spread 批发商收到 9 元增信费(相当于 CI 产品价值的 11.25%以上),比实际为 2.5%的 Spread 高出近 5 倍。以 MC 名义计提 2 元,剩下 7 元作为当期盈利记账。当增信期满时,以 2 元的 MC 按同类风险资产的 Spread 进行核算,并按实际盈亏入账。当然,根据实际盈亏,再对同类风险资产的 Spread 进行微调或保持不变。

从 CI 产品持有人来看,支付 80 元购买 CI 产品,再支付 10 元购买增信产品,合计支付 90 元购买了增信的 CI 产品,CI 产品不仅因增信转化为 RFIR,而且还有合计 11.11%的总收益,或者 10 年期 CI 产品的基础利率为 1.06%。可见,作为 RFIR 的 CI 产品达到 11.11%的总收益,不仅远高于 RFIR 为零,而且避免了资金存款管理费(负利率时代)。因此,这种 CI 产品连接增信产品的设计,必将受到全球资本市场的热捧。

从 CI 产品发行人来看,如果缺乏 SP 的增信,CI 产品发行人的 CR 与每年信评相矛盾,CI 产品将难以发行。如果以 ARR 计价的 Bond 发行,可能使投资人支付更高的增信费用。如果以 2.5%ARR 计价的 Bond 发行,即使 2.5%调整到 2%或 1.5%,投资人支付的增信费用将高达 25 元或 66 元。因为 RFIR 为零,风险利差 Spread 为 2.5%,在 0~2.5%的 Spread,均为增信费用范围。

二、Spread 批发及其定价机制

Spread 的批发交易是由下述这类名称的机构所从事的一部分业务,并因此构成了这类机构的基础资产:为了达到 CEE 功能的 R-ABS 或 RBS,或者 SPC 模式的 CEC,或者 SPC 的 RAMC。Spread 的批发交易从根本上解决增信合同或创造增信资产,或者零售机构持有增信资产等因 Spread 所带来的增信风险问题,特别是会计上的"或有负债"转化为"风险资产",增信资产作为一种风险资产可以如同保险资产一样入账。CDS 仅以信用资产产品化,CDS 交易市场,使得 CDS 卖方或 Spread 持有人可以将收到的 CDS 费用/信用保护费用,即对 UA 进行信用定价的 Spread,在会计上作为

金融产品入账,而非"或有负债",难免牵强附会。

　　CT 的增信,或者零售机构创造增信资产而持有 Spread 时,均应在会计上确认为"或有负债"。因为基于 PD 或 CR 的风险定价 Spread,在价值上远小于 OCE(FIS/Bond)。基于客观物质的自然概率与生命概率的保险资产,无需保险机构通过保险资产数据进行证明。但是,基于 PD 或 CR 的 Spread,及其转化的增信资产,却需要通过增信资产数据进行证明,Spread 的风险定价需要资产数据支持。

　　因此,对于 Spread 零售商来说,持有 Spread 是一种"或有负债",只有通过批发出售 Spread,才可获得零售利润而不再承担风险。具体来说,Spread 零售商制造增信资产而持有 Spread,最长不得超过一个季度,以免产生会计上的"或有负债"而影响整个财会报表。除非 Spread 零售商所持有的 Spread 无法出售,不是 Retail & Wholesale 机制安排的 Spread,或是按照 FG 方式而持有的,只能在会计上形成"或有负债"。

　　比如,Spread 的 2%风险定价必须通过资产大数据支持而形成,尽管也可以历史数据支持 CR 而形成。但是,Spread 或 CR 所基于的 PD 具有随机性质,在时空分布上不均匀。具体来说,每个制造 Spread 零售机构因市场竞争所取得的市场份额是非常有限的,资产数据对 Spread 风险定价功能的影响也只是非均衡的,有的 Spread 零售机构所具有的资产数据远大于 2%的风险定价,有的远小于 2%,有些则在 2%及其左右。

　　但是,这种非均衡分布的资产数据,对于 Spread 零售机构意义非常重大,可能因持有 Spread 而无法赔偿因非均衡分布的违约损失而破产倒闭,并涉及 Spread 买卖交易机构的存亡。正因为如此,会计上的"或有负债"才对 Spread 零售机构更准确,除非可以转让,无论安排 Spread 产品化机制,还是 Spread 的 Retail & Wholesale 机制。

　　Spread 批发商既可以 SPC 法律框架进行 R-ABS,也可以 SPV 法律框架进行 G-ABS。R-ABS 是以 Spread 为基础资产并进行 VM 的 CEC 或 RAMC。CEC 或 RAMC 通过批发购买 Spread,持有并对其 VM,一方面为了确定 Spread 的风险定价,比如 2%;另一方面为了达到降低 Spread 这一特殊目的，才不愧于 SPC 之名誉或法律授权。在汇集、持有量化级的 Spread 数据（大数据）并对其 VM 后，求得 2% 风险定价的 Spread。在求得 Spread 基础上的盈利，即构成了 CEC 或 RAMC 的股票价值。

在上述 Spread 的 Retail & Wholesale 机制配合下，我们可以设计出相应的数学模型，以 100%RCR 去抵御 RDP，最终对 2F Global 形成 CELL，或者终极增信。因此，CEC/RAMC 便可取代 2F America 的"GSE"地位，可从全球资本市场获得低成本资金，支持未来以 NSA 为基础资产的 2F Global，即以降低 Spread 为特殊目的的 2F Global 的 AMC，取代以 Mortgage 为基础资产的 2F America。

第四节　Spread 证券化

Spread 证券化是指以 Spread 或 RA 作为基础资产的 ABS，既包括 SPC 法律框架的 R-ABS，也包括 SPV 法律框架的 G-ABS。但是，G-ABS 需要所谓"外部增信"，由此所形成的所谓"内部增信"却与 CEE 风马牛不相及。因此，只有 R-ABS 可以依据 Spread 或 RA 的资产大数据并对其进行 VM，可以实际形成 CEC/RAMC 的不同权益（证券）及其权益定价，以股票价值支持或增信债券价值，使得资产风险在市场交易、市场定价中逐步得以缓释，并因此形成了不同层级的权益（证券）之间的 CEE，可以真正实现 CELL，才是终极增信。

据此，Spread 证券化所形成的 CEE，则是 VM 的最终目标。由此可以推断，Spread 证券化就是对 Spread 及其转移进行 VM 的主体部分，也构成了由 CEE 对 2F Global 的 AMC 低成本资金支持，以 Spread 的 Retail & Wholesale 机制对 CEA 的支持，由 CEA 对 OCE 的支持，最终 OCE 转化为 RFIR 这一价值链所构成的另类金融体系。进一步来说，Spread 证券化也将成为全球另类金融体系的信用基础。

一、CEE 的历史必然

CEE 尽管早已显示于股票上市（IPO）中，又彰显于 R-ABS 中。在 R-ABS 中，不同定价机制的金融资产，在资产数据量化等级到一定程度，可以为基础资产进行风险定价（Spread），并构建 SPC 不同层级的权益（证券）结构，股票证券支持或增信着各种债务结构证券，此可称为 CEE。又因支持或增信各种债务结构证券的股票具有流动性，可将股票称为权益增信产品（RBS），或者权益增信机构（CEC）上市股票，或者风险资产管理机构（RAMC）上市股票。

但是，对于金融资产或风险资产（FIS/RA）来说，增信历史却起始于 CT，即主体（机构）增信的金融担保（FG），又因受制于 FG 的双层交易结构与 FG 机构资本金，导致 FG 要么没有资本效率，要么无法抵御 RDP。FG 机构便被逐利的资本所抛弃，让位于主体增信产品的 CDS。FG 或 CDS，均属于 CEA。CDS 作为信用学说所谓"衍生产品"，承继了 FG 信用担保的交易结构，却以 UA 自身的 Spread 更替了 FG 机构的 CR 所形成的 Spread，CDS 交易对手在不受资本金限制条件下激剧放大了 CDS 交易量，致使信用交易结构埋下的交易对手风险，引爆了 2008 年美国金融危机。

依据风险理论，与 FG 同时期产生的 G-ABS，以所谓"内部增信"，混淆了股票上市（IPO）中的 CEE，及其权益增信产品（上市股票），是所谓"外部增信"条件下不折不扣的"花架子"。其实，所谓"内部增信"不具任何内部权益增信功能，只是外部增信下的 ABS 权益（证券）定价，"内部增信"则是权益（证券）定价的形式装饰。CEE，及其权益增信产品（上市股票），在股票上市（IPO）中已经存在，只是受制于信用学说无法进行解析，并在 G-ABS 中以所谓"内部增信"与"外部增信"，掩盖了 CEE 及其权益增信产品的历史本来面目。

CEE，与 CEA 一样，是增信两种形式中的最重要形式。作为 CEA 的 CDS 因规避直面增信风险，只能用于风险对冲或信用缓释，实现附条件的

CELL。CEE 则以规避风险与直面风险相结合，在 Spread 的 Retail & Wholesale 配合下，完全可以实现 CELL，即增信的终极方式。作为 CEE，不仅可以使尚无 CR 而无法准确定价的 Mortgage 从初级阶段的证券化产品（MBS）走向高级阶段的证券化产品（2F America）。推而广之，所有风险资产，Spread 或 RA，其实均可由 CEA 转化为 CEE。

尚无 CR 而无法准确定价的，或者机构定价的各种不同的 NSA（FIS/RA），移置于 SPV 名下并构成的 SPV 权益结构。由于资产数据不足，难以产生以 PD 为基础的风险定价（Spread）来支持或构建 SPV 不同层级的权益结构，必须通过所谓"外部增信"支持/增信不同层级的 SPV 权益，进而才能界定出 SPV 权益结构。这种 SPV 权益结构，在形式上有了所谓"内部增信"，实际上却是"外部增信"破局了 CEE，或者毁灭了 CEE。CEE 在 ABS 论述中只是视为所谓"内部增信"，并与所谓"外部增信"并存，这是对 CEE 的曲解与贬低。

具备 CR 可以准确定价的风险资产（FIS），可以经真实 CEA 形成 RA。作为资产产品化（RBS），RA 有其存在的必要性，比如风险对冲或信用缓释功能。但是，RA 的定价模型，因 Spread 深受 PD 影响，必然基于 RA 的量化集合，才能实现 CEE。RA 的定价模型，如果仅为了风险对冲或信用缓释而运用于 FIS，Spread 作为增信的价值基础或有限责任，却是附条件的，有时可能会转化为 CGUL，这就是 CDS 或 RBS 的宿命。

为了抵御 RDP，RA 可以进行 R-ABS。随着基础资产（RA/Spread）不断购买或不断注入 SPV，当资产数据达到一定数量等级，以 PD 或 CR 验证 Spread，并以此构建 SPV 的权益结构，形成 CEE 支持的权益增信产品（RBS）。RBS，不仅可以足以抵御 RDP，支持 CEA 及其 CEA 的 OCE，实现 Spread/RA 作为增信的价值基础，完全实现 CELL。由于受限于 SPV 在大陆法系国家法律，及其 RBS 流动性问题，RBS 必须采用 SPC 的法律框架，或者 SPC 的 AMC，形成 CEC 或 RAMC。

二、CEE 的历史演变

CDS，除了因信用交易结构形成可以引爆金融危机的交易对手风险这一致命缺陷外，CDS 交易对手仍在一定程度上受限于资本金杠杆率或信用风险，故称为主体增信产品。2009 年以来的 CDS 改革，CDS 清算中心（所）要求 CDS 卖方提供担保品，或中国 CRMW 的资本金杠杆限制，足以证明了交易对手的信用风险或资本金杠杆率仍然限制着 CDS，无法如同 CEE，或者 SPC 的典型形式 2F America。CEE 可以完全摆脱了原始权益人或资产持有方及其融资主体的信用风险，摆脱一切主体信用风险对于 CEE 的影响。因为 CEE 是以 PD 为基础的风险定价来形成不同层级的权益结构，在实现权益定价的同时实现 CEE。CEE 是权益定价的前提条件，如果没有 CEE，只可能涉及"外部增信"，就没有权益定价，权益定价则改为"外部增信"定价。

就 Mortgage 来说，美国每一个人一直存在并希望 Mortgage 利率更趋于低下与稳定，符合追寻与实现"美国梦"，这是完全符合美国社会管理的长期目标，也是金融管理上的特殊目的。在 20 世纪中叶以后，MBS 以及 2F America 浮出水面。MBS 希望以资产 PD 实现权益定价和 CEE。但是，在初期仍受制于商业银行交易地位和交易利益，比如单个商业银行零售业务所产生的 Mortgage 数据非常有限，即使大银行也无法实现以 PD 为基础的风险定价，也就无法实现权益定价和 CEE。于是，MBS 的权益定价上需要所谓"外部增信"，前期为 FG，后期为 CDS。"外部增信"破除了 MBS 不同权益之间的 CEE，使得底层证券无法真正成为 CEE。与此同时，"外部增信"也破局了 MBS 的权益定价，使得权益定价转换成外部增信定价。

随着 MBS 的深入发展，越来越要求形成以 Mortgage 的 Retail & Wholesale 为基础的，以便形成更大规模的 Mortgage 数据来支持以 PD 为基础的风险定价，实现 MBS 的权益定价和 CEE。这样，制造 Mortgage 的零售业务不再仅为商业银行所垄断，产生了一种只做零售业务的贷款公司或 Mortgage 公司。这种 Mortgage 公司如同零售商，以批零差价作为经营利润，并不承担贷款风险或资产风险，即为资产批发商或批发业务而制造 Mortgage。基于 Mortgage 批发业务，投资银行作为 MBS 的发行人，进一步取代了大型商业银行的发行人地位，这是一个巨大的历史性进步。

考虑到 Mortgage 无限进入资产池进行集合资产数据，且需要无限购买资金，MBS 交易市场所能承受的资金能力，以及证券化法律的细致明确性质与公众认可程度，SPV 形态的 MBS 开始寻求新的方向。运用 SPV 的翻版，即特殊目的公司（SPC）模式可以解决上述难题。SPC 就是将载体（V）的 MBS 改为公司（C）的上市股票，由管理公司与 Mortgage 资产池合而为一，Mortgage 资产池以公司股票形式上市（IPO）。犹如把 LP 权益改造为上市股票，保留 GP 不变；好似把 Fund 与管理人合而为一；好像只要把上市公司（阿里巴巴）中的管理合伙人改造为资产管理公司。SPC 同样可以实现 MBS 所带来的权益定价和 CEE，即公司上市股票对公司债务结构的 CEE。

2F America 上市，属于 SPC 典型形式。2F America 的权益定价和 CEE，又是基于 Mortgage 不断购买的"注入"模式，完成了 Mortgage 数据规模化。与 MBS 不同，MBS 的资产池只是由发起设立时所确定的 Mortgage 数据所构成，MBS 设立以后则无法继续"注入"Mortgage，因此限制了 Mortgage 数据规模化，也就限制了资产池自身的权益定价和 CEE 能力，最终需要所谓"外部增信"进行所谓"增信定价"和"内部增信"。Mortgage 不断购买的"注入"模式，改变了 MBS 资产池的范围及其规模。2F America 基于入池之前的 Mortgage 数据，也可在资产池建立之后通过不断购买的"注入"模式，不停顿地补充资产池的 Mortgage 数据，直至达成在权益定价上无人挑战的 Mortgage 数据。

2F America 优越于 MBS 表现为如下几点：其一，权益定价的准确性，意味着 Mortgage 的价格确立。基于 Mortgage 的 Retail & Wholesale 机制，可将 MBS 所形成的准确权益定价，传导到 Mortgage 零售业务的制造阶段。其二，美国政府对于实现"居者有其房"美国梦的支持及其移民国家管理需要，将 2F America 定性为 GSE，对于 Mortgage 的不断购买所需的巨额资金，给予 NSC 的有力支持。其三，股票市场的资本量远大于 MBS 市场的资本量，通过市场巨额交易可以更加准确地对"二房股""二房债"进行市场定价。其四，公司法与证券法比证券化（ABS）法规更具体细致，更深入人心，更方便操作。

上述 SPC 证券化的四大前提条件，使 2F America 导致了 SPC 证券化同样可以进行权益定价，而且可以降低 Spread 或 Mortgage 融资成本。因此也意味着，证券化的特殊目的，不仅基于 CEE 的权益定价，而且可以降低 Spread 或融资成本。由此可见，2F America 的 SPC 所形成以 PD 为基础的风险定价，可以实现权益定价和 CEE，不再需要"外部增信"的介入所形成所谓增信定价和"内部增信"。据此，2F America 拥有了价值 6 万亿美元的 Mortgage 池，Mortgage 池拥有数千万个 Mortgage 数据，2F America 拥有了在美国及其发达国家和地区的 Mortgage 市场上真正的定价能力。"二房股"与"二房债"所形成的 CEE，使 Mortgage 的风险利率大幅下降，破局了商业银行以有限资产数据进行"木桶长板"管理效应所推高的、Mortgage 的风险利率，可以帮助在移民国家中的美国人实现"居者有其房"的美国梦。

三、RBS/CEC

Spread 或 RA，不仅来自 UA，也可来自 NSA，并为 UA 或 NSA 提供 CEA；通过 Spread 或 RA 的 Retail & Wholesale 机制，在实现 CEA 的同时，汇集了 Spread 或 RA 的资产数据；作为权益增信产品，无论 RBS，还是 CEC，均应为 Spread 批发商，批发购买 Spread，及/或转化的 RA，移置于 SPV 或 SPC 名下的基础资产。RBS/CEC，以 CEE 可为 UA 或 NSA 的 CEA，提供终极增信，从而在达到降低 Spread 或融资成本这一特殊目的基础上，以 100% 的 RCR 达到抵御 RDP，实现 CELL。

RBS/CEC 的基础资产,就是 Spread 及其转化的 RA,或者 Spread/RA。基于风险理论由 Spread 及其转化的 RA,即 SP 的增信。可以作为独立资产进行流通转移,先通过 Retail & Wholesale 机制将 Spread 从 FIS/Bond 中转移出来,在形成 CEA 的同时形成 RA;再通过 Spread/RA 的资产批发业务,将 Spread/RA 置于 SPV 或 SPC 名下,作为 SPV 或 SPC 的基础资产,并对其进行 VM,以 100% 的 RCR 抵御 RDP,完全实现 CELL。

四、现实需求

对于尚无 CR 而无法准确定价的 NSA,如果符合国家战略或国家长远利益,可以特殊目的设立 SPV 或 SPC,通过 ABS 或 IPO 方式,实现以权益定价为基础的资产定价,从而解决了资产定价与 CEA 问题。那么,金融机构持有的,或者不断创造的,尚无 CR 而无法准确定价的 NSA,ABS 则是它们的资产定价与 CEA 的必经之路。基于法律主体的风险资产,属于尚无 CR 而无法准确定价的 NSA,主要包括个人按揭资产、个人消费贷款、大学生贷款、个人创业融资等称之为"FP",还有就是作为发展中国家的长远利益或国家战略而绝对不可忽视的基建融资(FI)。现实需求如下:

其一,从目前来看,通过 ABS 基本上解决了 Mortgage 的资产定价与 CEA 问题,既有 Mortgage 证券化的 SPV 形式——MBS,又有 Mortgage 证券化的 SPC 形式——2F America。

其二,个人消费融资包括大学生贷款,尽管已经在世界范围内吸收了主流金融与网络金融的足够关注与重大实践,包括信用卡证券化等形式,相信很快就会解决定价与增信问题。

其三,小微企业正为国家级"融资担保基金"所支持,但这是无知无畏的、行政性的"CGUL"行为,必然以失败告终。小微企业进行融资,一方面主要依靠风险投资或天使投资,另一方面如何运用 ABS 进行资产定价与 CEA,还需假以时日。

其四,网络微商,相信在阿里小贷 ABS 中基本上已经解决了资产定价与融资难的问题,只是中国金融监管机构的无知,扼杀了中国唯一对全球金融界的贡献,如同将婴儿扼杀于襁褓之中。但是,却因阿里小贷 ABS 并非真正的以 CEE 为基础的 ABS,还未实现 R-ABS 所具有的降低 Spread 或融资成本这一特殊目的。因此,阿里小贷 ABS 还未解决"融资贵"的历史难题。

其五,对于中国来说,最重要且最庞大的、因尚无 CR 而无法定价的 NSA,就是 FI。中国基建成功是中国建设事业的最大成功,也是中国 FI 的成功。中国 FI 的成功经验需要总结,特别对中国金融机构的杠杆率、市场利率、货币超发及其国家资本主义等问题需要深思,在深思的同时解决 FI 所带来的问题。一旦解决了 FI 所带来的前述各种金融问题,中国 FI 的成功经验便可向一带一路建设、未来智能社会建设提供全球金融解决方案,中国也将从金融大国走向金融强国,可执全球金融之牛耳。

在未来 10 年左右,大湾区的 FI 总量将达数十万亿元人民币,在未来 20 年左右;"一带一路"FI 总量将达百万亿元人民币。美国"二国会"通过了 2 万亿美元的 FI 直到现在尚未落实,东南亚未来 5 年的 FI 也高达 3.5 万亿美元,欧美发达国家的基建落后状况如果找到支持 FI 的 RBS/CEC,未来 20 年的需求可能高达数十万亿美元。随着智能社会的临近,FI 总量在未来几十年内将高达数百万亿美元,甚至数千万亿美元。在此,作者可以郑重声明,在未来智能社会里,欧盟及其各个主权国家,如果仍然执行现有"不负债基建"模式,将会被边缘化为地球的"边远小渔村"。

第六章

Spread：风险资产

SPREAD,
IT'S PARTED &
VALUE MANAGED

利差增信的价值管理
——开启财富之天眼

第一节 风险资产

一、风险资产的概念

风险是指概率或不确定性及其可能的定价机制。对概率的定价机制所形成的风险资产（Risky Property，RP）及其转移的 VM，就是风险资产。研究风险资产为己任的风险理论，不仅仅要研究事物的各种概率、定价机制及其所支持的风险资产，而且要研究风险资产转移框架及其 VM。风险理论不仅仅属于自然科学，包括数学、统计学、概率论及其大数据理论，而且属于经济学、会计学、金融证券学及其多个分支学科等交叉型学科，风险理论主要包括博弈学、保险学、增信学三个分支学说。

以概率为基础的风险定价，一开始应统称为投注资金。站在不同概率管理机构（即博弈机构、保证机构与增信机构）的角度，可分别称为博弈费、保险费与增信费，并可通过博弈、保险、增信等方式或者相应风险产品进行转移,转化为由博弈机构、保险机构与增信机构进行 VM 的博弈资产、保险资产与增信资产等各种风险资产。简言之,风险理论是研究基于概率的风险资产及其 VM 的思想体系。风险资产管理(Risky Asset Management,RAM)与资产管理(AM)相区别,无论是现金资产,还是物业资产,抑或是其他资产,独特理论在于 VM。

二、仅限于增信领域

增信学说,基于风险理论,继承了静态领域中信用风险相互依存的思想,却彻底地扬弃了静态领域中的主体信用转移的陈词滥调,属于研究 Spread 转移及其价值管理的学科。增信学说既是关于 Spread 转移及其价值管理的理论体系,也是基于信用转移陷于困境而逐渐发展起来的合乎逻辑的思想体系,同时又是基于风险理论而得以丰富发展的增信学说。

更重要的是,Spread,如以交易对象转移并独立为 RA,由 Spread 或 RA 支撑起一个数额巨大的另类金融体系,定会令人惊叹不已。因为除了"黄金",既可定价又可为资产,绝无他物。剩下的时空价值,任由那些所谓金融专业人士去想象、去论证。这里仅仅探讨 Spread 转移,止步于增信概念的边际,止步于 CELL。

三、Spread 概述

1. Spread 作为风险资产

1) 存在形态

Spread 在金融上称为利差。站在主体信用角度看,Spread 可称为"信用利差",站在产品风险角度看,可称为"风险利差",实为 RRI 与 RFIR 之差;RFIR 如为零,Spread 则为 RRI;既可存在于 FIS 或 Bond 之中,亦可从 FIS/Bond 中转移出来,并独立为 RA;既可为 PD 进行风险定价,又可为基于 PD 的 CR 进行风险定价,定价风险又称为风险资产;Spread 因转移而独立为 RA,可称为增信资产;如增信资产因标准化而具有流动性,则称为增信产品。

2）定价功能

FIS 与 RA，两种资产形态存在 RFIR 或 Capital 之差，却均与 PD 及其 CR 相关，以 PD 为基础的风险定价或以 CR 为基础的风险定价，Bond 基本定价模型与 CDSspread 基本定价模型其实并无二致。作为风险产品，FIS/Bond 的 CR 是基于发行人或融资者的 CR。因此，Spread 不仅对 FIS/Bond 进行风险定价，也可基于发行人或融资者的 CR 进行风险定价，Spread 也可基于两者统称为 UA 的 CR 进行风险定价。如果确定了 UA 的 CR，就可通过前述基本定价模型推导出 FIS/Bond 的风险定价，或者 CDS 产品定价，即 Spread。

简单地讲，FIS/Bond 的价格是由 RFIR 与 RRI 构成。为便于计算，RFIR 如为零，则转化为 Capital，Spread 则转化为 RRI。事实上，负利率时代的开启，RFIR 变成零，已经成为不可逆转的历史事实，FIS/Bond 的资产价格确实也就是由 Capital 与 Spread（RRI）构成。当 RFIR 为零且只能作为 Capital，作为 RRI 的 Spread 则对 FIS/Bond 起到了独立且完整的风险定价，无论随着 FIS/Bond 进行利差交易，还是从 FIS/Bond 中转移出来作为独立资产及其进一步的批零交易，均已成为毋庸置疑的现实。当然，除了 Spread 外，资产定价还受期限、通胀、货币政策等因素的影响。但是，Spread 却永远是资产定价的基础因素。离开了 Spread，利率市场基本上是以货币政策影响并主导的利率市场，也就是非市场化利率，即失去市场定价的机构定价。

3）独立资产

Spread 转移导致 FIS/Bond 转化为 RFIR，不仅对 FIS/Bond 形成增信，而且可为独立资产。Spread 存在于 FIS/Bond，则为 FIS/Bond 进行风险定价；Spread 从 FIS 中转移出来而独立为 RA，SP 则是对 FIS/Bond 的增信，Spread 成为增信的价值基础，并导致了 FIS/Bond 转化为 RFIR。

在 FG/CDS 中，基于信用作为交易对象，形成了所谓信用担保与信用买卖，Spread 则是作为交易定价，并以信用交易费用支付名义而转移。因此，FG机构或CDS卖方，尽管收到并持有信用交易费用（Spread），却未能真正形成FG资产或CDS资产。因为FG机构不能转让其所制造的Spread，因制造而汇集的Spread，也不可转化为RA；CDS卖方也不能转让Spread，只能买入CDS进行风险对冲或套利交易。

由此可见，如果Spread仅作为交易定价，并以信用交易费用支付名义而转移，就无法形成RA。但是，历史就是如此，简单的数学概念：$1+1=2$，在社会实践中会演变成：$1+1=3$，或者其他数据。但是，$1+1=2$本身，却不会有错，并作为公理具有存在的必然，只是具体证明可能需要假以时日。

2. Spread 的来源

Spread的来源，从本质上讲，只能来自对PD或CR进行的风险定价，来自风险资产（融资资产），或者从FIS/Bond中转移出来，无论是机构定价的，还是市场定价的；基于PD或CR的Spread，其实只具有空间价值，但在增信的CT阶段，无论FG，还是CDS，Spread只是来源于为Capital追求剩余价值的融资资产（FIS/Bond）的定价形式ARR，或者ARR产品，并以ARR定价形式而存在。从现象上看，Spread来源又分为形式来源与实际来源，这两种来源又可相互作用，并非"鸡犬相闻"。从Spread现象来源中，可以更加了解Spread的定价功能与资产独立性。

1）Spread 的形式来源

其一，市场定价。可依据Spread基本定价模型对具有CR的UA进行市场定价而获得Spread。比如某一商业银行，以其CR可以在债券市场或利率市场上获得Spread。那么，Spread就可对这个银行所发行的FIS/Bond进行风险定价。因此，UA便可非常方便容易地获得融资，不仅不会产生"融资难融资贵"的问题，而且可能更多地采用市场定价方式的直接融资（债券），极少采用下述机构定价的间接融资形式。一些中小企业属于NSA，尽管自身不具有CR，但作为与大型企业合作的供应链企业，却可享用大型企业的CR，以应收账款形式进行包括发行ABS在内的直接融资，或者包括银行贷款的间接融资。作为供应链的中小企业，通过供应链挂上了大型企业的 CR，这是 NSA 的特例。

其二，机构定价。金融机构/融资机构给予 NSA 以机构定价。比如，个人融资、中小企业融资因尚无 CR，只能由金融机构/融资机构给予银行贷款这种机构定价。机构定价一般高于市场定价，否则融资机构会觉得风险过大，难以给予机构定价。因此，融资难融资贵，实际上来自机构定价。如何将机构定价转化为市场定价，解决 NSA 的定价问题，就等于解决了融资难融资贵这一历史难题，也就找到了控制金融风险的根本途径。

其三，增信定价。增信定价 存在两种定价方式，即 FG 的机构定价与 CDS 的市场定价。FG 机构作为增信主体，根据自身定价体系给予 UA 以 Spread，并收取以 Spread 作为信用担保费用或增信费用。CDS 卖方对 UA 卖出 CDS，即 UA 的 Spread，Spread 即可视为市场定价。CDS 买方买入同质 UA 的 CDS，可为 UA 对冲风险，起到增信作用。因此，CDS 买方买入 FIS/Bond 的同时，买入 CDS 即可对 FIS/Bond 进行增信。

因此，增信，与保险、博弈不同，基于风险概率或 PD 的 Spread 是无法改变的，它实际存在于 FIS/Bond 之中。Spread 在转移时不可任意加大或缩小，否则将失去定价功能；以此类推，机构定价实际上是基于没有市场定价的 Spread 这个前提条件，才自行定价一个高于 Spread 的机构定价，因此机构定价是可以通过 R-ABS 进行调整为市场定价，并达到确定并降低 Spread 的特殊目的。而保险、博弈不同，其可以管理费用名义改变出险概率或数字概率，即可借用"上帝之手"改变客观概率。

2）Spread 的实际来源

Spread 的实际来源仅为 PD，既可由历史的、纵向的积累风险数据所形成的 PD，通过 UA 的 CR 来确定 Spread，也可由现实的、横向的集中风险数据所形成的 PD，通过 R-ABS 或 SPC 模式的 RAMC 来获得 Spread，或者将机构定价调整为市场定价，达到降低 Spread 或融资成本这一特殊目的。

UA 的 CR，只是来自历史的、纵向的积累数据所形成的 PD。也就是说，信评机构给予 UA 的 CR，是以同类或相似的 UA 作为评估对象，并以历史积累数据的 PD 作为信评结果。CR 实际上也是来自 PD,只是来自历史上实际存在的 PD,CR 并不是 UA 与生俱来的或天生的;否则,古老的"血统论"将重返资本市场。

三大国际评级机构虽有各自不同的信用等级体系,但都以历史风险数据所形成的 PD 对同类或相似的 UA 进行运用而得出的各种 CR。一方面,CR 来自并反映 PD,CR 是 PD 的在信用主体上的表现形式,通过 CR 可以反映 PD;另一方面,尽管 Spread 在本质上来自 PD,却是可以通过 CR 来反映 PD,UA 的 CR 因此可以推导出以 PD 为基础的 Spread。

对于尚无 CR 的 NSA,无法给予 CR 且由市场定价的 Spread,只能由金融机构给予机构定价的 Spread。为了将 Spread 的机构定价调整为市场定价,可以运用 R-ABS,以现实的集中数据所形成的 PD 为风险定价的 Spread,在 SPC 的不同权益之间进行合理分配或转移,在实现 CEE 基础上获得 Spread。如果给予合适的 SPC 平台,并通过批零机制获得现实的、集中量化数据,在 CEE 的基础上,机构定价可以调整为市场定价,从而实现降低 Spread 或融资成本这个特殊目的。因此,R-ABS 区别于以融资为目的、外部增信为特征的 G-ABS。

3) 设计来源

如前所述,Spread 在时间成本上反映为 ARR,且在久期风险基础上形成"长短利差",在缺乏大数据支持的条件下,由于 PD 统计及其 CR 评定都是按年度划分的。Spread 与 APR、长短利差并无差别,ARR、长短利差成为 Spread 的代名词,或者具体表现、现实产品。

年度 PD 及其年度 CR 与由 Spread 转化的 ARR 定价机制相匹配。其实,在连续的、不间断的 ARR 定价机制中,对 PD 及其 CR 进行风险定价的 Spread,并无特别意义。不仅同样陷于 ARR 定价机制所形成的"零和游戏",而且又因增信机构不拥有增发货币(M2)功能,导致 CELL 步履艰难,甚至以风险套利之名放逐风险对冲,以衍生产品替代增信产品,虚化增信功能,进而将增信贴到墙上,成为人类记忆或人类观赏的历史存在。如果 FIS/

Bond 超过一个年度,就必然存在 Spread 与 ARR 或长短利差之间的"定价黑洞"。因为存在 ARR 现金化的融资工具,如同保险产品的 ARR 现金化。

相对于 ARR 或长短利差,Spread 犹如高维度的物质,可以决定处于低维度的 ARR 或长短利差。ARR 或长短利差相对于 Spread,如同井底之蛙,只是在低维度上代表着 Spread。Spread 却因处于高维度而拥有低维度的天下,在高维度上俯视着 ARR 或长短利差,最终决定着 ARR 或长短利差。从这个意义上讲,Spread 的设计来源,则是 Spread 决定的 ARR 或长短利差,在产品设计中,ARR 或长短利差又代表着 Spread。

总之,PD 在风险资产信评上表现为 CR,在风险定价上表现为 Spread;有了 CR,便可直接获得 Spread,尚无 CR,可通过 R-ABS 间接地获得 Spread;不仅如此,Spread 既可为 UA 市场定价,又可为 NSA 机构定价,而且自身又为独立的 RA。Spread,如同黄金,既可定价,又可为资产,可称为"数字黄金"。

3. Spread 的特征

Spread 具有定价功能,可为 UA(FIS/Bond)等进行定价。FIS 或 Bond,其实包括 RRI 产品与 RFIR 产品这两个产品。具体来说,Spread 有如下几个特征:

(1) FIS 或 Bond,作为 ARR 定价机制的融资产品,是由 RFRI 与 RRI 构成,两者之差为 Spread,即 RFRI 与 RRI 之差。RFRI 为零,风险利差(Spread)则为 RRI,融资产品(FIS 或 Bond)等于 Capital 加 RRI,或者 Capital + Spread。

(2) Spread 为零,融资产品(FIS 或 Bond)则为 RFRI 产品,相当于 Capital,或为到期国债。

(3) Spread 亦可从融资产品(FIS/Bond)中分离或转移出来,经风险定价而独立出来成为 RA,或者称为增信资产、增信产品,信用理论则称之为"信用衍生产品",比如 CDS。一旦 Spread 独立出来,融资产品(FIS/Bond)则为 RFRI 产品。比如 FIS 持有人买入 CDS,其所持有的 FIS 相当于 RFRI 产品。

（4）Spread 尽管可以从融资产品（FIS/Bond）中转移出来，但作为定价功能却在价值上不可改变，或者基于 PD 的风险定价无法改变；否则，Spread 会丧失定价功能。但是，对于尚无 CR 的 NSA，在无法确定 Spread 时，可先为机构定价，然后通过 R-ABS 调整为市场定价，获得定价准确市场定价即 Spread。

（5）Spread 不可改变性，排斥了博弈产品与保险产品中的"上帝之手"，使得增信产品设计风险难控，困难重重，直至今日，除了美国 NSC 或美元霸权支持下的 2F America，还尚未有真正的 2F Global 的 R-ABS，即由 Spread 及其 RA 作为基础资产的 RBS，或者为 SPC 的 CEC。

（6）在风险理论中，Spread 作为 RA，可以运用保险资产及其价值管理中所形成的风险资产理念，CEC 可设计出完善的增信产品，并对增信资产进行 VM，从而实现 CELL，在此基础上，才有可能产生 2F Global，并逐渐超过甚至替代 2F America。

第二节 信用资产及其评论

一、信用资产

信用资产不仅包括具有 Capital 或 RFIR 的融资资产（FIS/Bond），及其发行人和融资者合称的 UA，而且包括不含 Capital 或 RFIR 的衍生产品（Derivative）或所谓"FG 资产"，或者从 FIS/Bond 中转移出来的 Spread 对信用交易进行定价的信用产品或信用资产。信用资产或信用产品，与 UA 在信用问题上是共通的，与主体信用有关的，或者由主体信用决定的资产或产品，均为信用资产，既包括各种贷款人（商业银行与小贷机构）的信用贷款（Loan），也包括各个发行人的债券（Bond）、证券化产品（ABS）及其债务融资工具等所有以 ARR 方式定价的 FIS。

主体信用决定着信用定价,但这个主体信用不再是抽象概念,而是物化的、标准化的主体信用即 CR。因此,Capital 在主体信用/CR 上的运用形成的 Spread,因不同的主体信用/CR 具有不同的信用定价。主体信用好的或 CR 高的,Spread 就小;主体信用差的或 CR 低的,Spread 就大。一旦主体的 CR 确定后,就可计算出 Spread。

基于 PD 的 Spread,对主体信用/CR 进行信用定价,其价值非常小,只是 Capital 价值的千分之几至百分之几,容易使人忽视违约所造成的风险。所谓"坏资产""不良资产"与"赔本资产",以及与此相对应的"好资产""优质资产"与"挣钱资产",其实这些称呼资产的具体形态并不存在,只是信用资产的不同侧面,及其关系或配比的现象反映,可称之为假象资产。

1. 假象资产

主体信用从哪里来?天生而自然形成的主体信用概念,"血统论"是主体信用难以割舍的基本论调。于是,假象资产便可方便杜撰。

1) 好资产与坏资产

基于中国央行制定的统一利率,或者统一的 ARR 产品,信用好的主体所形成的贷款资产是好资产,信用差的主体所形成的贷款资产是坏资产,融资主体的信用状况决定了信用资产的好坏。同一 CR 的贷款资产,信用好的、不会违约的主体或 UA 是好资产,信用差的、可能违约的主体或 UA 是坏资产。进而可以推断,好资产一定是信用好的主体,坏资产一定是信用差的主体。那么,好资产如何定价,还需要 Spread 定价吗?此外,坏资产应该也无法以 Spread 定价,必须以 100% 价值进行担保,因此才有了 CGUL。

2) 不良资产与优质资产

延续上述信用资产好坏的概念,是否实际发生逾期违约,又将贷款资产或信用资产分为不良资产与优质资产。实际发生逾期违约的为不良资产;未实际发生逾期违约的为优质资产。

3) 挣钱资产与赔本资产

同样,沿袭信用资产好坏之分,我们又可将信用资产分为挣钱资产与赔本资产。没有违约的信用资产，在收回本金的同时如期获得利息，或者还本付息得以实现，即为挣钱资产；反之，则为赔本资产。所谓本金出借收息，如出租物业收租金，天经地义；贷出本金，收取利息，天地良心等等。

2. 资产定价

1) Spread 定价功能

由信用主体或 CR 决定的信用资产，各种概念主要包括 UA（FIS/Bond）等。信用资产由 RFIR 与 Spread 构成，即 RFIR + Spread。如 RFIR 为零，Spread 为 RRI，信用资产也就由 RFIR 与 RRI 所构成。由于 RFRI 为零即可为 Capital，RRI 来自 Spread，信用资产也就成为 Capital + Spread。因此，在负利率时代来临后，Spread 作为 Capital 的定价显露无遗，尽管 Spread 早已为 Capital 定价这一事实不太为人所知。

因 Spread 的信用定价，同一类型的信用资产或同一 CR 的 UA，会有不同表现特征；又因表现特征的比例关系，反映了信用资产的信用定价，即以 PD 为基础的 Spread。因此，信用资产由 RFIR 与 Spread 构成，或者由 Capital + Spread 两者构成。Spread 是 Capital 在主体信用或 CR 上运用所体现的信用定价，即对主体信用或 CR 的信用定价，Spread 的定价功能与 Capital 一起构成了信用资产。

在 Spread 不可变动条件下，Spread 在年度内的信用定价便转化为 APR。也就是说，排除其他定价影响，在一个年度内，信用产品的 APR 应该是 Spread 的具体表现或时间价值，无论融资期限是 1 天，还是 365 天，只要确定了主体信用或 CR。而且，基于纵向的、历史的信用数据统计，PD 也是年度统计的；CR 无论是主体评级，还是产品评级，有效期均为 1 年，也是年度信评的。

在信用之说中，Spread 对信用资产的定价功能是通过 CR 来反映的。CR 是以信用主体/信用资产，或者 UA 的历史违约（记录）数据为基础而建立。无论如何，Spread 对信用资产的信用定价还是具有相对稳定性的，不可任意更改；否则，Spread 对信用资产的信用定价功能将消失殆尽。因此，所谓"季度利率""双季利率"与 APR 是有矛盾的,如果前两者小于 APR 的话。即便如此,金融机构也无法从 Spread 定价中获利,金融行业会因无法盈利而难以持续经营。综观全球金融界都是盈利最多的行业,肯定存在超越 Spread,或让 Spread 演变成其他概念,以便信用产品的定价机制有利于资方/银行,保证资方或银行绝对可以获得盈利。

2）时间成本与 ARR

在金融产品/融资产品中,引入了 ARR 定价方式以展示 Spread 时间价值,ARR 定价方式如同人身险的 ARR,及其美国财政部抵押给美联储发行美元的国债也是以 ARR 定价的。根据信用之说,Capital 的 ARR,如同物业的 ARR,资金与物业都是有时间成本的,因此资金如同物业均可按年度收取租金即 ARR。因此,在金融界,是持有资金,还是持有物业,主要看 ARR。如果长期空闲资金,不急于变现,而且物业的 ARR 高于 Capital 的 ARR,那么,把 Capital 变物业就有了基本前提;反之亦然。于是,Capital 的 ARR 便顺理成章地在信用产品中成为定价因素。

问题是,物业的 ARR 所基于的时间成本是明确的,即为购买物业的资金成本与物业折损与维护。但 Capital 的 ARR 所基于的时间成本究其是什么？是央行的基准利率,还是市场平均投资回报率？政府超发货币带来的贬值因素或通胀因素,还是国家破产所产生的违约率？ARR 与基于 PD 的 CR 是什关系,两者如何协调,不得而知。

尽管一个 APR 与一个年度 PD 相等,一个年度内的信用产品,对于资本方来说,CR 定价机制并没有什么多大利益。但是,ARR 却给资本方带来了非常大的利益。一般来说,具有 CR 的大型企业集团或金融机构,需要长期融资资金,于是便有了长期金融产品。从理性角度来看,长期金融产品的 ARR 对于资方/银行来说,好像可为其带来超额收益,如同 CDS 卖方的无本之利。但与年度 PD 相比,如果 Spread 的准确信用定价,仍然是一分风险一分利,则并不存在什么超额利益。但是,对于存在破产可能性的融资者来说,ARR 与 APR 应该是相对平衡,也许也是公平的,毕竟企业法人应该具有稳定收益率。

但是，对于 2F Global 来说，作为融资者的个人或政府，不可能随时破产或死亡，在破产概率或死亡概率很低的条件下，运用 ARR 可能有失公允。比如发展中国家和地区的 Mortgage 利率，比 2F America 的 Mortgage 利率高达 3 倍以上，2F America 为全球个人贷款树立了定价标杆：2% 左右。因此不得不说，ARR 是高利贷的始作俑者，是金融界对广大民众的重大误导，应该是违背金融人权的。从这个意义讲，金融人权在发展中国家与发达国家之间存在巨大差异，如果发展中国家不能正确认识金融人权，将会阻碍社会经济的持续发展与个人进化的全面发展。

3）企业信用与久期风险

根据企业法人的生命周期理论，上升时期企业法人因为没有 CR 而难以融资。鼎盛时期企业法人因拥有较高 CR 可以融资，但随着时间流逝会走向衰落期。而且，由于融资者的 CR 评定效力也只是在 1 年内有效。因此，如果融资是跨年度的，甚至长期的，那么融资者的主体信用必然更具不确定性（风险），久期风险也成了信用产品定价因素之一。信用产品时间越长，久期风险越大，产品定价越高；反之亦然。信用产品不仅有 ARR，而且因久期风险又使 ARR 有所不同。融资时间越长，ARR 越高。综上，信用产品在 ARR 的基础上又产生了所谓"长短利差"的定价机制。否则，信用产品难以定价，或者定价失准。中国因长短利差倒挂，导致信用产品定价失准，特别是衍生产品或增信产品 CDS 或 CRMW 在中国出台 5 年多了，却根本没有办法在中国资本市场上立足。

问题是，在负利率时代，基于 PD 的定价机制，还能给久期风险定价机制留下多少空间。应该说，随着超发货币导致的国家信用泛滥，"大而不倒"非市场救济原则所导致的机构信用膨胀，久期风险定价机制正在消失，资金成本论或资金房产论正在不攻自破。那么，依赖于长短利差的 CDS，风险套利功能正在消失，CDS 交易量也在急剧萎缩。美国总统特朗普于 2019 年废止 2009 年 ISDA 的改革版 CDS，以为可以恢复 CDS 在 2007 年鼎盛时期的交易量,其实这是外行干着急！负利率时代的来临,风险套利空间大幅萎缩,风险套利交易的 CDS 肯定无法大幅增加,根本无法回到 2007 年 CDS 交易的鼎盛时期。

4) 投行融资

如果进行一次性短期融资,FIS/Bond 发行人/融资者,与持有人/投资者/贷款方等资方都是一种平等的 50%：50%博弈。那么,资本方并没有什么胜算把握,如同 Spread 转移,因不可变动其价值而陷于困境中,无法实现 CELL;否则,Spread 将失去定价功能。

对于一次性短期"过桥资金"或投行融资的定价,可能表现为垃圾债券,对于融资双方都具有一定博弈性质。对于资方/银行来说,运用"过桥资金"的投资银行,其经验或商誉,则是"过桥资金"定价的主要因素。因为真正的交易双方并未成为融资方,不可能以其主体 CR 进行定价;投资银行的 CR 也不可能作为"过桥资金"的定价基础。因此,"过桥资金"的风险定价,必然是高利贷;反之,"过桥资金"所整合的资源或价值发现一定是价值不菲的。但这种"过桥资金"具有非常局限性,不可能影响市场利率或信用产品定价。

二、衍生产品/增信资产

1. 名义 CT 与实际 SP

在 FG/CDS 中,Credit 或 CR 是交易对象,无论名义上是谁的信用。Spread 只是具有定价功能,对信用交易进行交易定价,Spread 作为交易定价,是以信用交易费用支付名义而转移,形成所谓 FG 资产或衍生产品。比如,FG 机构为 FIS 持有人增信,一方面是把 FG 机构较高 CR 租售给 FIS 持有人或发行人/融资者;另一方面 FIS 持有人或发行人/融资者将 FIS 中的 Spread 以增信费用(FG 费用)名义支付给 FG 机构,Spread 因此而转移给 FG 机构,FG 机构因此取得并持有 Spread,并面对 Spread 所带来的违约风险。同样,FG 机构 或 CDS 卖方,或者 Spread 持有人,就是以卖出信用(保护)名义收取信用(保护)买卖费用(Spread),Spread 则是对 UA 的信用定价或信用交易定价,在信用保护买卖中仍然作为信用定价或以交易费用名义支付而转移。

无论是 CR,还是 Spread,均没有作为交易对象,而是以信用或信用(保护)作为交易对象,无论是 FG 的信用担保,还是 CDS 的信用买卖,均以 UA 的 CR 所产生的 Spread 对信用交易对象进行定价,并以信用交易费用支付名义进行转移。作为 FG 机构,因 FG 业务形成的所谓 FG 资产,其实是基于 Spread 作为信用交易费用所支撑的"信用担保"合同权益,属于信用资产。由于这种以 Spread 为基础的信用资产,区别于同样作为信用资产的 FIS/Bond,可称为信用衍生资产或信用衍生产品。

2. Spread 持有方

从现有的衍生产品/增信产品来看,Spread 持有方应该是 FG 机构或 CDS 卖方。FG 机构因 FG 业务持有所谓 FG 资产,CDS 卖方因卖出 CDS 而持有所谓 CDS 资产,即信用衍生产品。所谓信用衍生产品,其实是一种以 Spread 为信用定价的远期偿付合约,因 CDS 卖方已收取作为信用交易费用的 Spread,剩下的全是合约义务,即合约债务,或者由 Spread 支撑的合约债务。

合约债务条件成就而发生债务偿付,且 FG 的 Spread 年度收入与债务赔偿不相等,且加上 FG 机构经营成本,将会下调 FG 机构的 CR,并对已经 FG 增信的 FIS 产生负面影响,甚至下调 CR,导致 FIS 的利率上升。如果在较大幅度的 RDP 冲击下,FG 机构很容易破产倒闭,那么对于资本市场的冲击不得而知。同样,CDS 合约债务条件成就而发生债务偿付,CDS 卖方如没有买入同质 CDS 进行对冲,则会发生交易损失。如果 CDS 卖方,无论前手或后手,即 CDS 交易对手破产倒闭,则因交易对手风险引发金融机构系统性风险。

3. 价值基础的 VM

价值基础的 VM 就是对增信后的 Spread 进行 VM。Spread 与 FIS 价值比较,是指信用资产或 FIS 与从其中转移出来的信用定价(Spread)在价值上的比较。众所周知，Spread 基本上是以风险中性 PD 作为定价基础的，与合约债务相比，在价值上可能是合约债务的千分之几或百分之几，即在价值上远远小于合约债务，或者 Spread 远小于 FIS/Bond 的价值。

如果仅以单一 Spread 去增信 FIS/Bond，那么，Spread 持有人，FG 机构即使资本金运用 10 倍杠杆，风险拨备率或 RCR 仍然太低，无法抵御 RDP 所带来的违约损失，破产倒闭是大概率之事。在 20 世纪末 FG 被 CDS 所取代，也是不出乎人的意料。CDS 则设计了所谓长短利差的交易市场，Spread 持有人或 CDS 卖方因此可以进行套利交易。因长短利差，Spread 持有人或 CDS 卖方可以通过 CDS 交易市场买入一个同质的 UA，实现套利交易。但是，问题在于，在金融危机时，长短利差倒挂可能导致交易市场消失。那么，因 Spread 价值无法覆盖增信的 UA 违约损失，Spread 持有人或 CDS 卖方将成为最后担保人而承担无限责任。

因 Spread 转移对信用资产，即 UA(FIS/Bond)进行增信，如前所述，与保险/博弈有所不同，Spread 不会因转移而发生价值变化或变大。保险机构与博弈机构可以运用"上帝之手"以管理费用名义改变出险概率或数字概率，使得出险概率或数字概率有利于保险机构与博弈机构。因此，Spread 持有人/CDS 卖方获利必须另行考虑。

首先，FG 机构的资本金放大 10 倍杠杆，以期获得 10 倍原有资本收益。与此同时，利用增信错期所汇集的 Spread 用于抵御 RDP。

其次，在长短利差条件下，CDS 不以担保品/抵押物，亦即无所谓资本杠杆限制，便可进行无成本套利。

Spread 持有人，无论是 FG 机构还是 CDS 卖方，尽管都希望 Spread 可以成为增信的价值基础，可以成就 CELL。但是也都明白，Spread 在价值上远小于 FIS/Bond，必须设法使 Spread 价值在 FIS/Bond 兑付期间可以大于 FIS/Bond。FG 机构则通过增信错期与资本杠杆，来抵御 FIS/Bond 的 RDP 所带来的违约损失，结果导致 FG 机构维持不了 30 年便被 CDS 所替代。CDS 卖方则希望通过保持正常的长短利差与 CDS 交易市场，来规避 FIS/Bond 的 RDP 所带来的违约损失，根本不想如同 FG 那样直面增信风险，于是只是演变成一个可以"赌博"的衍生产品，都不敢称为"增信产品"。

三、信用资产评价

1. 信用资产并无所谓好坏

主体信用好的，信用利率低一些；主体信用差的，信用利率高一些；信用利率高低，不代表信用资产好坏，只是信用资产的信用定价（Spread）有所不同，状况不同。即使较高 CR 的贷款资产，也会有一定比例的违约资产，即坏资产；同样，即使较低 CR 的贷款资产，其中大部分都是好资产，只有一小部分是违约资产，或者坏资产。正因为违约率决定了 CR 或主体信用，CR 也只是 PD 的反映，而资产配比正好反映了 CR。但 CR 或主体信用无法与资产好坏直接挂钩，却可与资产好坏比例相关。

实际上，CR 再高，哪怕是 3A 的信用资产，仍然存在一定的 PD，哪怕是万分之几或千分之几的 PD，这就是以 PD 为基础的信用定价。如果没有信用违约，就不存在 PD，Spread 也不可能对信用资产进行信用定价。所谓不良资产与优质资产，构成了以 CR 为基础的信用资产的两个方面，不同比例的不良资产与优质资产，构成了不同 CR 的信用资产。不良资产对优质资产比例高的，则为 CR 低的信用资产；不良资产对优质资产比例低的，则为 CR 高的信用资产。不良资产与优质资产相对而言，两者共生共存，互为依存。不良资产与优质资产不应独立而存在，只是在不同信用资产处置上，可以分为不良资产与优质资产来分别处置。

正因为存在不良资产，才存在以 CR 为基础的信用定价（Spread），如果没有不良资产，则没有信用定价，也就没有信用资产。所处置的不良资产，只是 Spread 的预期结果，或者说只是以预期 PD 为基础的信用定价，即预期信用利率。在不计算交易成本或管理成本条件下，处置的不良资产，没有超过 Spread 价值的，则说明预期定价准确；超过 Spread 价值的，则说明预期定价不准确;如果处理收益越多,说明信用资产的 CR 越高,处理收益越少,说明信用资产 CR 越低。

众所周知,Capital 或 RFIR 加 Spread 或 RRI,构成信用资产。但 Spread 是以 PD 为基础的,又反映为主体的 CR。在同一 CR 下的信用主体或信用资产,具有相应的 Spread,及其所基于的 PD。本息可能回收的概率在 98% 左右,难以回收的概率在 2% 左右。因此,挣钱资产与赔本资产是信用资产的相互依存的两个方面,不可独立存在;否则,挣钱资产与赔本资产就无法成为信用资产,因为无法以 PD 为基础的信用定价,也无法以 Spread 对信用资产进行定价。挣钱资产只有挣钱,没有赔本,那只能属于 RFIR,不可能是以 Spread 定价的信用资产。赔本资产只是赔本,没有挣钱,难以 Spread 进行定价,同样无法形成信用资产。因此,认为一部分信用资产只是挣钱资产,或者一部分信用资产只是赔本资产,这些观点都是错误的,挣钱资产与赔本资产只是一个信用资产的两个方面,它们之间的比例关系,构成了这个信用资产的 CR,构成了对这个信用资产的信用定价。

2. Spread 并非仅仅来自 CR

从信用之说来看,有了 CR,就有了 Spread,就可以对信用资产进行信用定价,Spread 只是为 CR 定价的而附属于信用,不可独立或与他物相关,即 Spread 似乎来自 CR,并由 CR 决定。无论 Spread 在 FIS 之中,还是从 FIS 中分离转移出来。

实际上,Spread 是以 PD 为基础的,是 PD 的价格表现,或者对 PD 具有定价功能,并且基于 PD 的 Spread,在套利交易中,完全可以成为独立的 RA。CR 则是 PD 的主体信用表现,即以历史违约(记录)数据为基础并经在主体信用上的相应统计,形成了在主体信用上以 PD 为基础的 CR,并假借以 PD 为基础的,并为 PD 的价格表现的 Spread 为其进行信用定价,最终形成信用资产。而且,来自历史违约(记录)数据的 CR,又难以确定未来的 PD,只是以过往历史数据作为预期 PD,以 Spread 作为预期定价,还是要根据未来所发生的实际 PD 进行精确调整。

3. ARR "零和游戏"

从 Spread 到 APR,是基于年度 PD 的统计和 CR 的信评,但从 APR 发展到 ARR,一方面体现了资本方追求剩余价值或超额利润;另一方面也体现了代理资本方利益的信用之说,在 Spread 演变为 ARR 中的无奈与无能。因为 ARR 其实只是一个"零和游戏",不仅使融资成本按年限乘数效应提高,极大地增加了融资者的利率支出,而且金融机构在信用资产/金融资产的风险控制与风险管理上也显得无能为力,难以解决周期性金融危机这一重大问题。

4. CT 只是增信初级阶段

非常奇怪的是,所谓信用之说的金融专家们只是一味宣称,信用衍生产品对于金融机构或商业银行具有重大意义,可以转移或控制资产风险,最终使得金融机构或商业银行可以更加健康的运行,金融市场可以深层次的发展等等。当然,这些说法都没有错,但关键问题却是,资产风险(Spread)如何转移,转移效益如何,转移安全与否。对于这个问题,这些所谓金融专家们自从 CDS 取代 FG 以后就不太关注了,只是关注如何规避风险。

因 CT 的增信所形成的 FG 资产或衍生产品,并非一种独立资产,难以成为 Spread 持有人,无论是 FG 机构,还是 CDS 卖方,所管理的风险资产,或者可以进行 VM 的独立资产或风险资产。当 Spread 转移出 FIS/Bond 时,Spread 仅以交易定价名义转移,并未形成 Spread 持有人所管理的风险资产,因而属于"赌博"资金。FG 机构以资本金博弈预期 Spread 大于实际 PD,或者作为增信费用的 Spread 价值大于增信 FIS 的违约损失价值,这是难以获得增信效益的。其一,这种追求,已将 FG 机构处于赌徒地位而非 AMC。其二,FG 机构资本金即使加大 10 倍杠杆,也难以摸到 Spread 门槛。那么,不懂概率或不懂 Spread 的赌徒,则是必输无疑。其三,在博弈未有胜算条件下,或者还在 Spread 门外,加大杠杆则是走上不归路,破产倒闭是必然的。

从事 CDS 买卖尽管可能是无本买卖,如果顺手不发生违约风险,那确实是无本万利之事业，比赌博更似赌博。但是，一分风险一分收益，天下没有免费的午餐。如果 CDS 所增信的 UA 发生违约损失，就会造成 Spread 持有人/CDS 卖方的巨大损失。不仅如此，因为没有任何杠杆限制与"担保品"，又因无本买卖所推高的贪婪，CDS 会发生天量交易，2007 年美国 CDS 名义资产高达 63 万亿美元，真正增信功能的 CDS 可能在 1 万亿美元左右。因此，在 2008 年金融危机来临时，CDS 卖方不仅无法套利，而且因 CDS 交易市场消失而成为最后担保人而承担无限责任，如果不是美国财长保尔森救市，华尔街则将倒退回 200 年以前去。

更重要的是，导致增信走入困境的，应该归罪于 FG 或 CDS 的价格设计者。FG 与 CDS 的信用交易定价，如同信用资产（FIS/Bond）的信用定价，将 Spread 转化为 ARR，忘却了增信是要解决违约问题的初心，甚至丢掉了直面风险的增信本质。其实，增信的价值基础在于 Spread，并不需要如同 Capital 那样追求剩余价值和超额利率，毕竟没有 Capital 支出/借出，只是利用现行信用产品的各种定价机制与产品形式，设计出 Spread 可以兑付经增信的到期的信用产品（FIS/Bond）的增信产品，实现 CELL。

第三节　增信资产与或有负债

一、CT 的增信

增信资产是个统称，包括 FG 资产或增信产品（CDS），但增信资产并非一定属于资产，也许是"或有负债"。增信资产是以 Spread 为增信的价值基础的，FG 因此区别于民事担保，追求 CELL，尽管作为 CEA 的增信产品只能实现附条件的 CELL。Spread 是真正的增信者，FG 机构只是名义上的增信者，CDS 也是如此。但是，CEA 的增信资产却可能破局增信的价值基础或 CELL，使得 FG 机构或 CDS 卖方，即 Spread 持有人沦为最后担保人而承担无限责任。

1. FG

作为信用担保最后形式,开创增信的 CT 阶段,FG 还处于信用交易的古老形式,即担保形式。作为 Spread 持有人,FG 机构尽管只是形式增信者,增信的价值基础却是 Spread,Spread 是真正的增信者,否则无法分辨民事担保与 FG 的区别。但是,Spread 却是基于 PD,或基于概率的 CR,应该是一个集合概念。对某一 FG 合同所形成的所谓"FG 资产",难以成为以概率为基础的风险资产,如同保险合同形成保险资产,只能如同民事担保所形成的所谓"担保资产",只是"或有负债"而不可转让。

一般来说,担保资产对于民事担保来说,因基于无限责任的信用担保而不可转让,FG 正是从民事担保转化过来的,在担保观念上具有沿袭性。因担保行业属于具有垄断资源的金融持牌行业,其所形成的所谓 FG 资产,均不可对外转让,或者无法资本化与市场化。又基于 FG 机构受限于资本杠杆,担保资产或增信产品转让或再担保不具任何意义。因为只要 FG 机构扩大资本金即可,这对于担保行业的任何机构都是同等意义。因此,作为所谓"FG 资产"不可对外转让。

FG 资产不可转让,且 FG 合同无法形成风险资产,FG 资产只能是"或有负债"。除非 FG 资产可以转让,或者以 FG 合同为基础资产进行量化汇集,以 PD 为基础的 Spread 形成风险资产。CDS 实现了 Spread 产品化,具有交易市场而方便转让交易,使其避免了"或有负债"而成为具有交易风险的金融资产,或者风险资产。

2. CDS

CDS 名义上是信用资产产品化或信用衍生产品,实际上却是 Spread 产品化,Spread 才是 CDS 的价值基础,是 CDS 风险套利与风险对冲的交易基础。正因为 Spread 产品化,CDS 卖方或 Spread 持有人,因为 CDS 具有交易市场而成为有交易风险的金融产品或衍生产品。但是,CDS 作为金融产品或衍生产品,却非常依赖于 CDS 交易市场,及其长短利差。

如果长短利差倒挂,CDS 会因无法进行风险套利而失去 CDS 交易市场。例如，中国已经引入 CDS，却因中国利率市场化不够，长短利差倒挂，导致 CDS 无法成市，只是流于形式。2008 年美国金融危机爆发时，长短利差也发生倒挂，导致 CDS 市场消失，CDS 卖方或 Spread 持有人无法买入 CDS（卖出 Spread）进行风险对冲。长短利差是 CDS 市场存在的基本条件，CDS 市场又是 CDS 作为金融产品或衍生产品的基本条件。因此，CDS 作为增信产品，也是附条件的 CELL。

3. G-ABS

G-ABS 并未形成 CEE，只是由所谓"外部增信"对 ABS 不同权益（证券）进行"增信定价"，形成不同权益（证券）之间所谓"内部增信"。增信定价，就是将 ABS 不同权益（证券）的 Spread 通过所谓外部增信进行转移，转移给外部增信者、FG 机构或 CDS 卖方。因此，G-ABS 其实就是一种具有风险的融资产品，通过外部增信转移风险（Spread）。外部增信实际上就是 CEA，如同债券增信，买入 CDS；内部增信是基于外部增信而产生，与权益增信（CEE）根本无关。

外部增信，无论是 FG 机构，还是 CDS 卖方，均按各自财会准则确认"或有负债"或风险资产。内部增信并无财会意义，却具法律意义，即"偿付序次"。

4. 2F America

作为 R-ABS，2F America 属于 SPC 的 ABS，即具有特殊目的的有限公司或 AMC。作为有限公司，2F America 以上市股票"两房股"支撑或增信债务结构，无论是"两房债"，还是"两房贷"，或者对 MBS 的"两房增信"，由此形成 CEE，不再需要 MBS 般的"外部增信"。

"两房股"作为上市证券，是 2F America 的权益资产，绝非"或有负债"。也许，2F America 对 MBS 的"两房增信"，才算得上"或有负债"。

二、SP 的增信

1. RBS

RBS 是 SP 的资产增信（CEA），也是 Spread 产品化，如同 CDS，在财会上也是应该作为风险资产入账。

2. Retail & Wholesale 机制

基于 SP 的资产增信（CEA），即 Spread 作为交易对象而转移，不仅可以产品化为 RBS，而且可以转化为风险资产（RA）。作为 RA 的 Spread，因 VM 需要，Retail & Wholesale 机制方可运行。

Spread 零售机构通过 Spread 零售合约去制造或购买 Spread。如果 Spread 零售机构持有 Spread 跨季度的，如同 FG 在财会上视为"或有负债"，如果不跨季度持有 Spread，如同零售资产出售，获得零售利润；Spread 批发机构一般由投资银行，或者 RAMC/CEC 承担。投资银行不会自行持有而是发行 RBS，但可能因 Spread 数据不足需要"外部增信"，如同 MBS。提供外部增信的，按照上述 CEA 方式认定"或有负债"。

3. R-ABS 机制

作为 R-ABS 机制，RAMC/CEC 通过 Retail & Wholesale 机制量化汇集 Spread 数据，批发购买 Spread 并持有，以 RAMC/CEC 上市股票支持或增信上市债券或其他债务结构，进而形成 CEE，RAMC 或 CEC 的上市股票，不可能为"或有负债"。

第四节　增信资产与量化汇集

一、前提条件

1. 作为交易对象转移

作为风险资产，增信资产形成的前提条件是 Spread 作为交易对象转移，由此可以转化为 RA。Spread 如作为交易定价转移，不可能成为独立资产，难以转化为 RA，或许只是"或有负债"，如果没有 CDS 的交易市场。基于主体信用或信用保护而产生的信用交易，只能是单一的或"一对一"的信用交易，不能把不同（主体）信用集合起来进行量化汇集，只是移花接木地把对信用定价的 Spread 进行 VM，产生了 FG 的错位增信及其 CDS 的长短利差的 VM 方式。其实，Spread 既为定价又为资产的特征，如以交易对象进行转移，便可根据其价值进行汇集，这是形成增信资产汇集的前提条件。

当 Spread 存在于 FIS/Bond 之中，既作为定价功能，又作为风险定价。人们很少认识到，风险定价即为风险资产，即使在 FIS/Bond 进行交易时，实际交易的是对 Spread 的风险套利，或利差交易，因为 RFIR 或 Capital 本身并无交易价值。因此，当 Spread 从 FIS/Bond 转移出来时，却只是认定 Spread 仅作为信用交易的定价功能，或者交易定价，附属于信用交易这一交易对象转移而转移，却从未认识到 Spread 作为风险定价而为风险资产，作为 FIS/Bond 的构成部分与 RFIR 或 Capital 分离，形式上看是从 FIS/Bond 中转移出来，即 Parted，由此形成 SP 的增信，以区别于 CT 的增信。

2. RA 转移

增信资产不再因为 FG 资产成为"或有负债"，也不再因为产品化所配备的交易市场，使得 Spread 从"或有负债"转化为金融产品或衍生产品，而是作为对风险定价，基于 PD 的定价，或者对基于 PD 的 CR 定价所形成的 RA，并最终作为交易对象而转移；否则，如果 Spread 仍作为"或有负债"，无法通过合法交易进行量化汇集，虽然在合法交易的 Retail 阶段，Spread 可能仍会有条件地作为风险资产或"或有负债"。只有当条件成就，"或有负债"才会转化为风险资产。

二、量化汇集

1. 确定 Spread

作为风险资产的 Spread，既代表了风险定价，又代表了基于 PD 的风险。如果 Spread 达不到量化汇集，或者资产数据不够，作为风险的 Spread 是难以确定的，难以确定的 Spread，就是无法为风险定价，只能为风险，不能为风险资产。因此，如前所述，作为风险资产的增信资产，与同为风险资产的保险资产不同，不仅因为概率不同，定价方式不同，确定风险或统计概率的方法也不同。

增信资产须以现实的量化资产数据为基础,以大数据技术为支撑,才能在资产数据中发现 PD 及其给予的 Spread,由此才能风险定价,形成风险资产,由基于风险的 Spread,向基于定价的 Spread 转化。因此,Spread 不仅可为风险定价,而且可为风险资产。正因为这一秉性,既可定价,又为资产,Spread 具有了"数字黄金"特征,可为支撑金融体系的信用基础。

2. 具体方式

Spread 量化汇集的具体方式,就是 Retail & Wholesale 机制。

1) 零售

从 21 世纪开始,直接面对客户(To C)的 Retail 市场,竞争非常激烈,无论科技手段,还是市场价格。应该说,市场价格的竞争是最终的竞争,科技手段只是在市场价格完全对称公开的条件下,才会取得竞争优势,尽管有时市场价格并非对称公开时仍然具有竞争优势。如同现在个人贷款(FP),无论 P2P,还是市场大鳄"蚂蚁科技"或"京东数科",在"高利贷"竞争条件下,市场大鳄因具有科技手段而占取市场较大份额。但是,如果小贷机构作为零售机构,把制造的 FP 资产批发给 AMC,AMC 因可获得持续的低成本资金,便可为 FP 资产的零售机构提供较低市场价格,比如从目前的 15% 利率下降至 8%,甚至 6%,作为零售机构的小贷机构肯定会获得很大市场份额,而所谓"高利贷"条件的市场大鳄可能无法持续,除非加入零售机构行业。

在美国的上市公司中,Rocked Companies 因占有美国 Mortgage 市场份额的 12%,而成为美国最大的 Mortgage 零售公司,尽管也以高科技取得 12% 市场份额,却在 Mortgage 最低利率水平这个条件下取得的。因为,如果 Rocked Companies 不仅希望作为零售商,而且希望兼任 Mortgage 批发商或 AMC,那么,Rocked Companies 不仅无法存活,更不可取代 2F America。正因为居于零售商地位,Rocked Companies 通过批发出售 Mortgage 给 2F America 或投资银行(To B),获得了源源不断的庞大资金(1.2 兆美元),才可用于制造更多的 Mortgage,不仅可以依据科技手段占取更大的市场份额，而且可以轻质资产加速资本周转率而获得支撑股价的超额利润。Rocked Companies 如以占据市场份额而推高 Mortgage 利率，则必败无疑，如兼任 Mortgage 的批发商或 AMC，根本没有发展前途。

2）批发

作为 Mortgage 的 AMC，2F America 从零售商那里批发购买 Mortgage，并作为基础资产，形成降低 Spread 或 Mortgage 融资成本的 CEE，2F America。如果批发购买的 Mortgage 利率比较高，零售商可以卖给投资银行去发行 MBS。2F America 的市场占有率将从近 60% 开始下降，尽管几百家投资银行只占有 40%，却对市场份额虎视眈眈；反之，如果投资银行或 Mortgage 零售商想取代 2F America，那也是不可能的。因为 2F America 具有 GSE 性质，因获得 NSC 支持可以获得持续的、巨额的低成本资金。

同理，蚂蚁科技或京东数科不仅据于零售商地位，而且兼任批发商和 AMC，限制了低成本资金来源，即仅来源于交易托管资金。因此，不仅在细分市场上，形成越来越多的同类机构与其分食市场，而且因为交易托管资金涉及信托概念，可能一纸文书即可摧毁蚂蚁科技或京东数科的巨额资金来源，把其打回原形，不仅无法占有较大的零售市场份额，而且根本守不住批发商和 AMC 地位。如果 CEC 或 RAMC 崛起，必将扶持 2F Global 建立或维护批发商和 AMC 地位，扶持小贷机构作为零售商，以较低的市场利率迅速占有 FP 市场，这将彻底改变 2F Global 市场格局，不仅包括 Mortgage 在内的 FP，而且包括基建融资（FI）。

第五节　增信资产与认知之争

一、增信资产

增信资产是以 PD 为基础的风险定价，即 Spread，随着 Spread 转移而形成风险资产或 RA，也就是增信资产。增信资产仅为风险资产一部分，风险资产还包括博弈资产、保险资产，都是对概率定价及其转移所形成的，在未转移之前，可称为投注资金，无论是在博弈时，还是在投保时，抑或是增信时。

1. 一次性博弈：赌博

1）一次性博弈

一次性博弈，比如一次性掷币，应该是由博弈双方同时下注，或者下注资金是由博弈双方同时下注；掷币者只是一次性义务服务者，掷币者是否参与博弈，是否接受下注资金，不影响博弈性质；一次性博弈的所谓 50% 概率，只是可能性而非概率；对于任何博弈方来说，其实只有一个结果，即 100% "输"或"赢"，非输即赢，因为博弈双方在相互博弈，均为赌博。因此，一次性博弈的本质，或者由双方共同进行的博弈，就是赌博。

在一次性博弈中，博弈双方必然成为赌徒。在一次性博弈中，即使下注资金的一方接受下注资金，仍为赌徒；充当公证人的一次性掷币者，如果参与博弈，则从义务方变成利益相关方，即为下注资金接收方，作为一次性博弈者，也可为赌徒。总之，一次性博弈的下注资金，可称为"赌资"，参与一次性博弈的利益相关方，均为赌徒。

在一次性博弈中，下注资金不会形成博弈学中的"投注资金"。尽管下注资金与投注资金两者相似，却有本质区别。下注资金是博弈双方共同下注的，即使形式上可能只有博弈一方进行下注资金，或者博弈一方接收另一方的下注资金。简单地说，在赌博中的下注资金不可称为投注资金，因为下注资金不会因转移而形成博弈资产。投注资金则不同，它是博弈方根据博弈规则或博弈产品投下的，是博弈方与数字概率进行博弈，因此博弈方是赌徒。博弈 AMC，作为博弈产品提供方和接受投注资金方，并非博弈方，因此为非赌徒。博弈产品提供方因接受投注资金，投注资金转移到接受投注资金方而转化为博弈资产，博弈产品提供方或接受投注资金方则成为博弈 AMC，并对博弈资产进行 VM。

综上,在一次性博弈中,下注资金只为赌资,非为投注资金,因而无法转化为博弈资产或风险资产;下注资金由博弈双方投下,只为数字概率或两可事物进行博弈,博弈双方都是赌徒。博弈双方既无风险资产,又均为赌徒,不可能存在博弈 AMC;没有博弈资产,没有博弈 AMC 或博弈机构,也就无法形成风险资产,及其 RAM 行业即博弈行业;没有博弈行业与博弈机构,当然也不会存在博弈规则与博弈产品。因此,一次性博弈具有纯粹赌博性质。

2) 一次性"保险"

保险行业只对某一独特事物进行的一次性保险,比如,保险机构对"地球存亡"推出一次性"地球险",或者对某个不经常发生地震的特定地区推出"地震险"等。这种一次性保险如同一次性掷币,所谓保险费用,应该是"赌资",保险与投保双方必然成为"赌徒",保险机构也难以成为保险 AMC。因此,基于独特事物的这种保险,应该无法形成相应的保险行业、保险规则与保险产品。

"巨灾保险"则不同。因为巨灾概念与巨灾范围非常大,已经不是单一自然事件。对于人类来说,巨灾可能是一个稳定持续发生的自然事件。保险机构要基于所谓保险需求而获得保险费用,其所设计的相关保险产品,必然是保险费用要远大于这个独特事物所发生的概率,远非一次性保险中对独特事物的 50% 可能性进行保险。当然,保险范围的扩大,保险产品的开拓,开始时好似"赌博",只是因为对自然事件或自然生命、健康状态可能发生的概率并无数据把握,并不等于对独特事物的 50% 可能性进行"赌博"。

3) 一次性增信

如果对 OCE 或 UA 进行增信也是独特的,或者一次性增信,如同 CGUL。担保费用无论多少,均应成为"赌资";担保费也不会转化为 CELL 的增信费,也不会因增信费转移而成为增信资产或风险资产;民事担保的担保双方必然成为"赌徒",任何一方也难以成为 RAMC;因此,一次性增信也就无法形成增信行业、增信规则与增信产品。

2. 投注常态化

要赌博转化为博弈的条件之一，就是改变掷币次数及其下注资金，形成所谓"投注常态化"，下注资金转化为投注资金。投注常态化不仅意味着掷币或博弈一直处于稳定持续状态，而且博客们并非指单个博客，而是希望成为博客的所有人，稳定持续地投下投注资金，从而形成博弈资产/RAM 行业。投注常态化包括以下两个方面。

1) 博弈次数常态化

博弈次数常态化就是博弈行为或博弈产品常态化。比如掷币，一直处于稳定持续状态，使得掷币所谓 50% 的可能性，转化为因掷币次数或掷币数据持续性所形成掷币随机概率，即掷币概率；在不同时段、不同地点形成的掷币概率并非 50%，而且大多数情况只是围绕着 50%；只有当掷币次数在达到一定量级的条件下，才可能达到 50% 的掷币概率。也就是说，投注常态化，先是要实现掷币（博弈）次数常态化，以掷币（博弈）量化数据所形成的掷币（博弈）概率为基础，并对人类本性具有强大吸引力，才会产生投注资金常态化。

2) 投注常态化及其原动力

所谓投注常态化，就是博客们跟随博弈的次数常态化稳定持续地投入下注资金，使得赌博的下注资金转化为博弈的投注资金，但单个博客对下注资金常态化在这里并不重要。投注常态化是基于人类博弈的各种需求，要么可以满足人类为了获得更大利益的消极冲动或适合人类生存弱点的需求，比如博弈（赌场、跑马、彩票等），要么可以满足人类规避风险的需求，比如保险，要么满足人类为了更好地进化发展的积极精神与美好愿望，或者成为人类进化发展动力的需求，比如融资或增信。如果不能满足上述人类的需求，无法形成投注常态化，下注资金也不会演变成投注资金，赌博也不会转化为博弈、保险与增信。

3. RAM 行业与风险产品设计

投注常态化不仅适用于博弈行业，而且可以运用于同属 RAM 行业，如保险行业与增信行业,保险产品与增信产品具有持续性地符合人类本性,使得投注资金,即保险费、增信费得以持续投入。正因为投注常态化,才可能产生 RAM 行业,无论是博弈行业,还是保险行业,抑或是增信行业。

RAM 行业包括管理博弈资产的博弈行业,管理保险资产的保险行业与管理增信资产的增信行业。如果离开了投注常态化,任何行业规则或风险产品均无法存在;无论博弈行业规则或博弈产品,还是保险行业规则或保险产品,抑或增信行业规则或增信产品。

保险对象如不属于稳定持续发生的自然事件,或者并不满足人类避险需求,就无法产生投注资金或保险费用。前述"地球险"无法/不能满足人类需求,因为保险结果,地球要是出险了,地球人是无法享有投保收益的,对于保险机构而言,既无法规避地球出险风险,又无法存活下来对投保者理赔。因此,设计"地球险"的保险机构,不是保险骗子,就是浪费精力。前述"地震险",对于地震稀少的特定地区来说,人们并无避震需求。如果推出这类保险,肯定不适合人们需求,难以获得稳定持续的保险费用,"地震险"肯定难以为继。但"地震险"对地震高发地区却很有吸引力,如果推出"地震险",则很受人们欢迎与支持,肯定适合人们需求,可以获得稳定持续的保险费用,"地震险"肯定可以持续存在,但保险机构却必须具备特殊精算能力而立于不败之地。

如果仅为一次性博弈,没有持续的管理时间(MT),就不会形成风险资产及其管理行业。而且,一次性博弈可以在多个行业表现出多样性,却不可为 RAM 行业。在投注常态化的条件下,具有 MT 的投注资金、保险费与增信费转移到博弈机构、保险机构与增信机构名下形成名称各异的可以产生 MI 的风险资产,这是 RAM 行业存在的前提条件。

RAM 行业的宗旨就是确立行业规则,发现具有 MT 的风险资产,设计出相应风险产品进行 VM,从而为 RAM 行业创造并获得边际收益(MI)。博弈 AMC 通过博弈赔率,发现具有 MT 的博弈资产,设计出可以获得 MI 的博弈产品;保险 AMC 通过年度保险费率,发现具有 MT 的保险资产,设计出可以获得 MI 的保险产品;增信 AMC 通过年度增信费率(ARR)发现具有 MT 的增信资产,设计出可以获得 MI 的增信产品。

二、信用之说下的"信用衍生产品"

信用之说大致可分为静态信用之说与动态信用之说。其主要观点是:由主体信用(风险)决定产品(信用)风险;主体信用来自主体资本实力或 CR;CR 则来自主体信用数据的历史积累与信用评估,有赖于征信体系与信评机构;主体信用或 CR 将由 Spread 对其进行信用定价。主体信用或 CR 最终决定信用产品及其衍生产品的 CR 与信用定价,衍生产品是从信用产品中分离或转移出来的,由 Spread 进行信用交易定价的金融产品;Spread 对信用产品的信用定价表现为 ARR 定价方式,同样也为信用交易定价;信用产品也可称为融资产品,比如贷款(Loan)或债券(Bond)等固定收益产品(FIS),也包括衍生产品或增信产品,比如,FG 产品或 CDS。

1. 静态信用与动态信用

1) 静态信用

从静态信用来看,信用之说主要遵循着从主体信用决定产品风险。主体信用,包括国家主权信用(NSC)、(地方)政府信用、企业信用与个人信用,通过征信来反映,并给信誉良好以上的企业法人提供各种信用评级(下称"信评")。信评结果即为 CR,即主体信用经信评可获得 CR。CR 则是主体信用的客观化与标准化,主体信用及其 CR,为 FIS/Bond 等各种信用产品的信评提供了评级基础,并给予各种信用产品的 CR,最终决定着信用产品的不同风险。

有什么 Credit 或 CR 的人(融资者/发行人),就有什么样风险的信用产品(融资资产);具有 2A(CR)的企业法人,发行债券也具有 2A (CR);信用产品及其融资者/发行人又可统一称为 UA,UA 的 CR 既包括主体 CR,又包括产品 CR;因 CR 基于 PD,因此对 PD 进行风险定价的 Spread,也对 CR 进行信用定价,并且因此具有对 CR 的定价功能;对 RFIR 或 Capital

的主体信用或 CR 的信用定价,构成了信用产品的风险利率(RRI);又因 PD 或 CR 的统计或信评是年度性的,Spread 对信用资产的信用定价便演化为 APR 或 ARR 及其 CI 等定价方式,形成了 APR 或 ARR 定价方式的融资产品,即 APR 产品或 ARR 产品;APR 产品或 ARR 产品,均属于 RRI 产品或 RRI 市场;尽管主体评级多为免费,产品评级多为收费。总之,从静态角度看,信用之说的基本原则为:信用主体信用决定产品风险,无论信用风险在主体与产品之间如何称呼,或者两者合而为一。

2) 动态信用

从动态信用来看,信用之说同样遵循着从主体到产品的信用之说。信用转移即增信,即 CT 的增信,立意于产品风险的控制管理,即运用所谓信用管理工具或信用衍生产品,达到信用产品风险控制的管理目标。在 FG 中,当融资主体信用不足时,为了便于产品发行或降低发行费用,可以"租售"FG 机构的较高 CR,于是 FG 机构较高 CR 便可转移到信用产品,使信用产品具有 FG 机构较高的 CR,从而产生增信。在 CDS 中,UA 的 CR 借助于与最高 CR 之间的信等差及其定价 Spread,或者 UA 的 CR 所基于 PD 的定价 Spread 伴随所谓信用保护买卖而转移,同样也产生增信。

可见,静态信用与动态信用的基本关系应该为,静态信用是动态信用的前提,动态信用可以调整静态信用。信用转移或增信,尽管要以静态信用范围内的主体征信或信用评级为基础,却应该属于动态信用范围,通过运用信用管理工具或信用衍生产品进行所谓信用"租借"或信用转移,从而实现产品风险控制的管理目的。CT 的增信名称,在 FG 时称为"信用增级",在 CDS 时称为"信用增进"。因此,在信用之说中的增信定义应该是,以信用转移方式增进产品信用,或者增强 OCE 的主体信用或 CR,产生风险对冲或信用缓释的增信功能。

3) 信用仅限于或适用于静态领域

信用,在静态领域,与风险共存共享。众所周知,信用风险、信用或风险,均为同一含义,并无褒贬。信用中有风险,风险中有信用;对主体或机构更多冠以信用,对资产或产品更多名曰风险。信用资产与风险资产,信用产品与风险产品,这些资产或产品意思基本相同;信用利率与风险利率,信用利差与风险利差,信用管理与风险管理,信用定价与风险定价等,也均为同等概念。因此,从静态领域来说,信用之说还有相应存在的合理性,因为资产或产品的风险源自主体或机构的信用,两者在静态上是同通的,故我们将 FIS 及其发行人、融资者合称为 UA。

对于信用之说来说,无论 FG 或 CDS,交易对象就是信用或信用保护,信用/信用保护作为交易对象而发生转移,无论这个信用/信用保护是抽象的权利义务,还是具体的资产或产品。据此可以认为,信用之说,在静态领域中看似具有合理性,但在陌生的动态领域,显得那么的苍白无力。

2. 信用来源

1) 从静态角度来看

从静态领域来看,信用要分几个层次来说明其相应的各个不同的特征。

第一个层次,信用是关于单个人的历史行为的相应记录,并可由征信系统来反映,即单个人的债务及其无违约的历史行为记录。一般来说,已有债务并已归还者为有信用的人,比无债务记录的人有信用,而且已偿还债务越大,越有信用;债务大且负债率高的人,要比债务大且负债率低的人信用差;债务小负债率高的人,要比债务大负债率低的人信用差;债务小负债率低的人,要比债务大负债率低的人信用差;债务小负债率低的人,要比债务小负债率高的人信用好。但个人的主体信用不知何故,不可物化或标准化为 CR。也许,旧的金融体系与资本市场不承认个人融资(FP)存在的重要性,尽管 Mortgage 及其各种 ABS 产品已经成为全球金融机构持有的最主要金融资产。

第二个层次,信用通过企业的信用历史记录物化或标准化为 CR,即由基于 PD 历史数据的 CR 来反映企业的信用状况,以 CR 对企业进行分类。首先,以有无 CR,区分为具有 CR 的企业,即 UA,与尚无 CR 的企业,即 NSA;其次,以 CR 高低,区分为 CR 高的企业与 CR 低的企业。由此形成了基本信用理念,有 CR 的企业,比无 CR 企业要有信用,比个人有信用(个人无 CR);CR 高的企业比 CR 低的企业信用好。

第三个层次,信用通过国家和地区的社会经济发展状况或者信用社会程度标志为发达国家和地区、发展中国家和地区与落后国家和地区三个部分。首先,负债率低的发达国家和地区比负债率高的发达国家和地区信用要好,CR 要高。其次,属于信用社会的发达国家和地区比正在建设信用社会的发展中国家和地区的信用要好,CR 要高;发展中国家和地区的信用社会建设较好的,比信用社会建设较差的信用要好,CR 要高;正在建设信用社会的发展中国家和地区比未建设信用社会的落后国家和地区的信用要好,CR 要高。

2) 从动态角度来看

从动态角度看,CT 的增信不仅涉及上述不同信用主体之间的信用租售,而且涉及主体信用或 CR 的来源。其主要内容包括以下几个方面:

首先,主体信用不是天生的,并不来源于个体。人或主体的"血统论",属于反动或反人类的。即使再有钱,如果没有交易或负债记录,也不属于有信用的人。进一步说,有钱人的信用不一定比没钱人好。因此,信用好坏并不取决于个体。

其次,主体信用或 CR 来自集合量化的违约数据。无论是客观随机数据,还是主观分类数据,必须基于集合量化的违约数据;否则,可能会以偏概全地形成所谓主体信用。也就是说,某一时间节点、某一空间环境、某一人群特质的违约数据,并不形成并决定主体信用或 CR。

再次,主体信用不仅来自历史的违约数据,更可来自现实的违约数据。由于以往缺乏大数据技术支持,主体信用主要依据历史的、纵向的违约数据,并由此形成 CR。尽管基于历史违约数据的主体信用或 CR 具有相应价值,并以 Spread 进行信用定价,但难以真正决定主体信用或 CR 的未来价值,就目前来说,具有投资参考价值,而且在 2008 年美国金融危机中暴露出 CR 的滞后性与历史性的根本缺陷。自 20 世纪末开始流行的大数据理论,可以现实的、横向的违约数据来确定主体信用或 CR 所基于的 PD,并由此来调整主体信用或 CR。

最后,主体信用或 CR 来自历史的违约数据,只能说明主体的历史信用,并不能说明主体的未来信用,因此主体信用或 CR 及其所基于的 PD 是按年度进行统计或信评的。应该说,信用资产或信用产品的违约风险取决于主体的未来信用,而非历史信用。正因为如此,才有了不同的 CR 及其所基于的由历史信用数据所构成的 PD,CR 有效期也只有 1 年。这样,即使最高的 CR,也存在一定概率的违约风险,只是违约风险的概率不同,概率有大有小,甚至分布不均。由此可见,主体信用或 CR 其实来自 PD,并非简单来自某一个主体或个人,也非一个主观分类的群体历史违约记录。因此,按年度进行统计或信评的 PD 或 CR,正是反映了这个现实,但并不完全可以解决这个令现实迷茫的问题。

3. 信用定价

1) 对 CR 的定价

主体信用或 CR 的定价来自 Spread,即由 Spread 对信用(主体信用或者 CR)进行定价,形成利率或以 ARR 产品为代表的 RRI 市场。应该说,基于 PD 的 Spread,是对 PD 的定价。在信用理论中,由于 PD 是反映主体信用或 CR 的,PD 必须先反映为主体信用或 CR,再可以由 Spread 对主体信用或 CR 进行信用定价;Spread 只是具有定价功能,仅为主体信用或 CR 定价,包括为信用交易定价。

2) 基于 PD 的 CR 定价

直接对 PD 的定价,Spread 则演变成主体信用或 CR 的定价功能,并附属于主体信用或 CR,随着主体信用或 CR 转移而转移。因此,Spread 既可对主体进行信用定价,也可对信用交易进行定价,并以信用交易费用名义支付而转移。假设,RFIR 为零,对 CR 的定价,即 Spread 为 4%。那么,UA(FIS/Bond)的信用定价或 RRI 则为 4%。如果进行增信,应该把 4% Spread 支付给名义增信者,无论是 FG 机构,还是 CDS 卖方。但是,Spread

的信用定价并未止步于此；否则，Capital 将无法产生利息等收益或利润，无法满足货币/资本的"贪婪本性"。

3) 定价具体化

基于 PD 的主体信用或 CR 有效期仅为 1 年，而 PD 的统计也是按年进行的，因此 UA（FIS/Bond）的利率也需要按年支付，信用定价的 Spread 因此具有了时间性，逐步由单一空间成本演变成时间成本的 APR、ARR 或 CI。又由于 RFIR 在以往不为零，在负利率时代来临之前，或者在资本主义的初级阶段，因资方/银行利益所形成了"货币成本说"与"资金房产说"，形成了难以改变的观念，即资金是有成本的，可以如同房产出租一样，贷款应按年支付利息或租金，由此 Spread 演化为 ARR 产品，信用定价的 Spread 由此开始为 Capital 提供时间价值与剩余价值，时间越长，价值越高。

与上例条件相同，为期 5 年信用贷款的 ARR 为 4%，融资者将支付合计 20% 的利息或融资成本；如果期限为 7 年，融资者将支付合计 28% 的利息或融资成本。这样，站在资方/银行角度，本来只具空间价值的 Spread 通过 ARR 定价方式开始为 Capital 形成了时间价值或剩余价值，希望创造超额利润。不仅如此，Spread 还可通过 CI 产品实现"利上滚利"，形成 Spread 信用定价的利润最大化，即超额利润。如果发行一个 10 年期限、基础利率为 4% 的 CI 产品，发行人将支付合计 48% 的利息或融资成本；如果期限为 20 年的，发行人将支付近 120% 的利息或融资成本，远远高于 Capital。

4. 信用衍生产品

基于主体信用决定产品风险的信用之说，产品风险的控制管理也须从主体信用着手。主体信用差，产品风险高；主体信用好，产品风险低。据此，产品风险的控制管理，就是如何使 UA 的 CR 由低变高，租赁或购买较高 CR 去改变较低 CR 的 UA，创造了信用衍生产品，由此产生了 CT 的增信。

5. 微观比较与评论

1) 限用 Spread

Spread 不仅具有对 CR 的定价功能或对具有 CR 的 UA（FIS/Bond）

进行定价,而且可以直接对 PD 进行定价,形成 RA。对此,应该整体表述如下:其一,PD 的主体表现或时间表现为 CR,PD 的客体表现或空间表现为 Spread,或者 Spread 为 PD 进行风险定价而具有了空间价值。其二,主体信用或 CR 是无法对信用资产进行定价的,必须假借同样基于 PD 的 Spread,才能对信用资产进行信用定价。其三,基于 PD 的 Spread 不仅仅只对 CR 具有定价功能,对 CR 的定价功能只是 Spread 的一部分功能,而且还是同样基于 PD 的 CR 假借的。其四,基于 PD 的 Spread,从根本上讲,是对 PD 的风险定价,并由此形成风险资产,Spread 或 RA。其五,作为 RFIR 的 Spread,如果 RFIR 为零则可转化为 RRI。无论风险利差,还是风险利率,也无论存在于 UA 中,还是独立于 UA,Spread 均可进行套利交易,也可以作为交易对象而转移。其六,因定价功能,Spread 可以作为交易定价转移,并附属于信用资产交易转移而形成所谓 CT 的增信,或者衍生产品。又因 Spread 可以进行套利交易,Spread 亦可作为交易对象而转移,并形成独立的 RA,即为 PD 定价而形成独立的 RA。

在信用之说中,Spread 只具有对 CR 或主体信用进行定价功能,无论是与 RFIR 合而为一的融资产品(FIS/Bond),还是由从 FIS/Bond 中转移出来的 Spread 所形成的增信产品(FG/CDS)。在增信产品中,Spread 在作为 RFIR 的风险利差时,是对 PD 的主体表现 CR 进行信用定价,或者是对 UA 进行信用定价,在套利交易中还未显露出作为交易对象而转移,因为此时仍然附属于信用交易并作为交易定价而转移。当 RFIR 为零,Spread 成为 Capital 的风险利率时,在套利交易中则完全显露出 Spread 作为交易对象而转移这一本质特征。

又由于 CDS 卖方/Spread 持有人只能通过买入 CDS 才能卖出 Spread,因此形成了交易对手风险。CDS 的交易对手风险,拉爆了 2008 年美国金融危机,于是国际互换与衍生品协会(ISDA)在 2009 年出台了改革版 CDS。为了避免交易对手风险,实际上已将信用保护买卖通过互换 CDS 合约调整为 Spread 流通交易,尽管原来 95% 以上的 CDS 交易均为套利

（Spread）交易。

信用在动态领域，各种与信用相关概念，包括且不止于民事担保、CT、信用让渡或信用交易、信用资产转让和信用衍生产品等概念，在实践中不仅带来非常严峻问题，走入了迷宫般的"死胡同"，甚至引爆了 2008 年美国金融危机。即便如此，信用之说仍被"八股文"般地迷信着，世界各个国家的金融业界和金融学界仍然坚持于早已破碎的信用之说，其中当然不缺既得利益集团的顽固守护。

2）偷梁换柱

CDS 的交易对象名义上是所谓"信用保护"，明知抽象概念无法作为资产交易，便以偷梁换柱手段进行多达前述五层概念调换操作，以至于形成了令人费解、令人咋舌的 CDS 名称。如前所述，从 Credit 的抽象概念出发，到 FG 机构或 UA 的 CR，及其所带来的信用定价 Spread，最后再以 Spread 对"信用保护"进行交易定价，并以信用交易费用支付名义进行转移，偷梁换柱之多达 5 个层次，着实令人眼花缭乱，只是为了那个特别令人难以理解的 CDS。

但是，经过多达 5 个层次的概念调换操作或偷梁换柱，以信用为交易对象，只是形式法律交易结构，实际增信交易结构或者交易流动的却是 Spread，95％以上的 CDS 交易是风险套利（Spread）交易，只是 5％的 CDS 交易是风险对冲（信用保护）。也就是说，在 CDS 交易中，Spread 才是真正的交易对象，并通过自我定价而进行转移，最终形成 RA。

3）自食恶果

FG 设计者认为，应该存在一个最高 CR 的主体，比如美国 NSC，或者华尔街资本最雄厚的 FG 机构。比如 20 世纪美国五大债保公司（FG 机构），可以为其他 CR 较低的 UA 进行 CT 形式的增信，不仅为美国的 UA，包括地方债/市政债以及 G-ABS，而且为全球的 UA 进行增信。这种增信，其实会形成以 FG 机构为中心的增信资产集合平台，期望形成全球金融体系和资本市场的信用基础。

如果 FG 机构以 20 倍资本杠杆开展业务,同样收取 1% 的平均增信费用,可达 20%ARR。但是,如果整个 UA 出现 2% 的 PD,FG 机构资本金将亏损 40%,抵消 20%ARR,资本金还将亏损 20%;如果 PD 为 3%,在抵消 ARR 后,资本金仍将亏损 40%,这不仅会调低 FG 机构的 CR,也会调低已经增信的 UA 的 CR;如果 PD 达到 6%,资本金仍将全部亏损,FG 机构将会破产倒闭,这将严重地影响到整个资本市场。同理,FG 机构即使以 10 倍资本杠杆经营 FG 业务,仍可因 RDP(5% 或 10%)下调 CR 而损害已经增信的 UA,甚至倒闭破产并对资本市场产生巨大的冲击,20 世纪末美国著名债保公司因地方债违约事件而破产震撼了全球资本市场。

最终,CDS 取代 FG,则成为增信历史的必然。CDS 交易对手无需 CR,也可不受限于资本金,任何人都可以参与 CDS 交易,2008 年美国金融危机中的主要"大空头"是个资本市场的新手,并无任何 CR。本来"持牌经营"的 FG 机构被各个市场主体所替代,不再受限于资本金的交易对手极大地提高了资本市场的运行效率,如同投行机构以 SPV 的 G-ABS 取代了"持牌经营"的 BT 一样。然而,在信用理论影响下,CDS 却沿袭了 FG 的信用交易,即信用保护买卖作为交易对象,以偷梁换柱方式进行多达 5 个层次的概念转换,最终构架了双重法律交易结构,即形式法律交易结构掩盖了实际增信交易结构,并形成了 CDS 的交易对手风险,即以交易对手为中心支点的 CDS 交易格局。因此雷曼兄弟公司的破产倒闭,拉爆了 2008 年美国金融危机。

6. 宏观上实践批判

上述从微观层面分析了主体信用决定产品风险这一信用之说所形成的难以规避的悖论,下面则从宏观层面了解一下信用之说在实践中的不二选择,以及迈入负利率时代所代表的信用崩塌。

1) 美元霸权与 NSC

在大规模资本市场形成之前,信用本来并不来自主体,而是以黄金白银等贵金属为代表的货币,即实物信用。货币不是信用货币,而是实物货币,是以黄金白银等贵金属为基础的货币,是金本位制或金银双本位制。自20世纪70年代开始,黄金与美元脱钩后,全球步入了以美国NSC支持的美元时代。以美国NSC作为全球金融体系的信用基础或核心信用,以美元霸权支撑的全球金融体系强势雄起,这也或是自然法则的选择,也或是阴谋论的最终实现。

不可否认,国家作为特殊法律主体,成为一国的信用基础,并由NSC支持着一国的金融体系/资本市场。因此,NSC作为一国的金融体系/资本市场的信用基础或核心信用这一金融逻辑基础,应该是信用之说在世界各国范围内进行实践的根本起点,当然起始于美国NSC作为全球金融体系/资本市场的信用基础。自此,信用之说就演变成了金融学界与金融业界的"绝对真理"。

某一国家以NSC发行货币,正是为国家及其相应机构提供了所谓"天经地义"的理论基础。因此,半个世纪以来,非发达国家与地区,或者落后国家与地区,内部权力争斗不已,地区代理人战争不断,只为一个简单目的:"掌权者可印钱"!却不知,落后国家与地区所发行的货币,正合美元霸权之意,只是一种小小赌场的一个筹码或"劣币",正是美元霸权掠夺与剥削落后国家与地区有价资源的最佳工具。

无论发达国家和地区,还是发展中国家和地区,抑或落后国家和地区,全部加在一起总共200多个,与70多亿的人类相比,可能还不到2 500万分之一。但这些国家与下述大型企业集团或各种金融机构,占全球不到1%的人,或者法律上的人,无论是特殊法人,还是一般法人,抑制金融机构,却垄断了人类绝大部分金融资源,并为其政治经济服务。那么,如何利用广泛的金融资源服务于70多亿的人类,促进全人类全面进化发展,保证每一个都能享有金融人权(Human Right for Finance,HRF),这是全球金融界都应刻不容缓地进行深刻反省的重大问题。

2) 信用泛滥与货币超发

发展中国家与地区,甚至包括发达国家和地区,无论欧盟或中国,还是美国,在社会经济发展过程中可能会遇到经济发展周期性困难。但当政者却不思进取,不愿锐意改革与创新发展,以"赖政"方式加大印钞速度,急忙于解决眼下的社会经济难题,以求获得民众支持与执政权利,或者执政选票。因为货币超发,许多发展中国家与地区深深陷入了"中等收入陷阱"而无法自拔。在发生周期性经济危机时,特别是在全球新冠疫情盛行时,各个发达国家和地区却竞相超发货币,特别是2008年美国金融危机时美国政府以货币超发并以公帑救市,却因美元霸权而转嫁金融危机,由世界各国政府和人民买单。世界各国对于美元霸权却敢怒不敢言,基本上也无任何办法,因为金融业界与金融业界所信奉的信用之说,是无法破解美国 NSC 作为全球金融体系/资本市场的核心信用或信用基础。

但是,自2008年金融危机以来,反美元霸权,反主权货币的创新事件层出不穷。其一,以区块链先进技术为支持的,并以"比特币"为代表的虚拟货币,尽管摆脱了 NSC,并由市场信用支持,却因缺乏金融逻辑与应用场景,属于"空气币"或"维京币"。其二,中国等发展中国家希望发展以区块链技术为基础的"数字货币",却因无法脱离 NSC 沦为货币超发的工具。其三,以 Libra 为代表的支付结算型货币,同样也缺乏市场信用支持,或者金融逻辑基础,至多只能挑战一下美元霸权之一 Swift。其四,希望挑战 Swift 的,还有英、法、德所设计的 INSTEX 系统,却因缺乏资本市场而无法有效实施。尽管中国也设计了 CIPS,但技术性不强且缺乏包容性、开放性,无法在全球范围内实施。其五,欧盟开始推动独立于华尔街的债券市场或资本市场。

3) 信用主体与信用膨胀

具有 CR 的大型企业集团或各种金融机构,作为具有 CR 的信用主体或 UA 可以进行融资,不仅可以获得间接融资或银行贷款,而且可以直接融资或在资本市场上发行债券。融资资金除了少部分用于生产与再生产,大部分却用于投资现存资产,房地产或金融产品投资,以期获得货币超发带来的价格上升所形成的超额利润。

尽管全球资本市场上可以融资的、具有 CR 的大型企业集团或各种金融机构,尽管数量不少,但与70多亿的人类相比,可能还不到1%。不到1%的法律上的人,却占有80%以上的金融资源。在货币超发条件下,这些不到1%的人,必然追求超额利润而大量使用信用融资;否则,会导致资产缩水或贬值。因此,在主体信用膨胀条件下,不仅必然导致虚拟金融与泡沫经济,而且必然导致周期性经济危机与金融危机。

4) 无信用人与信用无能

全人类,亦或法律上的自然人,或者所有个人主体,都没有任何信用或CR,均属所谓"无信用人",除了极少数人之外。无信用人,长期以来,一般不可向金融机构正式融资,也不能在资本市场上发行债券,尽管可以民间融资,但利率高企,除了发达国家与地区的按揭贷款。因 Morgage 作为美国及其发达国家的社会管理工具,获得了美国政府支持,2F America 作为政府支持企业(GSE)而支撑着 Morgage,并为发达国家和地区提供了低利率 Morgage 的典范。

尽管在2008年美国金融危机后的个人消费贷款,特别是信用卡消费,已经获得了长足发展,尽管占取商业银行很大的贷款比例,但是个人融资的相应成本并未获得大幅下降,反而成为金融机构逐利的新型融资市场。而且,个人信用在现有征信体系下,富人信用越好,消费融资额度越大;穷人信用越差,消费融资额度越小。伴随着全球网络经济、网络金融的兴起,个人融资的创业贷或网络贷开始热闹起来,却因资金来源问题形成了 P2P 的诈骗陷阱。大学生贷款,尽管各国都有政府补贴,但市场化的大学生贷款,在现有信用之说,及其主体信用支持的金融体系条件下,贷款风险与贷款利率仍然居高不下。总之,个人融资处于"融资难,融资贵"的恶性循环之中。

个人主体,在全球法律上的人当中占据99%的比例,却占不到20%的融资市场份额。99%的个人主体的信用无能,与大型企业集团与金融机构占比不超过1%人的信用膨胀,及其占比不到2 500万分之一主权国家的信用泛滥,构成了一个信用倒置的全球金融结构,加大了世界各国人民的贫富差距,加大了金融机构风险管理成本,最终导致发达国家和地区的资本市场在 2009 年开始进入了负利率时代。

5）负利率时代

当前世界，在主体信用支持下的现行金融体系中，形成了信用倒置的全球金融结构。不到 2 500 万分之一的特殊法人主体，国家及其地区可以 NSC 发行货币，却因"赖政"或经济危机导致超发货币，可称之为"信用泛滥"。不到百分之一的拟制人法律主体，即大型企业集团、上市公司与金融机构，因具有 CR 而加大融资力度，因希望获得超额利润导致金融虚拟化和经济泡沫化，可称为"信用膨胀"。一方面，因此而形成的虚拟经济或泡沫金融，当金融危机来临时却要公帑救市；另一方面，货币超发与泡沫金融，导致"负利率"的提前来临，促进了世界各国人民的贫富差距进一步加大。超过 99% 的个人主体，及其小微企业，却因无 CR 而处于更加贫困境地，可称为"信用无能"。

在主权国家"信用泛滥"条件下，因政府赖政而超发货币；在主体"信用膨胀"条件下，企业集团、上市公司与金融机构，一方面因 CR 可直接融资（发债），无需银行贷款；另一方面却因金融虚拟化和经济泡沫化而大量融资负债，又因利率下降导致资产升值而获得超额利润，富人更加富有。在个人主体"信用无能"条件下，民众更加贫困。因此，信用倒置的全球金融结构，既催生了负利率，又导致了贫富差距加大。

由于具有 CR 的大型企业集团、上市公司与金融机构可以直接融资，商业银行的贷款对象只能是风险较大的中小企业、小微企业、个人，但属于供应链的中小企业，却可以运用供应链金融直接融资，也可绕开银行贷款。Morgage，因作为零售业务，小贷公司更具成本优势，也与商业银行贷款渐行渐远。这样，一方面商业银行的贷款对象，剩下的都是高风险的融资主体；另一方面，商业银行因货币超发所产生的巨额存款则加大利息成本。因此，商业银行向存款收取管理费，以 NSC 发行的各种国债催生了负利率产品，负利率时代不期而遇，不可避免。

因信用倒置的全球金融结构，导致负利率时代的提前来临，则意味着以主体信用为支持的金融体系开始崩塌，并非是贫富差距加大或管理成本过高造成的。一方面，这两个理论不属于金融学理论，至多为社会经济学与管理经济学，只有信用倒置的全球金融结构，才应该属于金融学理论；另一方面，贫富差距加大或管理成本过高，对于负利率来说，应该属于平行事物，只是在不同领域表现而已，并不存在因果关系。因此，只有当信用倒置的全球金融结构产生，或者以主体信用为支持的金融体系开始崩塌，才会与负利率时代不期而遇。

银行存款负利率开始于 2009 年的瑞典，欧盟于 2014 年、日本于 2016 年开始推出负利率，美国于 2019 年年末也承认正在接近负利率。于是，发达国家迈入了负利率时代。负利率时代预示着以主体信用为基础的金融体系开始崩塌，半个世纪的"神话"——信用理论开始走下神坛，应该接受人类的质疑与批判。以违约率为风险定价 Spread，代表风险理论强势崛起，基于主体的信用与基于违约率的风险利差开始面临抉择：Credit on Entity Via Spread on DR。

在 20 世纪，Spread 仍以历史纵向的信用数据或违约数据对具有 CR 的 UA 进行定价，即历史积累的违约数据所形成的 PD，一般只能通过主体的 CR 来反映，主体的 CR 反映了 PD 一般均需通过 Spread 作为信用定价。由于缺乏大数据理论支持，不可能、也无法产生以 PD 为基础 Spread，并作为独立资产或 RA。现在已经来到了 21 世纪，那么，以大数据技术支持的、以 PD 为基础的风险定价，即 Spread on DR，并由 SP 等于增信所形成的独立 RA，及其所支持的全球金融体系的来临应该不会太远了。

第七章

Spread：价值管理

SPREAD, IT'S PARTED & VALUE MANAGED

利差增信的价值管理
——开启财富之天眼

第一节 VM 概述

一、基于资产管理

Spread 的价值管理(VM)是建立在资产管理(AM)基础上,只是因为风险资产不同于一般资产,必须比 AM 更有深度与广度,或者深化 AM。Spread 的价值管理包括 Spread 的 VM 和 SP(增信)的 VM。Spread 的价值管理除了 Capital 因空间价值或运用于主体的时间价值外,追求 RFIR 高于信用货币的价值,及其 Spread 所赖以存在与定价的 PD 或 CR 的年度统计或信评所形成的剩余价值,甚至追求剩余价值"算法"所产生的超额利润。SP 的价值不仅以风险控制或风险对冲,最终为风险转移(增信)为基础,而且还需具有 Spread 产品化的风险套利收益或风险投资收益和 Spread 证券化的股票(证券)投资收益。前者有 CDS 或 RB;后者有 CEC 或 RAMC。

1. Spread 的价值管理

其实属于资方/银行需要完成的。比如,信用货币来自基于金银等贵金属的代币制,却在信用货币时代仍然主张 Capital 的自身构成的来源成本,与代币制声称的贵金属来源成本不同,Capital 具有 NSC 的取得和维护成本,甚至还声称印刷及仓储成本,坚持 RFIR 不可为零。这样,Spread 与不为零的 RFIR 一起所形成 RRI,不仅追求信用主体或 CR 的时间成本,还追求因统计或信评所形成的剩余价值,及其"算法"所形成的超额利润。也就是说,Spread 运用于不同信用主体而产生的主体价值或时间价值,又因 PD 或 CR 的年度统计或年度信评,Spread 又基于时间价值转化为 APR、ARR 所追求的剩余价值,并在剩余价值的"算法"上形成了 CI 的超额利润。

但是,APR 其实并未产生真正的剩余价值,甚至还可能因为时间比例缩小而折失了 Spread 的空间价值;ARR 则陷于"零和游戏",Spread 的时间价值或剩余价值具有"或然性";功于"算法"CI 的超额利润因不符合道德理念或宗教信仰,或者替代品更具价格竞争力而难以在 RRI 市场上立足,除非基础利率低至 1% 左右,方可在 RFIR 市场上发扬光大,甚至可以破局 ARR"零和游戏"。

2. SP 的价值管理

SP 的价值管理或增信的 VM,既要使名义增信者或 Spread 持有人可在进退自如(市场交易)的条件下掌控风险,又要在市场交易中进行风险套利,或者取得投资收益。无论是现行 CT 时代的 CDS,还是未来的 RBS,甚至 CEC 或 RAMC,也无论是否完全实现 CELL,都希望在 CELL 基础上获得增信所创造的利润,无论是"无本万利"的 CDS,还是投资 Spread 量化汇集所产生的 CEC 或 RAMC 及其股票所产生的巨大投资回报。因此,CI 产品的 Spread 定价及其 SP 的价值管理,才是最需要关注的,或者说,CI 产品的 VM 结合增信产品的 VM,在降低 Spread 或融资成本的条件下,又可使资方与增信方在负利率时代获得相应利息,进而维护了金融人权,则是 Spread 或 SP 价值管理的根本。

二、VP 基本原则

Spread 及其 SP,不仅涉及 UA 的 CR,而且涉及资产交易者的信用,更涉及价值管理。不同的 VM 具有不同的增信方式、增信产品及其增信制度。VM 应该具有三种不同的管理方式,即概率管理、增信管理与法律管理。从经济学角度看,风险管理其实就是成本管理。基于 PD 的 Spread,无论是 FIS 的定价,还是 RA 的定价,增信需要风险概率对象化、客观化,主要通过法律管理来摒弃或抑制主观因素,使主观因素对风险概率的影响降到最低,从而达成增信管理或风险管理,或者达到成本管理的最佳效果,使得风险成本控制在整个社会的预期范围内。因此,需要特别关注 VM 三大原则。

1. 风险必须转移

风险是无法消灭的,只能进行转移并通过增信产品设计进行 VM。不同的风险管理,其管理成本是不同的。中国金融监管机构却不能正确地看待、处理、管理客观风险,只是害怕风险,希望所有金融机构解够消灭信用风险,保证所谓信用资产都是无风险的,或者给予信用资产一个特定视角,对信用风险视而不见,导演"皇帝新装"的闹剧。

其实,风险管理就应该是风险转移的 VM,更直接地说,就是将金融机构制造的融资资产中的 Spread 作为风险定价为增信资产,然后通过直接转移(CEA)在金融机构之间暂时过渡,最终通过间接转移(CEE)转移到资本市场上形成权益增信产品(RBS/CEC)。通过 CEE,可将资产风险转化为市场风险、交易风险及其产品风险,使资产风险在市场定价、市场交易中得以缓释,最终完全实现 CELL。

2. 风险应该转移

中国金融机构投资 FIS 还处于仅以"一分风险一分利"这种高风险、高利率的初级阶段,还未进入厌恶风险的高级阶段。在初级阶段,作为资管人的金融机构,还未真正确立资管的信托责任或管理责任,并希望通过投资高风险、高利率的 FIS 来获得高额的管理费用,却根本不在乎投资者的风险。在高级阶段,因建立了严格的信托责任或管理责任,作为资管人的金融机构,必然更多地选择厌恶风险的投资理念。而且,在资本市场上,投资 FIS 或交易 FIS,必须配备风险对冲、风险缓释的增信工具或增信产品,即使收益再低,甚至于负利率(相比存款管理费)也在所不惜。这种厌恶风险、厌恶高利贷的投资理念,完全基于资管人的信托责任或管理责任。有了风险资管,资管才可进入高级阶段。

即使尚无 CR 无法进行准确定价,或者无法直接取得风险利率,也要以大数据技术进行分析,以 Spread 间接转移或 CEE 的 R-ABS 进行风险定价,最终实现以 Spread 直接转移或零售 Spread 的 CEA 为基础的风险定价;否则,那些 P2P 及其他所谓网络金融机构,便以高息揽储,以利息换本金方式的"庞氏骗局"将会不断上演。而且,如果对风险利率认识不足,对于尚无 CR 的融资主体,只是运用所谓"一分风险一分利",以"典当金融"为风险管理目标,且以"木桶长板"管理效应进行机构定价,那么,中国金融行业本身也就很难走出"融资难融资贵"的历史,也很难摆脱古老的"典当金融"行业而迈入现代金融行业,即对 PD 进行风险定价的,对 Spread 进行 VM 的现代金融行业。

3. 风险必由他人管理

由于资产风险的随机性质,任何依据于主体信用的增信工具,无论是 FG 的主体(机构)增信,还是 CDS 的产品增信,都无法抵御 RDP。所谓增信工具依据于主体信用,就是由主体信用支撑的增信,必然产生主体增信或主体增信产品。主体增信及其产品必然由主体自身信用定价,主体价值管理,当然增信结果必然由增信主体承担。即使增信主体具有 10 倍资本杠杆率,也抵御不了 RDP,因为与随机风险博弈的就是赌徒,赌徒必输,这是公理。

增信必须摆脱 Spread 持有人或风险资产交易对手的主体信用,并转化为以 PD 为基础的权益增信产品(CEC 或 RAMC)。CEC 或 RAMC,不再以自身信用与风险资产的 RDP 进行博弈,而是由 FIS/Bond 持有人自身与 RDP 进行博弈;只要发现并构建形成风险资产边际收益的途径、方法与制度,便可创设相应权益增信产品用以抵御 RDP。

无论是 FIS 证券化(ABS),还是 RA 证券化(RBS),均可通过 CEE 的 R-ABS,以量化的资产数额去构建 SPV/SPC 不同层级的权益结构或证券结构，或者债股结构，并以风险资产或 Spread 构筑 RBS/CEC，无论是 SPV 的 RBS，还是 SPC 的 CEC，最终可以抵御 RDP，成就 CELL。

第二节　信用资产的 VM

一、信用资产

信用资产也称为风险资产，亦可称为融资资产、金融资产、标的资产、非标资产、借贷存款、金融租赁、信托融资、企业债券、Mortgage、ABS 及其结构性融资产品等一切固定收益产品（FIS）。信用资产是由 RFIR 与 Spread 或 Capital 与 RRI，或者 Capital 与 Spread 所构成。Spread 作为 RRI，如果不考虑 RFIR 是否为零，是对 RFIR 或 Capital 的信用定价或风险定价。因此，信用资产就是为 RFIR 或 Capital 定价并与之结合而为的 FIS 或 Bond，或者说，Spread 存在于 FIS 或 Bond 之中。Spread 表现为时间价值或剩余价值的，如以 APR 定价的 FIS 或 Bond，可称为 APR 产品；如以 ARR 定价的 FIS 或 Bond，可称为 ARR 产品；如以 CI 定价的 FIS 或 Bond，可称为 CI 产品。

从宏观来看，信用资产基本特征是信用倒置的全球金融结构。资金成本日益缩小，甚至迈入了负利率时代，但金融资产或信用资产的管理风险或管理成本居高不下，从而贫富差距日益加大。负利率时代来临，所谓最高 CR/主体信用的利率趋于负利率或零利率，意味着信用理论所吹鼓的"资金成本"已经日趋消失，顶层信用主体/NSC 已经没有成本。对于全球 99% 以上个人主体来说，个人融资（FP）尽管已经有了长足发展，却仍然难以改变"融资难融资贵"的局面。金融人权是基本人权中表现最差的，也是最缺乏社会关注的，因此难以得到真正实现。

从微观来看，基于信用主体多样性、分布不均匀性、融资期限错配性，以及信用资产经营市场化、竞争性，导致信用资产具有很大的不确定性，资产风险或产品风险很高。因此,对信用资产来说,以风险控制(风控)为目的的 AM 成为必然,其实质就是转移风险与分散风险,使资产风险在市场交易、市场定价中得以转移与分散,最终得以降低或化解风险,却不可能消灭风险。由此看来,从风控角度看,AM 在本质上就是增信。

凡是经营信用资产的,必然配之于风控或资管,即对信用资产或信用产品通过 AM 或增信方式实现风控。风控是 AM 或增信的根本目标,AM 或增信是风控的基本手段,即通过 AM 或增信市场化交易,无论是信用资产买卖,还是衍生产品交易,抑或资管权益(ABS 或公司股票)的交易波幅或涨跌,均将信用资产的风险在市场交易与市场定价中得以缓释,最终达到风控的根本目标。

二、VM 模式

信用资产持有人根据信用资产的各个风险特征,形成了各自不同的 AM 模式,主要包括以下几种。

1. 创造时间价值

由于信用资产的 Spread 不可变动,除非不具 CR 的 NSA,可以进行自行确定或改变 Spread 的机构定价。因此,拥有 Capital 的资方/银行,利用 Spread 的空间概念,再结合 PD 的年度统计或 CR 的年度评估,及其货币来源与历史习惯,创造了 Spread 的剩余价值,即 Spread 转化为 APR,并因"算法"形成了 CI,从而为资方/银行带来剩余价值和超额利润。

2. 持有到期

信用资产持有到期,是资产持有机构最主要的 VM 模式。无论是 FIS 持有人的金融机构或商业银行,还是投资银行,甚至是投资基金及其他基金。信用资产持有人可以采取持有到期的 VM 模式,在欧美发达国家和地区的资本市场上,则体现为长期投资基金购买经增信的长期债券,这种长期债券经 CEA 后成为资本市场的"压舱石",并调节着利率市场的利率走势。

持有到期,反映了资本方以 ARR 方式获得 Spread 的时间价值、剩余利润或超额利润的最佳方式,也是金融零售机构目前最主要的经营方式。

尽管存在诸如"不良资产"剥离或买卖,增信业务,供应链保理业务,按揭资产或个人融资(FP)的批发业务,但持有到期仍然是近现代金融机构最主要的 AM 模式,无论商业银行,还是长期投资基金。养老基金投资长期债券,持有到期是其通常的 AM 模式。

而且,养老基金等长期投资基金一般都要求信用资产的 CR 是最高的,比如 CR 最高的、流动性较强的 Bond,尽管也可投资 CR 较低的 Bond,但需要配备 CDS 这类可以对冲风险或风险转移的增信工具或衍生产品;反之,要使长期债券成为全球资本市场上的长期投资基金投资的对象,成为长期投资基金的"压舱石",要么 Bond 的 CR 是最高的,要么配备增信工具或衍生产品。因此,通过增信 FIS/Bond 达到风控目的,是一个有效的 AM 模式。

3. 持有到期与不良资产处置

因绝大部分的信用资产还未形成资产批零的 VM 模式,绝大部分的金融机构尽管处于零售地位,却仍需按上述持有到期的 VM 模式开展经营活动。基于 PD 的风险定价 Spread 所带来的逾期或破产等违约现象,导致信用资产必然会产生不良资产,金融机构处置不良资产也成为一种不可或缺的资产管理(AM)模式。可见,在不良资产处置的 VM 中,实际上就是现行的不良资产的 AM。

据此,商业银行均有不良资产处置的 AM 模式,不良资产处置价格一般为 15%,各个投资银行或 AMC 会热衷于这种不良资产交易,当然商业银行处置不良资产的道德风险时有发生,难以管控。但是,中国的商业银行却经常将不良资产处置作为资管产品玩弄表内表外的骗人把戏,掩饰真正的不良资产比例,从而在资产报表上弄虚作假,欺骗资本市场及其投资者。其实,因信用资产已经形成不良资产,不良资产的 AM 模式属于"事后资管",无法真正实现资管的风控目的,属于落后的 AM 模式,并非属于先进的 VM 模式。但是,在资产 Retail & Wholesale 的 VM 模式未有实施之前,不良资产处置又是不可或缺的,因此无法摆脱 AM 模式。

4. 抵押贷款

商业银行为了降低信贷资产的风险或转移资产风险,往往要求融资者提供抵押物或担保品，使信贷资产转化为抵押贷款。以往中国各种商业银行只对国有企业发放信贷资产，除此之外的市场主体均为抵押贷款，中国各种商业银行因此广为市场所诟病，称其为"当铺银行"或"当铺金融"。

抵押贷款固然有其风控的一面，如果仅依赖于抵押物或担保品，商业银行在抵押贷款中将失去了贷款判断能力，对于主体信用，或者基于 PD 的 CR 根本无法认知并进行市场定价。如果 PD 或 CR 无法正常产生，必将扭曲市场风险与市场定价能力，也就根本无法理解 Spread，无法开展信用资产的 VM。

5. 保理业务与供应链金融

随着供应链金融的兴起，金融机构之间的保理业务日趋活跃与成熟。保理业务其实就是特定的，可构成供应链金融的信用资产/贷款资产。这样，卖方金融机构不仅可以通过保理业务摆脱信用资产风险，破局 ARR "零和游戏"，而且可以获得交易利润，确实属于一种有效的 VM 模式；买方金融机构可以通过保理业务获得完整的供应链金融，从而降低风险提高收益，也是一种有效的 VM 模式。但是，保理业务不是一种常态业务，往往是一次性业务，保理业务需要伴随着供应链金融的成长，才会发展成为一种持续有效的 VM 模式。

从保理业务可以看到，保理业务依赖于供应链金融，即作为保理业务买方的金融机构，是否拥有持续有效的供应链金融。因此，保理业务取决于供应链金融，如同资产批零的 AM 模式取决于追求降低 Spread 的权益增信的 R-ABS，或者追求降低 Spread 的信用资产 AMC，追求降低 Spread 则是特殊目的。

6. ABS

因信用资产的随机风险难以把握与控制，导致金融机构持有信用资产的风险分布不均，有的金融机构持有的信用资产的风险较小，不良资产或处置较少，坏账资产也相对较少；有的金融机构持有的信用资产的风险却较大，不良资产或处置较多，坏账资产也相对较多。因此，商业银行将贷款资产发行 ABS，或者 Mortgage 发行 MBS，如同保理业务，不仅可以摆脱信用资产风险,并且可以破局 ARR"零和游戏",甚至可以获得交易利润,确实属于一种有效的 VM 模式。当然,必须是可以"资产出表"的 ABS。ABS 或 MBS 可以分为 G-ABS 与 R-ABS 两类。

1) G-ABS

G-ABS 一般由商业银行作为发行人,追求"真实出售",实现商业银行表内资产表外化。由于商业银行作为单个主体所拥有的"资产包"不足以形成风险定价 Spread,因此需要外部增信(FG/CDS),并对 SPV 名下不同层级的权益(证券)进行定价,形成所谓"内部增信"。由此可见,G-ABS 的特殊目的仅为融资或再融资,却无法形成以 CEE 为基础的 SPV 权益的风险定价,只能运用所谓"外部增信"为 SPV 名下不同权益进行风险定价,并由此形成所谓"内部增信"。

但是,这个"外部增信",无论是 FG,还是 CDS,必须独立于作为商业银行这个产品发行人,否则贷款资产/按揭贷款无法从表内调整到表外(出表)。由于商业银行发行 ABS 或 MBS 的底层资产的各种资料要求比较高,而且要满足"外部增信"对产品的各种要求,因为 ABS 或 MBS 的不同产品比例与产品定价,其实均由"外部增信"决定的。因此,商业银行就把发行 ABS,特别是 MBS,逐渐让给投资银行,自甘做零售金融机构,由投资银行作为批发金融机构并发行 ABS 或 MBS。但由于投资银行众多,所批发购买的贷款资产,难以获得较大的市场份额,也只能发行 G-ABS,但是却为信用资产批零业务的 AM 模式奠定了基础。

2) R-ABS

R-ABS 的特殊目的则为降低 Spread/融资成本,可以形成以 CEE 为基础的 SPC 不同证券的风险定价,并以 CEE 作为一种持续有效的、终极的 AM 模式。商业银行或小贷公司将按揭贷款批发出售给 2F America,2F America 共占有不到 60%的按揭资产市场份额(受限于反垄断法),便可以 CEE("两房股"增信"两房债")为"两房股"与"两房债"这两种不同的证券(权益)进行风险定价,最终实现按揭贷款这一信用资产的风控目标,这是一种极其有效的 VM 模式。

7. 小评

Spread 创造时间价值或剩余价值，APR 只是实现了 Spread 本有价值，ARR 却陷入"零和游戏"，CI 产品因"算法"令人发指而"水土流失"。持有到期的 VM 模式，其实只是一种 AM 模式；所谓不良资产，应该属于 AM 模式，不应该属于 VM 模式，因为无法实现风控目的；保理业务虽为一种有效的 VM 模式，却因非常态化也只能作为临时性的 VM 模式；"外部增信"的 G-ABS，尽管对于持有资产方（商业银行与养老基金）来说，不失为一种有效的 VM 模式，但对于外部增信者（FG 机构或 CDS 卖方）来说，却因 Spread 仅为交易对价而无法形成 RA，却可能成为最后担保人而承担无限责任。

三、衍生产品/增信资产的 VM

与信用资产的 AM 或 VM 不同，对衍生产品/增信资产来说，只是进行 VM。衍生产品/增信资产的 VM，就是名义上的增信者，即 Spread 持有人，无论 FG 机构，还是 CDS 卖方，如何管理衍生产品/增信资产，其实就是如何对因转移而持有 Spread 进行 VM。Spread 持有人对于衍生产品/增信资产的 VM，因为增信的 CT 方式，增信是附条件的，可能破局 CELL，也许可能沦落为最后担保人而承担无限责任。

尽管 FG 宣称为 CELL，以 Spread 作为增信的价值基础，或以 Spread 为担保物以求 CELL，却因 Spread 仅作为信用定价而无法形成独立的 RA，仅为所谓 FG 资产，实质却与民事担保一样，属于"或有负债"，也正因为民事担保一样，FG 机构也就难以转让所谓 FG 资产。即使可以转让 FG 资产，也因资本杠杆失去转让意义，只要增加 FG 机构的资本金，或者放大资本杠杆即可，如果受让者同样受限于资本金及其杠杆率。

基于 Spread 的价值不仅远远小于其所增信的 FIS/Bond 的价值，无法完全覆盖 FIS/Bond 风险价值，而且 FIS/Bond 的 RDP 所产生的赔偿价值远大于 Spread，即使 FG 机构以资本杠杆与错期增信方法或措施对衍生产品/增信资进行 VM，FG 机构或增信机构也很有可能成为最后担保人而承担无限责任。从本质上讲，FG 顶多可算作附条件的 CELL。

同样，CDS 因以信用为交易对象，Spread 仅作为交易定价而无法成为 CDS 卖方所管理的独立的风险资产（RA），CDS 卖方不仅不能再次卖出 CDS，却只能买入一个同质的 CDS 进行风险对冲或风险套利，而且风险套利受制于长短利差，风险对冲受制于 CDS 市场持续性和稳定性。当出现金融危机时，长短利差与 CDS 市场就会消失，CDS 的风险对冲功能或风险套利功能也将同时失去，CDS 卖方就可能成为最后担保人，CELL 将转化为 CGUL。因此，从本质上来说，CDS 也仅仅是附条件的 CELL。

CDS 卖方就是 Spread 持有人，也就是形式上的增信者，对衍生产品或 Spread 的 VM 是建立在如下几个方面：其一，Spread ——对应于 UA，即形成单一增信，只有同质资产（UA）方可对冲风险，无法运用错期增信概念。也就是说，不同主体信用或信用保护，是无法集合的，只有具有定价功能又为风险资产及其资产价值的 Spread 方可集合。其二，利用成熟利率市场上的长短利差，并不确定具体的 FIS/Bond，只需存在着具有 CR 的 UA，即可进行无成本套利交易，可以无限放大 CDS 交易量，驱使市场投机者蜂拥而入。其三，CDS 合同经标准化、产品化而转化为可方便交易的衍生产品，使得 Spread 持有人可以根据需要随时买入卖出，实现风险套利或风险对冲。其四，在财报会计上，将这种具有流动性的合同负债与或有负债转变成金融资产或衍生产品，无需拨备，出具"担保品"。因此，只要 CDS 卖方可买入同质 CDS 进行资产风险对冲或套利交易，导致 Spread 流转，无论是套利交易的需要（盈利），还是风险对冲的需求（止损），从这个意义上讲，CDS 还是具有 VM 的意义的。

第三节 风险资产的 VM

一、风险资产

风险资产既包括 Spread 存于内的 FIS，又包括存于 FIS 之外的独立资产 RA。因此，对于风险资产的价值管理，也可分为对 FIS 的价值管理，与对 RA 的价值管理，总之，就是对 Spread 的价值管理。FIS 的风险资产也可称为融资资产，既包括 UA，又包括 NSA；既包括 RFIR 产品及其 RFIR 市场，又包括 RRI 产品及其 RRI 市场；既包括 APR 产品，又包括 APP 产品，甚至包括 CI 产品，但却不是 RRI 市场上的"高利贷"产品，而是与增信产品相结合的、为了降低融资成本的低息产品。

1. FIS 的价值管理

除传统的具有 CR 的信用产品外，如何设计出符合人类积极精神的、促进人类全面进化发展的融资资产（FIS），特别是设计出 2F Global，实属一件有利于金融人权的大事。

基于 APR 产品在个人融资（FP）上的广泛运用，如以非高利贷方式进行，则可能有损 Spread 原有空间价值。因此，高利贷盛行于 FP，尽管蚂蚁科技或京东数科号称解决了"融资难"的问题，却又因零售企业兼职 AMC，无法解决"融资贵"的问题。当然，这是全球至今为止尚未解决的世纪困局。反之，如何为 FP 的零售机构设计低息产品，这是 2F Global 的事业，也是 2F Global 的 AMC 必须要实现的特殊目的；否则，不仅 AMC 因失去 CEC/RAMC 的支持而失去低成本资金，而且因市场份额难以维持而难以控制 Spread 市场定价，最终都将失去 AMC 的资格。

又基于 ARR 产品深陷"零和游戏"，从保理和 ABS 经验教训中得知，融资资产或 FIS 交易，才可破局"零和游戏"，不仅可以获得交易利润，而且因 FIS 交易属于 CEA，交易现金与 RFIR 一样，FIS 交易实现了风险转移。因保理属于供应链金融，具有风险再转移的能力。但是，G-ABS 却因"外部增信"，无法再次转移风险而可能在 CEA 中沦陷。因此，解决 G-ABS 的"外部增信"问题，就是 R-ABS 的历史使命，是 CEE 支持 CEA 的历史必然。除此以外，以 Spread 定价的 CEA，也是可以破局"零和游戏"，使得 FIS 持有方和 Spread 持有人（名义增信者）均可无风险获利，前提是存在 Retail & Wholesale 机制与 R-ABS 机制。

CI 产品因其贪婪被 RRI 市场所抛弃，替代产品为次级债、可转债、优先股，甚至永续债层出不穷，CI 产品在 RRI 市场只能是昙花一现。但是，由于 CI 产品基础利率的矛盾性，较低基础利率的 CI 产品在总息上却比 ARR 产品还要低。本应属于 RRI 市场的 CI 产品却因此无法进入 RFIR 市场，即因不具有进入 RFIR 市场的"资质"而无法入市，也许，还存在着其他阻止 CI 产品进入 RFIR 市场的原因。但是，RFIR 不为零，资金成本论肯定是一个重要原因。

由此可见，基于较低基础利率的 CI 产品属于 RFIR 市场，应该设计出相应的 CI 产品。首先，Spread 零售机构在 Spread 的 Retail 市场上为 2F Global 的 AMC 所发行的 CI 产品提供 CEA，即零售购买 CI 产品的 Spread，属于 RRI 市场上的 CI 产品；其次，由权益增信机构（CEC）批发购买 Spread 零售机构因零售购买所持有的、从 CI 产品中转移出来的 Spread，并以 CEC 名义持有 Spread，或者成为 CEC 名下资产池中的基础资产；再次，经 CEA 与 CEE 增信的 CI 产品，作为 RFIR，在债券市场上，特别是在国债市场或 RFIR 市场上发行交易。

二、Spread/RA 的价值管理

1. 增信资产的特征

1）增信资产不可为单一资产

Spread 经零售交易或 CEA，形成 RA 或增信资产。作为风险资产一部分，增信资产均不可为单一资产。无论是否改变概率及其定价，基于概率并对概率进行风险定价的资产，即为风险资产或增信资产。因概率而涉及资产数据或资产边界，又因基于概率的风险定价涉及资产的边际成本，风险资产无法为单一资产；因资产边界与边际成本，风险资产应该是一个集合概念的资产，但是 Spread 零售交易合约与 CEC 或 RAMC 的财报代表了 Spread 由单一走向集合，由"或有负债"转化为增信资产。也就是说，在单一的 Spread 零售交易合约中，Spread 零售机构作为持有人，应视为"或有负债"，批发购买 Spread 而成为 Spread 持有人的 CEC 或 RAMC，其财报上可直接作为风险资产/增信资产处理，即先以边际成本计提，辅之于实际结算盈亏的财会处理原理。

2) 增信合约转化为增信资产

对各种概率进行的风险定价,就是风险资产的边际成本(MC);对 PD 的风险定价,就是风险资产的 MC。基于 MC,RAMC 依据风险行业规则设计的风险产品,通过出售各种风险产品,包括博弈产品、保险产品和增信产品,获得各种量级数据的投注资金,保险费/增信费,并由 RAMC 对其进行 VM,以期获得边际收益(MI)。这样,风险产品不仅要抵御 RDP 所带来的风险损失,而且可以覆盖管理成本和管理收益。

在博弈产品、保险产品中,投注资金与保险费所风险定价的概率,要么是人为设计的,要么是自然客观的,不存在概率所需资产数据的要求。那么,博弈机构与保险机构可以直接从单一合同的或有负债,上升到这些机构财报上的风险资产。但是,增信费要从增信合同的或有负债,上升到增信机构财报上的增信资产,却存在 PD 所需的资产数据。因此,增信资产应该设置 Retail & Wholesale 机制。在增信零售机构的财报上,增信合约因属于风险合约的义务方,应视为增信零售机构的"或有负债",如在会计季度内将增信合约中的 Spread 出售,或者卖出增信资产,增信合约可视为零售资产。在增信批发商,或者 CEC/RAMC 的财报上,因作为 R-ABS 可将持有的 Spread 或增信资产直接作为风险资产处理,即以 MC 计提,辅之于实际结算盈亏,如同保险机构处理保险资产。

2. 增信资产的 VM

在增信领域,以降低 Spread 为管理目标/特殊目的的 CEC 或 RAMC,将作为 Spread 或 RA 的批发商及其管理人,对 Spread 或 RA 进行 VM,也就是增信资产 VM。增信资产的资产风险在 Retail & Wholesale 中,及其 CEC 或 RAMC 的股票交易或市场定价中得以缓释,重构了全球金融体系的金融资产分布版图,并形成全球金融体系的核心地位与信用基础。

1) VM 平台

基于博弈与保险的概率性质与精算定价的特点,风险资产,无论博弈资产还是保险资产,都可以由公司法人持有并进行管理。这是因为博弈公司与保险公司所持有的风险资产,都是以数字概率或自然概率为基础并进行风险定价所产生的,不需要现有数据为基础,而是以客观或科学数据为依据。因此博弈资产与保险资产可以一般公司法人名义持有。但是,以 PD 为基础的增信资产,却需要违约数据为基础,无论是历史累积形成的,还是现实大数据形成的,如以一般公司法人名义持有,可能无法形成风险定价所需的违约数据。

因为制造增信资产的,仅为增信零售机构。增信零售机构所持有的增信资产,一方面因直面市场竞争可能无法形成 Spread 风险定价所需的违约数据,无法风险定价的增信资产只可能是"或有负债";另一方面 CEC 或 RAMC 作为 Spread 批发与管理机构,参与零售业务则存在资本杠杆限制与道德风险问题。因此,增信零售机构必须秉持"为卖而造"的经营理念,可以获得批零差价而无需承担资产风险,不可由 CEC 或 RAMC 兼任。最终,将由 CEC 或 RAMC 持有 Spread 或增信资产,可以获得足以进行风险定价的资产数据或违约数据,通过 CEC 实现 CEE,并通过市场化的股票(证券)交易定价,缓释并消化 Spread 或增信资产的资产风险。

CEC 或 RAMC 只是以降低利率为特殊目的、以 SPC 为载体、并对 Spread 进行 VM,实现 CELL。直到今天为止,Spread 所演化的 RA 还未真正开展 VM,以 SPC 为载体的 CEC 或 RAMC 也仍未诞生,但已十月怀胎,只等呱呱落地。

2) VM 的具体要素

一般 AM 的基础资产为现金,或者是具有稳定现金流的金融资产(FIS)、房地产与基础设施。CEC 或 RAMC 的基础资产则为 Spread 或增信资产,即一小部分现金,及其可能带来的基于 PD 或 RDP 所带来的违约风险或违约损失。从表面上看,CEC 或 RAMC 的基础资产均为现金,这部分现金资管,应如同一般资管。比如保险资产除了保险机构自我管理外,还可以委托其他专业机构管理,自行设立专门资管机构等。但是,Spread 或增信资产 的管理本质是 VM。

增信资产的 VM 在于,如何将"或有负债"调整为风险资产/增信资产,即 VM 目标为确定并降低 Spread,并以预期 PD 所对应的 Spread 作为 MC

计提,在偿付期按实际 PD 所对应的 Spread 核算实际盈亏。在偿付期之前的任何时间,可根据年度实际 PD 调整 Spread,并为市场制定新的 Spread,永远在 MC 范围内对风险资产/增信资产进行 VM。但前提是 MC 的 MI 在任何偿付期均可以 100% 的 RCR 抵御 RDP,从而实现 CELL。增信资产 VM 的具体内容如下所述。

(1) 增信产品设计。增信产品设计作为 VM,必须摆脱对 Spread 的贪婪,不再一味追求其时间价值或剩余价值,在降低融资成本的基础上,应该尽量避免陷于 ARR 的"零和游戏",在降低融资成本的基础上,实现 Spread 的时间价值或剩余价值,从而取得多赢局面。增信产品应将或有负债转化为增信资产,如同保险资产,使增信费成为增信机构进行 VM 的增信资产,增信机构因此可以站在不败之地。

(2) Spread 定价增信。要避免陷入 ARR 的"零和游戏",就要改变融资产品与增信产品的 ARR 定价方式,并以 Spread 进行风险定价,无论是 UA,还是 NSA。以 Spread 进行风险定价的融资产品,唯有 CI 产品。在 CI 产品以 Spread 进行风险定价后,也就方便转移 Spread。在大幅降低现有融资成本的基础上,Spread 转移所实现的增信利润,或者基于 MC 的 MI,在 MT 创造的增长率配合下,设计成 1＞100 的数学模型,以 CEC 或 RAMC 作为合法载体进行 CEE,累积形 100% 的 RCR 用于抵御 RDP,从而实现 CELL。

(3) 管理时间（MT）。基于增信费用转移,或者以 PD 的风险定价 Spread 转移,形成了增信机构管理的增信资产。增信资产的 VM 应该与保险相似。其一,ARR 定价方式的增信资产与 PD 所形成的年度违约损失一致,年度增信费用按年按季收取,则无法取得增信管理成本与增信投资收益,MT 的增信费用应该难以为继,除非获得其他利益。其二,增信 ARR 现金化,就是不再追求 Spread 的时间价值与剩余利润,而是以 Spread 作为定价,在降低 ARR 的实际利息的同时,基于 MC 的 MI 可以作为当期利润,在 MT 时期在增长率的支持下,可累积 MI 并获得剩余价值,从而破局 ARR"零和游戏"。

(4) 边际收益(MI)。增信资产进行有效 VM 的关键在于 ARR 增信现金化,由此形成具有 MT 的增信资产,并由 CEC 或 RAMC 对具有 MT 的增信资产进行 VM,可以创造并获得 MI。而且,MT 的增信资产来自人类积极精神与美好愿望,或者来自人类进化发展动力,为增信行业创造并获得超额 MI 提供了无限可能。据此,增信机构设计出各种增信产品,具有 100%的 RCR 足以抵御 RDP,完全可以实现 CELL。

第四节 增信 VM 的具体措施

一、概述

直到现在为止,增信只是信用交易的产物,或者 CR 租售,形成了 CT 的增信阶段。即使在 CT 的增信阶段,Spread 仍然是增信的价值基础,SP 仍是实际上的增信,CT 只是名义上或形式上的增信。Spread 作为增信价值基础,则是对于 Spread 进行 VM 的必然要求与客观安排,呈现出了 Spread 及其 SP 的丰富性与多样性。与此同时,增信从初级阶段的 CT 发展到高级阶段的 SP,则是历史必然。

民事担保的价值基础是担保人的人身价值,商事担保则是担保物的评估价值,与这两者担保不同的是金融担保的价值基础却是 Spread,是从可称为 UA 或 OCE 中转移出来的 Spread,也就是增信的价值基础。增信的价值基础实际上来源于对 Spread 的 VM:

(1) 增信的价值基础是 Spread,不再是担保人的人身价值或担保物的物权评估价值。与人身价值与评估价值不同,Spread 的价值是市场确定的,并以其交易价值为增信提供价值基础。

(2) Spread 作为增信的价值基础,本身就是增信物或增信者,如同商事担保中的物权是担保物或担保者,物权持有人只是名义担保人,并因有限责任而不会成为最后担保人。Spread 持有人,无论是 FG 机构,还是 CDS 卖方,均不是增信者,或者只是名义上的增信者,却可能因破局 CELL 而成为最后担保人。

（3）Spread 不再是 OCE 以外的任何价值，而是从 OCE 中转移（分离）出来的。而且，正因为 Spread 价值在直观上小于 OCE 价值，因此 Spread 可能破局 CELL。CT 的增信阶段，无论是 FG 还是 CDS，只能实现附条件的 CELL。

增信 VM 的具体措施，不仅包括 CT 的 VM 措施，而且包括 SP 的 VM 措施；既包括 CEA 的 VM 措施，又包括 CEE 的 VM 措施；具体来说，既包括增信 CT 阶段的 FG 的错期增信与资本杠杆，CDS 的产品交易市场与长短利率，也包括增信 SP 阶段的 Spread 定价机制、Retail & Wholesale 机制与 R-ABS 机制。

二、错期增信与资本杠杆

与民事担保或商事担保运用外在价值进行担保不同，为了增信，FG 机构必须运用 OCE 内生的 Spread 价值，并通过信用担保等转移方式进行增信。但是，由于 Spread 价值在直观上远小于 OCE，因此 FG 机构希望通过错期增信及其资本杠杆提高 RCR 去抵御 RDP。持有 Spread 的 FG 机构，基于 FG 直面违约风险的 VM 理念，期望通过错期增信及其资本杠杆可以形成较大的 RCR 去抵御 Spread 所带来的 RDP。FG 机构却因对错期增信的理解不足而无法实现形成较大的 RCR，也因错误使用资本杠杆而无法抵御 RDP，因此可能破局 CELL 而沦落为最后担保人，甚至破产倒闭，最终导致 FG 退出增信历史。

1. 错期增信

这是指将增信期限错开以免出现增信兑付期过于集中，导致增信机构无法具备充足资本金用以兑付到期增信。但是，错期增信却在 ARR 定价的增信产品或 FG 业务中无法达成预期目标，即 ARR 定价方式无法错期增信。也就是说，无论怎样错期增信，增信产品或 FG 业务的定价方式均为 ARR，每个增信产品或 FG 业务都是每年甚至每季每月都将收取增信费用；一旦违约，必将影响增信费用累积足够的风险拨备或 RCR，失去了必要的时空或增长率以增信费用累积形成足够的风险拨备或 RCR。

举例来说,无论 5 年期增信,还是 2 年期增信,抑或 3 年期增信,尽管到期本息偿付是错开为 2 年期、3 年期或 5 年期,增信机构可以资本金加其杠杆所收取的增信费用,经精算可以形成足够的风险拨备或 RCR,从而承兑可能的增信损失。但是,利息或分期还本,却是按年支付的,付息违约或分期还本违约,与到期还本付息违约在性质上是相同的。错期增信似乎在每年统计的数量上或分布上有所减少 PD,但在实质上并未减少 PD。而且,以 PD 为基础的 CR 及其风险定价 Spread,也并未因错期增信而减少,也许这是 ARR 的"零和游戏"在增信上的表现。

2. 资本杠杆

这是指基于增信机构资本金可以开展增信业务的倍数,即与 OCE 总额的比例关系。一般来说,增信机构有 10 倍资本杠杆,即增信总额或 OCE 总额是增信机构的 10 倍,增信机构希望通过 10 倍资本杠杆达成错期增信。

假设,增信机构拥有 10 亿元资本金,第一年可做 100 亿元增信总额;如果增信 ARR 平均为 2%;那么,增信机构如以 100% 的 RCR 进行风险拨备;第一年到期增信为 12 亿元,第二年到期增信为 14 亿元,第三年到期增信为 16 亿元,第四年到期增信为 18 亿元,第五年到期增信为 20 亿元,第六年到期增信为 22 亿元,即 6 年合计 102 亿元增信总额。

假设,第七年前的 6 年没有违约,意味着,第二年年初因期满 12 亿元又可为 6 年后到期做 12 亿元增信,收取 0.24 亿元;第三年年初因期满 14 亿元又可为 5 年后到期做 14 亿元,收取 0.28 亿元;第四年年初因期满 16 亿元又可为 4 年后到期做 16 亿元,收取 0.32 亿元;第五年年初因期满 18 亿元又可为 3 年后到期做 18 亿元,收取 0.36 亿元;第六年年初因期满 20 亿元又可为 2 年后到期做 20 亿元,收取 0.4 亿元。

由此可见,第一年到期增信为 12 亿元,增信机构的 RCR 为 100%;第二年到期增信为 14 亿元,RCR 为 101.7%;第三年到期增信为 16 亿元,RCR 为 103.25%;第四年到期增信为 18 亿元,RCR 为 104.67%;第五年到期增信为 20 亿元,RCR 为 106%;

即使如此,也无法改变 ARR 增信所基于的 Spread,即对 PD 或 CR 进行风险定价的 Spread,仍然为 2%。如果因此 PD 发生违约损失,则可能增信费用与违约损失一致。第二年增信机构的 RCR 为 83.33%;第三年为 71.43%;第四年为 62.5%;第五年为 55.56%;第六年为 50%;第七年为 50%。

如果第一年的 PD 转化为 5% 的 RDP,第二年为 4% 的 RDP;第三年 6% 的 RDP。那么,增信机构资本金杠杆会发生重大逆转,破产不可避免。第一年年末资本金只剩 7 亿元,相对于 88 亿元增信总额,资本杠杆达 12.57 倍,可影响增信机构的 CR;第二年年末资本金只剩 5 亿元,相对于 74 亿元增信总额,资本杠杆达 14.8 倍,足以影响增信机构的 CR;第三年年末资本金只剩 1 亿元;相对于 58 亿元增信总额,资本杠杆达 58 倍,必然破产倒闭。

由此可见,错期增信与资本杠杆的结合,根本经不起 RDP 的冲击,主要在于 FG 的 ARR 定价机制不足以抵御 RDP,何况直面增信风险,无法具有足够的市场占有率去构建抵御 RDP 的 RCR,并在资本杠杆负面放大风险条件下,很容易导致 FG 机构的破产倒闭。

三、CDS 的交易市场与长短利率

由于 CDS 采取规避风险的 VM 理念,又基于 Spread 只是作为信用保护的风险定价而转移,CDS 必然对 Spread 采取单一增信方式进行 VM,即仅仅就单一的,同质的 Spread 进行风险套利或风险对冲的 VM。由于 Spread 价值远低于 OCE 价值这一事实,Spread 持有人或 CDS 卖方,在一般情况下进行风险套利或风险对冲,可以缓释信用风险。

但在特殊情况下,比如 CDS 市场消失等极端情况,风险对冲失败或破局 CELL,可能成为最后担保人而承担无限责任。CDS 希望在增信以外开辟一个 Spread 风险博弈市场,却失去了 Spread 的 AMC,使得交易对手因"击鼓传花"可能沦为"赌徒";又以长短利差的时间价值来吸引交易对手,却无法解决 RDP 的冲击,交易对手风险鼓励"大而不倒"非市场化原则,导致疯狂的赌徒行为。由此可见,CDS 也是希望运用 Spread 时空转换手段来规避增信风险,只是难以真正解决增信问题。

1. 交易市场

CDS 具有交易市场,这意味着名义上是主体信用产品化,实际上是 Spread 产品化。CDS 卖方可以通过市场自由卖出 Spread 并进行市场定价,缓释风险资产(Spread)所带来的资产风险,成就 CELL。只要 CDS 交易市场充分交易,可以买到同质 CDS,即使价值有所亏损,资产风险都将得以缓释。在这个前提条件下,CDS 对 UA 的增信,或者 CDS 买方为其持有的 FIS/Bond 买入 CDS,或者卖出 Spread 进行增信,得以成就附条件的 CELL。

可见,CDS 以其流动性大大扩展了 CELL 范畴,以产品增信替代机构增信,尽管 CDS 作为产品增信未能最终彻底摆脱 CDS 卖方信用的影响,比如原版 CDS 交易对手风险与改革版 CDS 的"担保品"之争,因此称之为"主体增信产品"。CDS 取代 FG,推进了 CELL,具有历史进步意义。特别是作为产品增信,CDS 以其流动性说明了信用衍生产品的风险,只有在流动中得以缓释,在市场定价与市场交易中逐步释放,最终得以控制与管理。

2. 长短利率

依据利率理论,融资产品期限越长,利率越高;期限越短,利率越低;到期国债则为 RFIR,国债收益率趋于零。又因融资产品的风险定价 Spread 或 RRI,均以 ARR 形式定价,即 ARR 产品。基于对 ARR 产品的增信,ARR 也就作为 Spread 转移给 CDS 卖方,后者便可依据长短利率进行风险套利,除非 UA 发生信用问题,或者 CR 降级,买入 CDS 或卖出 Spread 以求风险对冲,哪怕价格上割肉让利,或者止损交易。

举例说明,有一 CDS 交易对手,买入某一 UA 的 CDS,相当于卖出某一 UA 的 Spread,年息为 2%(季付 0.5%)的 5 年期 CDS;2 年后这个 UA 的年息只有 1%,于是这个 CDS 交易对手又卖出同一 UA 的 3 年期 CDS,相当于买入同一 UA 的 Spread,结果是,这个 CDS 交易对手不仅获得前 2 年合计 4% 的收益,而且以后 3 年每年可无风险收益 1%,3 年合计 3% 的无风险收益,总计获利 7% 收益。反之,如果因为 UA 信用或利率市场发生不利变化,2年后这个 UA 的年息增加到 4%,这个 CDS 交易对手,为了对冲风险又买入同一 UA 的 3 年期 CDS;结果是,这个 CDS 交易对手前 2 年挣得 4% 收入,以后 3 年每年亏损 2%,合计预亏 6%,实际亏损 2%。

3. 大而不倒

长短利差在发达国家的资本市场上属于正常利率状态,只有到了金融危机或重大经济问题时,长短利差才会发生倒挂,在 2008 年美国金融危机时长短利差才会消失,发生倒挂现象。在中国为代表的非发达国家利率市场上,因利率市场化深度不够,长短利差倒挂是常态,因此无法开展 CDS 正常交易,往往流于形式。

因 CDS 采取规避风险的增信原则,在 VM 上只是给予作为风险管理的 CDS 一个交易市场,使 CDS 可以风险对冲与风险套利,并基于理论上的长短利差。作为名义上的增信者,Spread 持有人或 CDS 卖方却无法逃避长短利差或 CDS 交易市场的消失风险。于是,CDS 卖方只能加大持有 Spread,加大风险持有,从而实现"大而不倒"的非市场结果,以至于产生德意志银行持有 CDS 名义资产(OCE 价值)达到 50 多万亿美元,但最终于前几年不得不以 78 亿美元与美国证监会(SEC)协议和解的结果。

四、Retail & Wholesale 机制与 R-ABS 机制

只有当 Spread 作为交易对象转移而形成 RA,Spread 的 VM 才取得了创造价值的基本条件,才可以进入 Retail & Wholesale 机制,进而运行 R-ABS 机制,才能真正达成增信的 VM。Retail & Wholesale 机制是 VM 的基础部分,R-ABS 机制则是 VM 的完成部分,两者分属增信的不同阶段与不同形式。Retail & Wholesale 在前一阶段,R-ABS 机制在后一阶段;Retail & Wholesale 机制是 R-ABS 机制的前提条件,R-ABS 机制是 Retail & Wholesale 机制的追求结果;Retail & Wholesale 机制属于 CEA 形式,R-ABS 机制属于 CEE,两者互相结合,构成了 SP 的增信 VM 的全部内容,其所包含或承载的 VM 精髓或科学机制,则是形成 100% 的 RCR 抵御 RDP 的数学模型。

1. Retail & Wholesale 机制

从本质上讲，Spread 的 Retail & Wholesale 机制，无论是 ARR 现金化，还是 CI 产品的 Spread 定价，均应由 CEC 或 RAMC 提供，应该是在 SP 的增信对 Spread 进行 VM 的基础部分。众所周知，从 FIS/Bond 中转移 Spread，在价值上远小于 FIS/Bond；按照 ARR 定价机制，则会陷入"零和游戏"。每个年度从 FIS/Bond 中转移的 Spread 及其演变的 ARR，基本上很难盈利，因为基于 PD 或 CR 的统计或信评的 Spread 与 ARR 的年度利息持平。否则，要么 Spread 本身定价不准，要么定价准确的 Spread 在转移时发生价值变化，Spread 因此将失去价值功能。如为 NSA，尽管机构定价比 Spread 要高，但 NSA 的 RDP 波动更大，可能某个年度或某个机构的 RDP 所带来的违约损失远大于 Spread 的预期定价，NSA 的 ARR 据此同样难以产生盈利。因此，Spread 的 VM，其基础部分是 Retail & Wholesale 机制。不仅 SP 的增信要打破 ARR 的"零和游戏"，不再刻意追求 Spread 的时间价值，坚守 Spread 的空间价值，并以 Spread 固有价值在 RFIR 市场中寻求时空价值，创造增信价值，而且在管理时间（MT）中创造边际收益（MI），则是 VM 的精髓。

1）Spread 价值转移机制

SP 的增信，可为 Spread 的 Retail & Wholesale 机制提供两个方面的 VM：一是将资方或银行对 Spread 创造的时间价值 ARR 进行还原，但还原的 Spread 价值却比原来基于 PD 或 CR 的 Spread 价值要高，因此可为 SP 的增信创造空间价值。二是 FIS/Bond 持有人在卖掉 Spread 后等于持有 RFIR，却仍有远高于 RFIR 的价值作为 SP 的增信回报。这种厌恶风险的 FIS/Bond 投资者，则是全球成熟资本市场上的主流投资者，SP 的增信也因此会深受全球成熟资本市场的青睐与热棒。因此，Retail & Wholesale 机制中的 Spread 价值转移机制是 Spread 的 VM 重要构成。

2）零售机制

基于零售市场竞争激烈，尽管可以取得较高的市场份额，但很难绝对垄断；否则，反垄断法利剑封喉。Rocket Companies，如同蚂蚁科技或京东数科，以其科技力量成为美国 Mortgage 市场上最大份额取得者，占有 12% 的市场份额。但 Rocket Companies 仍保持零售机构地位，将 Mortgage 卖给批发商或 R-ABS 的 2F America，在破局 ARR"零和游戏"基础上获得零售利润，且不再承担 Mortgage 的资产风险。除了零售科技因素，导致 Rocket Companies 做大零售市场的因素包括：

其一，存在 Mortgage 批发商，2F America 或其他发行 MBS 的投资银行，使其具有充足资金可以源源不断地制造 Mortgage；否则，2F America 的孤版行将消失。这是最为关键的因素，因为 2F America 具有 GSE 性质，获得了美国 NSC 的支持。

其二，具有竞争力的 Mortgage 定价能力 Spread，却是来自批发商的 2F America。因为其他投资银行发行的 MBS 及其定价，依赖于 2F America 的"外部增信"所给予的资产定价。如果不具备价格优势，即便具有成熟的零售科技能力，也不具备市场竞争力，因为市场竞争，就是成本竞争，定价竞争。

其三，如果 Rocket Companies 兼任批发，或者 2F America 兼任零售，或者批发机构兼任零售机构，形成庞然大物，比如 Facebook，阿里巴巴及其蚂蚁科技，不仅会产生道德风险，更具垄断风险，定会遭到反垄断法的肢解。否则人类将被技术所统治，被一小撮控制技术的人所统治，无论金融人权，还是其他基本人权，都将消失得无影无踪。

因此，在美国的 Mortgage 零售商非常众多，均可因 Retail & Wholesale 机制打破 Mortgage 的 ARR 定价机制而获利，当然都在批发商给予具有竞争力的优惠利率条件下取得的。

3）批发机制

即使 2F America，受制于反垄断法，两家 Mortgage 批发机构也只占有不到 60%（平均不超过 30%/家）。2F America 与几百家投资银行共享 Mortgage 批发市场，一方面取得了反垄断法的效果，另一方面竞争过度导致风险资产 VM 失当，最终在 CDS 交易对手风险助力下引发了 2008 年美国次贷危机。

2F America 是具有特殊目的的 Mortgage 资产的 AMC,因为获得美国 NSC 的支持,成为美国 Mortgage 市场利率的执行者或体现者,因此具有 GSE 性质,成为 R-ABS 的全球孤版。由此可见,即使 Rocket Companies 具有再大的市场份额,也无法兼任 2F America 的批发商地位。因为不具有 GSE 性质,也就无法获得可持续的资金来源。否则可能连零售市场的份额都难以保住。

2. R-ABS 机制

增信运用外部管理拟制人,则可视为 BT 的自然延伸。无论是 SPV,还是 SPC,对于外部管理拟制人这种特殊目的载体,应该从以下几点进行认识:

第一,SPV 或 SPC,与公司法人一样,均归属于拟制人。

第二,SPC 是 SPV 翻版,前者以优先与次级权益构成 SPV 的不同层级权益结构,后者以债权与股权构成 SPC 的不同层级权益结构。

第三,SPC 与公司法人有所不同,因具有特殊目的而可为政府支持企业(GSE),并不受限于资本杠杆。

第四,随着不受资本杠杆限制的 AMC 产生,SPC 则转化为 AMC,但只属于发起式上市的 AMC,并且具有特殊目的的上市 AMC,如同 SPV 所形成的 ABS。

第五,因 SPV 与 SPC 的特殊目的不同,ABS 可分为 G-ABS 与 R-ABS。

3. 坚守 Spread 固有价值

1) 时空价值有效结合

基于 Spread 是基于 PD 的空间概念,ARR 定价机制看似创造 Spread 的时间价值或超额利润,却实为人类贪婪本性/弱点所导致的低级错误,属于融资双方的"零和游戏"。以往增信站在资本方立场,希望在 CI 中收获 Spread 的时间价值或超额利润,结果却是知易行难,基于 CI 特征又将产生对 Spread 的 VM 所实现的降低融资成本这一特殊目的,有利于促进或改善金融人权。增信正处于难以为继而处于被抛弃的边缘,甚至已改头换面为"衍生产品"。如果专注于 Spread 的空间价值与 CI 时间价值的有效结合，并在时空转换中对 Spread 进行有益的 VM，可以达到融资各方利益与增信各方利益的多赢局面，即由参与融资增信的各方共享 Spread 的时间价值或超额利润。

SP 的增信与资方或银行最大区别在于，没有 Capital 却可因 SP 的增信获得 Spread，如同 CDS 所称"无本万利"。因此，SP 的增信无需如同资方或银行，不仅无需追求 Capital 的时间价值即 RFIR，而且无需追求 Spread 的时间价值，并避免因追求时间价值所形成 ARR 的"零和游戏"。SP 的增信，即使还原 Spread 所取得的空间价值或剩余价值，并避免了 ARR "零和游戏"，但是如果没有 MT 配合，即使 NSA 的机构定价因高于市场定价，不仅 ARR 产品的剩余价值可能在 RDP 的冲击下而消失，而且没有什么剩余价值可以积累去抵御 RDP 的冲击。

因此，保持并积累 Spread 的空间价值，需要 MT 的支持与配合，特别是 CI 产品所提供的 MT，可为 Spread 空间价值积累巨大的价值，足以抵御 RDP 的冲击。SP 的增信对 Spread 进行有效 VM 的关键在于获得 MI，前提条件如前所述，就是 MT。即使还原 Spread 所取得的空间价值或剩余价值，可以计提由 Spread 确定的边际成本（MC），将还原 Spread 所取得的空间价值或剩余价值作为当期利润入账。

在 MT 的支持下，当期利润可以在 MT 中积累成为巨大价值的 MI，直至 MI 累计价值可大于 MT 期满后每年所可能兑付的、即使在 RDP 冲击下所形成的违约损失，也就是所谓的 1＞100 数学模型。这种违约损失应该远大于当初计提的 MC，却在 MT 的支持下所累计的 MI，在价值上完全可以抵御 RDP 冲击，可以赔付一切违约损失，从而完全实现 CELL。因此，MI 不仅仅是指还原 Spread 所取得的空间价值或剩余价值，或者当期利润。即使 Spread 产品化也可以获得当期利润，拥有所谓 MI。其实，真正的 MI 在 MT 支持下可以抵御 RDP 冲击，可以赔付 100% 违约损失的 MI；反之，这个 MI 又将支持 RBS/CEC 的股价，使 RBS/CEC 的股票投资者获得巨大收益。

2）管理目标（MG）与 特殊目的

基于 MT 的 MI，还需建立管理目标（Management Goal，MG）。SP 的

增信，有关 VM 及其 MG，可以分为如下三个部分：其一，基础目标，就是以 100% 的 RCR 抵御 RDP，对 UA 或 NSA（FIS/Bond）实现终极增信，无论 FIS/Bond 有无 CR。其二，常态目标，就是对 FIS/Bond 完全实现 CELL，无论是 UA，还是 NSA。其三，根本目标，就是降低 Spread 或融资成本。

SP 的增信，对于不具 CR 的 NSA，无论是基建融资（FI），还是个人融资（FP），才更体现了 MG 的根本，降低 Spread 或融资成本。如果说，CEE 的 2F America，直到目前为止仍然是全球孤版，那么，SP 的增信必将服务于 2F Global 及其 AMC，并为其提供低成本资金，并替代 2F America，以此可以表明以市场化信用支持的 SP 的增信，必将取代美国 NSC 支持的 GSE。

第八章
SP：全球信用基础

SPREAD,
IT'S PARTED &
VALUE MANAGED

利差增信的价值管理
——开启财富之天眼

第一节　信用基础

一、今生今世

　　信用基础是指支撑起货币及其金融体系、资本市场的客观基础。其实，信用只属于主体为主体信用，即使产品信用也来自主体信用。只有主体信用标准化、客观化为信用等级（CR），才使（主体）信用具有了客观性质。尽管 CR 也是由评级机构给予的，却是目前全球资本市场可以普遍接受并以此为衡量主体信用的客观标准。因此，信用基础来自 CR，最高等级的 CR 属于美国 NSC，由此支撑起美元或美元霸权（Top Chips）与美国国债，及其信用产品、衍生产品等各种金融产品所构成的金融体系与资本市场。由此可见，美国 NSC，或者 Top Chips，则是支撑起全球金融体系与资本市场的信用基础，这是目前世界金融界普遍认同的理念。

　　但是，信用基础或 Top Chips，并不是生来就是属于 CR 或美国 NSC。信用基础，从早期的具体物质形态（如羽毛、奇石等）到贵金属，到金或银的单本位制,或者金银双本位制,最终再到 CR 及其国家 NSC。除了各种物质形态的变化,信用基础还受制于习惯或信念,无论是不自觉的习惯,还是强加的或被灌输的信念,这也就解释了人类早期为何同一时代的不同国家与地区运用不同的具体物质形态作为货币;又为何人类发展到一定阶段或一定时期均会采用贵金属,甚至金或银作为信用基础,又为何近现代国家均采用以金或银的单本位制或金银双本位制为基础的纸币(代币),由行为习惯向思想信念不断加深转化,理智化的思想信念,无论是自觉接受,还是潜移默化地被教育或被灌输,成功地替代了古老的行为习惯,最终形成了全球资本市场/金融体系的信用基础。

特别是 19 世纪初近代国家产生后,国家作为思想信念的实践产物,国家信念有意无意地渗透并深深地根植于人们思维中。经过第一次世界大战和第二次世界大战,国家信念或国家意识得以强化,特别是第二次世界大战后美国 NSC 得以迅速加强,尽管美国于 18 世纪立国之初以宪法或法制力量监督、制约并分解国家权力,如同当时先哲们均把国家作为人类自我异化的产物,必须把国家权力关进法律笼子里。

在货币及其金融体系、资本市场上,国家信念直接反映为 NSC,因拥有 NSC 而拥有印钞权或货币发行权,在一国货币基础上,通过法律规范建立起一整套金融体系与资本市场,用以适应国家社会经济发展。NSC 成为一国最高等级的 CR,由此成为创立一国货币及其金融体系、资本市场的信用基础。无论 NSC 如何演绎,也不论信用基础究竟为何,其实只有不到半个世纪的 NSC 历史,未来短则十年,长则几十年,也许会"人事皆非",可谓是三十年河东,三十年河西。

二、美国 NSC 与 Top Chips

现行全球金融体系和资本市场是建立在以 Top Chips 为代表的美国 NSC 之上,即以美国 NSC 为基础的 Top Chips 支持或支撑起全球金融体系和资本市场,主要包括货币市场、汇率市场、利率市场、债券市场、衍生产品市场、金融期权市场等。美国 NSC 是建立在并维持于第二次世界大战后美国占取全球最大进出口大国以及占有全球 40% 以上 的 GDP，美国难以望其项背的高科技技术，以及美国独霸全球的军事力量，成为全球政治、经济、军事、科技的"绝对霸主"，并通过 1944 年布林顿森林条约规定美元黄金挂钩的金融体系来实现的。

  Top Chips 建立的前提是，1944 年布雷顿森林条约中规定了美元与黄金挂钩，并于 1971 年美国宣布美元与黄金脱钩这一历史机遇。20 世纪 70 年代美国执掌全球经济之牛耳，又因东西方冷战需要美国全球强大的军事力量保护，脱离黄金的美元自然形成全球性的基础货币或顶层货币，即一切货币均建立在 Top Chips 管辖之下。Top Chips 又主要体现在美元的三种状态：石油美元、美债美元与汇兑美元，从而使美元成为全球通用货币，相当于世界货币。

  石油美元是指石油输出国组织（OPEC）于 20 世纪 70 年代美元黄金脱钩后，石油交易均以美元挂牌定价交易。这不仅使石油作为现代工业的最大宗资源性物资即能源，在为美元背书后取得"黑色金子"称号，而且使美元成为全球最大交易货币。美债美元是指以最高 CR 的美国国债为代表的美国债券，包括"两房债"、地方政府债，及其他 CR 高、流动性强的美国债券。这不仅使美债在全球化发行交易过程中可以"剪羊毛"获利甚至摆脱金融危机，而且使美元成为全球最大储存货币，可以获得巨大的"筹币税"。汇兑美元是指美元是国际汇兑平台或市场（SWIFT）的基础货币，一国货币必须先与美元兑换后方可兑换成他国货币，及其美国对 SWIFT 的管控，用以维护美元霸权地位。

  无论是石油美元，还是美债美元，抑或是汇兑美元，作为 Top Chips，均为全球货币体系的顶层货币，无论美元黄金脱钩后全球金融的"无奈"，还是美国金融精英们孜孜以求的"阴谋"，近半个世纪以来全球金融体系和资本市场无法摆脱美元的"魅力"，并随美元而起伏跳动。在维护 Top Chips 的各种工具政策中，美国的三大国际信用评级机构则是不可或缺的。美国于 20 世纪 70 年代美元黄金脱钩后，把三大国际信用评级机构的评级体系列入美国国家标准化委员会，以美国 NSC 为三大评级体系背书，从而维护了以 Top Chips 或美国 NSC 为支撑的全球金融体系和资本市场。

三、替代品

应该说,全球金融体系和资本市场是以 Top Chips 为基础的,而 Top Chips 则是以美国 NSC 为基础的,美国 NSC 则是通过三大国际信用评级机构给予最高的 CR。如前所述,在最高 CR 与较低 CR 之间,可以通过 CDSspread 数学模型计算出 Spread 的相应对价,CDS 增信可使 FIS/Bond 由 RRI 转化为 RFIR,也可达到最高的 CR,犹如美国 NSC 的信用担保,甚至高于非发达国家的 NSC。因此,Spread 转移所形成的 CDS,即使以信用定价而转移,CT 也可为 UA(FIS/Bond)进行增信,虽为 CEA,或者属于为附条件的 CELL。

CDS 只是将 Spread 作为交易定价而转移,秉承了一贯的信用学说,即以主体信用或国家 NSC 作为全球金融体系的信用基础,或者以 Top Chips 为代表的美国 NSC 为全球金融市场的信用基础。这样,CDS 也因此受制于三大国际信用评级机构,不会对以 Top Chips 或美国 NSC 为全球金融市场的信用基础构成实质性威胁。于是,CDS 便于 21 世纪初开始盛行,直至 2008 年美国金融危机来临前达到了顶峰。

其实,尽管 CDS 以信用保护为交易对象,Spread 仅为交易定价而转移。但是,95%左右的 CDS 交易量是作为风险套利的,即 Spread 买卖,只有不到 5%的 CDS 交易量是作为风险对冲。因此,Spread 买卖是 CDS 交易的本质,应该是 CDS 的交易对象。特别是 2009 年 ISDA 的改革版 CDS,更是明确了 CDS 交易流转就是 Spread 买卖流通,交易对手风险则转移到 CDS 清算所或交易中心,因此才有了改革版 CDS 的"担保品"名义之争,实质上是 CDS 的资本杠杆限制之争。但从根本上讲,改革版 CDS 泄露了 NSC 的替代品 Spread 这一天机,Spread 及其转移管理,Spread 管理将从 CEA 走向 CEE,NSC 终结日已经不远了。

实际上,早在 20 世纪六七十年代,2F America 已经树起了 Spread 及其转移管理,或者 CEE 的历史大旗,Mortgage 所含有的 Spread 在 2F

America 中得以在不同层级权益（股债权益）之间合理分布，从而产生了"两房股"对"两房债"的 CEE，无需引入 MBS 的所谓"外部增信"来对不同层级权益（优先级证券与底层证券）进行定价，或者在不同层级权益之间合理分配 Spread。然而，以 Spread 为基础的 CEE 却无奈地与信用之说，或者主体信用，或者美国 NSC 格格不入，2F America 也只能成为 CEE 的全球孤版。

第二节 "革命年代":2009 年

一、内在矛盾

1. 美国 NSC

美国 NSC 创造了以 Top Chips 为基础的全球金融体系与资本市场，在辅之于信用评级体系之后，每个国家的 NSC 尽管也可以创造或支撑起各个国家和地区的货币、金融市场与资本市场，却不可能具有最高的 CR。因此，世界上各个国家和地区的货币、金融市场与资本市场，要么没有独立存在的必要，要么仅为全球金融体系与资本市场的分支，抑或与全球金融体系与资本市场隔离，实行外汇与资本项下的行政管制。

一国可以 NSC 创造货币、金融市场与资本市场，却可能因属非发达国家的 CR 低下，使其在全球金融体系与资本市场上的融资成本较高。比如，中国国家主权信用只有 A 或 A−，比有些中国金融机构或企业集团的 CR 还低，因此融资成本比较高。从理论上讲，一国国家的 CR 应该比一国内部金融机构或企业集团的 CR 要高，而且拥有货币发行权，PD 应该相对比较低。

实际上，一个国家的 CR 却因此存在令人难堪的矛盾现象。这种矛盾现象不仅导致一国金融机构或企业集团在金融方面或融资方面更多地依赖国际资本和全球市场，而非国家内部的金融体系与资本市场，而且导致一国内部的一级资金批发市场或 RFIR 市场的内在矛盾。如果一国金融机构或企业集团的国际融资成本低于一国内部的 RFIR 市场,必然不会参与或积极参与一国内部的 RFIR 市场,可能导致一国金融政策或金融工具的失灵无效或效率低下。但是,无论如何,一国的 NSC 却创造着货币,可以偿还本币所有债务而不会产生违约现象。

然而,在一些国家或地区或民族部落看来,掌握了国家政权,便拥有了 NSC,拥有了印钞权。因此,无论合法非法,也无论武力与否,对于一小撮野心家来说,争夺国家政权是无本买卖,或者是一本万利,即使风险再大,头可断血可流,在所不惜。也许,这种落后自私的政治理念正好符合了 Top Chips 的顶层设计,成为维护和巩固 Top Chips 的必要因素。从这个角度看,非发达国家和地区的各种区域冲突,或者国内政变,均为了掌握所谓"印钞权",从而又沦落为信用差的非发达国家和地区,这种恶性循环也正好符合了信用理论,及其 Top Chips 所需的现实条件。

2. RFIR 市场

美联储及其几百个成员机构,构成了美国的一级资金批发市场或 RFIR 市场,也是全球性的 RFIR 市场。美联储与美国财政部先通过美国国债及其基准利率对 RFIR 市场各个成员批发美元现金与利率资产,然后再由各个成员在全球资本市场上完成零售业务,目标是维护和扩大 Top Chips。无论是美国国债,还是美国金融机构债券,抑或是美国企业集团债券,均可为最高 CR,哪怕一国国家的 CR 也可能望尘莫及,特别是非发达国家和地区的 CR 更低或融资成本更高,两者不可同日而语。

这样,美国的金融政策与金融工具,对于非发达国家和地区来说,只要通过个别金融机构和企业集团的零售业务就可以实现,根本无需美国国家金融监管机构出面解决。因此,美国金融机构和企业集团可以凌驾于非发达国家的金融监管机构之上,对非发达国家的资本市场发号施令。对于非发达国家而言,NSC 在国内资本市场上属于最高 CR,但相对于替代品 CDS,又显得非常矛盾。由于在非发达国家中有些金融机构和企业集团 CR 与 NSC 一样,甚至超过后者。作为 Spread 转移,CDS 增信后的 FIS/Bond 同样可以成为 RFIR 产品,RFIR 产品在国内资本市场上的定价却远高于国际资本市场,但到期国债作为 RFIR 产品却在这两个市场上表现一致。

3. NSC 泛滥与货币超发

对于选举产生的,需要对选民负责的行政管理者来说,当经济发展时,社会财富得以壮大,发行相应货币用以适应社会经济发展,无可厚非;但是,当经济发展受挫时,或者社会财富萎缩难以成片时,选择超发货币则是必然,"金融懒政"应是当届政府最好的选择,既可在短期内对选民负责,又可摆脱经济危机带来的社会矛盾激化。就目前全球政府来说,货币超发则是应对社会危机与经济发展困境的最佳手段。无论是美国,还是欧盟,抑或是日本,货币超发不可避免,中国更是每年按 14% 速度超发人民币(M2)。原来超发货币所产生的通胀预期并未产生,各个发达国家和地区却迅速投入了负利率怀抱,祸福相依却势不可挡。

二、"革命"年代

2009 年,是对 NSC 开始真正挑战的一年,是从理论挑战走向实践挑战的元年,也就是"革命"年。在这个伟大的"革命"年里,理性而进化的人们便以"三支利箭"直接射向 NSC 命门,令 NSC 难以抗拒,甚至面目全非。"三支利箭"便是虚拟货币、改革版 CDS 与负利率。Spread 则综合了这"三支利箭"的各个特征,利用市场交易的信用支持、尽管形式上还是信用交易,在 RFIR 为零的条件下正替代着 NSC,支撑起一个崭新的金融体系。可以预言,在未来 10 年内,Spread 将直击 NSC 或 Top Chips,现行全球金融体系和资本市场必将分崩离析,逃脱不了"一甲子"命运。

1. 虚拟货币

1) 比特币

对国家 NSC 或 Top Chips 发起挑战的,首推于 2009 年 1 月 5 日正式诞生的比特币(Bitcoin)。根据欧洲银行业管理局对作为虚拟货币的 Bitcoin 进行精准定义,从定义中可以得出三个主要特征:其一,Bitcoin 不由央行或当局发行,也不与法币挂钩,但公众接受其作为支付手段。其二,

Bitcoin 的价值由数字化表示,可以电子形式转移、存储或交易。其三,Bitcoin 总数量非常有限,无法随意产生,具有极强的稀缺性。Bitcoin 是一种无形的加密虚拟货币,点对点的传输意味着一个去中心化的支付系统。与法定货币不同,没有 NEC 支持,也没有国家特定的货币发行机构,摆脱 NSC 支持改由市场信用支持。

Bitcoin 没有一个集中的发行方,却由网络节点的计算生成,谁都有可能参与制造,而且可以打破货币国界与外汇管制在全球流通,可以在任意一台接入互联网的电脑上买卖,不管身处何方,任何人都可以挖掘、购买、出售或收取,并且在交易过程中外人无法辨认用户身份信息。Bitcoin 是一种数字货币,由计算机生成的一串串复杂代码组成,新的 Bitcoin 通过预设的程序制造。

但是,Bitcoin 作为一种虚拟货币,应归属于横向的多维空间,而不是属地的单维世界。因此,Bitcoin 及以其为基础货币的虚拟货币,应该更注重场景应用,而非本身价值或变身另类 IPO,甚至为强盗时代的"维京币"。当然,这种"维京币"也是人类弱点的历史表现形式,只是虚拟货币初级阶段的必然产物,如同近代民族国家正式成立前。据此,作为虚拟货币的代表,Bitcoin 及以其为基础货币的虚拟货币体系,如能找到最大的交易场景,定会别有洞天。

2) Libra

与 Bitcoin 具有同等影响力的,属于 Libra。Libra 是一种不追求对美元汇率稳定,而追求实际购买力相对稳定的加密数字货币。作为虚拟货币,Libra 首现于脸书公司于 2019 年 6 月 18 日所发布的 Libra 白皮书,最初将由美元、英镑、欧元和日元 4 种法币所计价的一篮子低波动性货币资产作为抵押物,并与一篮子货币的存款或政府债券挂钩。Libra 的强烈愿景是,集稳定性、低通胀、全球普遍接受和可互换性于一体,推行所谓金融普惠,主打支付和跨境汇款,最终成为全球数字货币。

作为全球虚拟货币,Libra 有潜力向脸书公司既有的 24 亿用户群开放,促使他们在全球范围内采用 Libra 开展交易。Libra 只是全球首家大型网络巨头发起的虚拟币,其他大型金融科技企业,包括 Visa、Mastercard、

PayPal、Uber 等机构都已参与其中。可以预计，基于脸书公司在全球拥有 24 亿社交网络基础，Libra 的推广速度不会亚于微信春晚摇号红包的推广速度。

但是，Libra 与 Bitcoin 的最大区别在于，尽管 Libra 拥有资产支撑而更符合芸芸大众的思维习惯，但是却丧失了虚拟货币独立于法定货币这一本质特征，因此很难认同 Libra 属于虚拟货币这一概念。尽管如此，Libra 还是因为摆脱了美国 NSC，遭到美国政府强烈抵制。2019 年 7 月 17 日，美国众议院金融服务委员会举行有关脸书公司 Libra 的听证会。2019 年 9 月 14 日，据路透社报道，法国财政部表示，法国和德国已经同意抵制脸书公司的 Libra。紧接着，2019 年 10 月 5 日，PayPal 宣布放弃参与脸书公司的 Libra。同月，外媒报道以法国为首的欧盟五国正联手抵制 Libra 进入欧洲市场，还准备要求脸书公司放弃 Libra。

其实，Libra 致多配置于脸书公司的 24 亿用户群，所形成的是与法定货币挂钩的支付币，相当于在国际支付领域取代了几十年的 SWIFT，并以 SWIFT 名义发行基于法定货币的清算货币或数字货币，或者在国内个人支付领域取代 PayPal。就 Libra 本身来说，它并不具有货币特性或者货币的金融逻辑基础，这是 Libra 作为虚拟货币的最大死角。

可以判断，在未来的虚拟货币中，Libra 并不是 Bitcoin 的替代品，也不可能战胜 Bitcoin。Libra 在市场竞争中可能只是昙花一现，甚至不排除有意引导虚拟货币走向歧途的幕后操纵者。由此看来，Libra 与 Bitcoin，虚拟货币最终花落谁家，以时间为证。

3）数字货币

数字货币（Digital Currency，DIGICCY）欲将虚拟货币纳入其所谓"势力范围"，并企图包容或取代以 Bitcoin 为代表的虚拟货币。其实，DIGICCY 只是改变了法定货币的物理形态，并未改变法定货币的本质，即属于 NSC 支持的货币。在以 Bitcoin 为代表的虚拟货币强烈挑战之下，法定货币技术拥护者世故地抛出了数字货币，以混淆虚拟货币"泽而渔利"。

其实，数字货币，仅以物理形态改变法定货币，在现代货币历史上已经不是第一次了。电子货币其实早已于 20 世纪 70 年代已经推出，并取代了作为国际清算货币的大额美元。现在日本、中国、欧盟等国家和地区开发数字货币，只是希望削弱 Top Chips，或者取代 SWIFT，却并不想对法定货币进行"革命"，或者根本无意"革"取 NSC 之"命"。

数字货币绝不会摆脱法定货币的历史命运，也不可能取代以 Bitcoin 为代表的虚拟货币，只是对 Top Chips 发起了强烈挑战，希望改变近半个世纪来的以美国 NSC 为基础的全球金融体系和资本市场。无论是以 Bitcoin 为代表的虚拟货币，还是基于法定货币的支付兑换币 Libra，抑或是本身就是法定货币的物理替代币数字货币，均反映了主体信用或 NSC 作为全球金融体系和资本市场的信用基础的时代即将终结，这是大概率的不可逆转的历史进程。

2. 改革版 CDS

基于 CR 并对其进行信用定价的 Spread，及其与 CR 的定价关系中，通过 CDSspread 定价模型为 UA/OCE（FIS/Bond）进行增信，成为增信的价值基础，并在取代 NSC 方面取得同等担保效果，即 FIS/Bond 经增信，可以转化为 RFRI。由此看来，CDS 俨然成为 NSC 担保的替代品，并以此确立了 CDS 在全球金融体系和资本市场上的信用地位。

但是，基于 CDS 沿袭了 FG 的信用担保或信用交易模式，Spread 只是作为交易定价而转移，必然产生交易对手风险。而且，Spread 作为增信的价值基础，却难以抵御 RDP，有可能使 CDS 卖方或交易对手成为最后担保人而承担无限责任。并且 CDS 的交易对手风险有可能引爆金融机构的系统风险，事实上也已引爆了 2009 年美国金融危机。于是 2009 年 ISDA 提出了改革版 CDS，实质上是通过交换 CDS 协议，将 CDS 清算所或交易中心作为 CDS 交易平台，交易对手风险便可随交换 CDS 协议而转移到 CDS 清算所或交易中心，更加明确了 CDS 作为交易产品交易流转其实就是 Spread 交易，而非信用保护买卖。因此，尽管 2019 年美国总统特朗普以总统令废除了改革版 CDS，但 CDS 在负利率时代已经失去了风险套利的交易环境，不可能重返 2007 年的辉煌。

可以说，改革版的 CDS 不仅如同原版 CDS 一样只是 NSC 的替代品，而且直接剔掉了增信基础所赖以存在的主体信用，并以 Spread 作为交易对象进行转移,直接成为增信的价值基础,CDS 因此获得了未来生存与发展的机遇,可以向以 Spread 为交易对象的 RBS 转化,由此可建立以 Spread 为信用基础或"数字黄金"为物质基础的全球金融体系与资本市场。图 8-1、图 8-2 显示了改革前后不同 CDS 交易流转的对象,尽管都是 Spread,但改革前的 CDS 较为隐蔽,改革版 CDS 则更为明显。

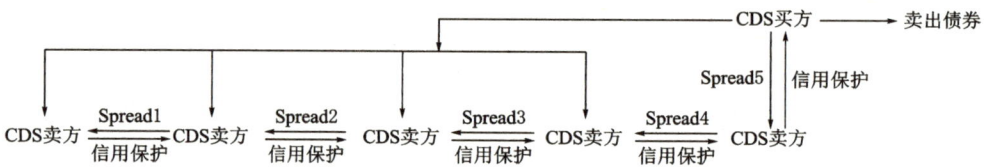

* CDS 卖方收到 spread5,根据长短期利差进行交易,可不断流转到 CDS 卖方 4,或 CDS 卖方 1 进行套利交易。因此,CDS 交易实质是 spread 在流转交易。
* CDS 买方买入 CDS 增信其持有的债券,使其成为无风险利率产品,只有当其卖掉债务,可能成为 CDS 卖方。

图 8-1　CDS spread 交易图

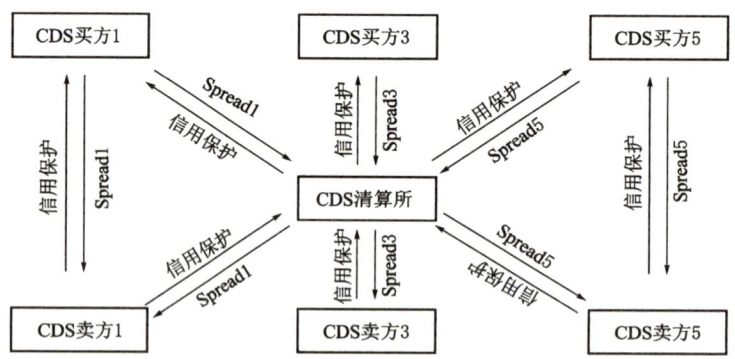

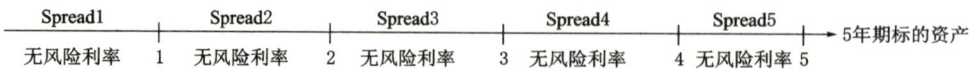

图 8-2　2009 年 ISDA"改革版 CDS"

3. 负利率

负利率率先于 2009 年在瑞典产生，欧盟于 2014 年、日本于 2016 年也相继推出负利率，美联储也于 2019 年年末正式承认，美国基准利率正在接近负利率。负利率意味着大部分发达国家的银行存款不但没有利息，而且开始收取存款管理费。基于银行存款负利率，2020 年英国、欧盟等发达国家和地区均发行了负利率或零利率债券。由此可见，大部分发达国家所拥有的全球统一的金融体系与资本市场，正式迈入了负利率时代。

自 2009 年以来的 10 来年里，各个金融学家，包括中国各个金融机构，均认为负利率是暂时的且有条件的，因此断定负利率会很快消失。美联储则静观其变，不想一等已过 10 来年，今年也不得不宣称"接近负利率"。中国财政部也于今年 11 月在欧盟发行了负利率的国家主权债。其实，负利率时代的来临是信用历史发展的必然。因为在主体信用时代，全球化的倒置信用结构直接促成了负利率。国家信用泛滥导致货币超发，具有 CR 的企业与机构则大量利用融资工具催生了虚拟金融或经济空心化，商业银行因缺少信用贷款对象，或者贷款给非标资产又导致风险过大，管理成本过高，99% 的人却因不具备 CR 而无法融资，由此形成的全球化的倒置信用结构，表征着以主体信用为支持的金融体系开始崩塌，资本市场必然走向负利率时代。

第三节 风险聚核为信用基础

一、信用基础形成要素

金融体系是由各种金融机构与金融产品（信用产品）所组成，产品信用来自主体信用；作为 NSC 的必要产物，国家及其政府机构是特殊信用主体，并创造金融机构共同构成一级资金批发交易市场即 RFIR 市场，再由金融机构与市场主体构成二级资金零售交易市场即 RRI 市场，由此构成了以 NSC 为信用基础所支持的一国金融体系。美国 NSC 及其 Top Chips 不仅构成了美国金融体系的信用基础，而且因美国金融体系作为全球金融体系的代表,又成为全球金融体系的信用基础。

在信用货币时代,尽管以 NSC 作为金融体系的信用基础已近 50 年,但 CDS 的产生,特别是改革版的 CDS,让人看到信用定价或风险定价的 Spread,不仅可为信用或风险进行定价,而且 Spread 转移(SP)可以产生增信功能,将 RRI 调整为 RFIR,因此具有与 NSC 一样可以创造 RFIR,及其 RFIR 市场与 RRI 市场,同样可以支撑起由 RFIR 市场与 RRI 市场组成的另类金融体系。因此,基于 PD 或 CR 的 Spread,与 NSC 具有异曲同工之处,甚至可以在另类金融体系方面直接取代 NSC,成为另类金融体系的信用基础。

由此可见,既可定价又为资产的 Spread,可视为"数字黄金",可以精准冶炼"成色风险"与"精品价值"。Spread 及其转移(SP),因此可以成为 NSC 的替代物,当然最终必须形成 CEE,成就可以抵御 RDP 的 CEC 或 RAMC。与其说一国货币是一国财富证券化,还不如说一国货币是 Spread 证券化,不仅可以更加精准地反映一国财富的真正价值,更可精准反映一国货币的风险价格,防止货币滥发,保障金融人权。如果说,2009 年为挑战 NSC 的"革命"年,三箭齐发直击 NSC,那么,2019 年美国总统特朗普以总统令取消改革版 CDS,说明了美国 NSC 或 Top Chips 已经危机四伏;Spread 及其转移的 VM,或者 CEC/RAMC 的华丽登场,必将成为击倒 NSC 的最后一击。

1. NSC

从近代国家的概念出现后,站在国家这个法律上的特殊拟制人(法律主体)角度,可以剖析出如下特征。

首先应该说,国家天生具有 NSC,拥有货币印刷权与国债发行权。国际上的强国或发达国家具有最高 CR,美国 NSC 或 Top Chips 曾是、现在仍是全球金融体系和资本市场的信用基础,除非有些国家放弃 NSC。主动放弃 NSC 的现象也比比皆是,比如,欧盟各个成员国,或者被动放弃 NSC,过去非洲一些国家放弃自己的印钞权而运用外币,特别是当时的法郎,太平洋群岛许多国家只用美元。由此可见,NSC 好似天生,其实只是一种政治意识或主观意识,并非客观评级。

其次必须讲,国家在 CR 面前,仍然回避不了高低之分。美英等发达国家的 NSC 具有最高 CR 的,但发展中国家或落后国家的 NSC 却并非如此。比如中国主权信用评级只是为 A,有的国家甚至是没有 CR 的,比如津巴布韦、委内瑞拉等信用破产国家。因此,没有 CR 的国家,尽管拥有 NSC,却没有 CR,因此又回归于没有国家信用。

再次如是说,NSC 在不同的资本市场上表现是不同的。在国内资本市场上,NSC 拥有最高 CR,无论三大国际信用评级公司如何评级;在国际资本市场上,NSC 由三大国际信用评级公司进行评级,无论为何 CR。中国 NSC 更为特别,在国际资本市场上评级为 A,在国内资本市场上评级为 3A,而中国工商银行(ICBC)却在国际资本市场上评级为 2A-,比中国 NSC 具有更高的 CR,虽然其在国内资本市场上与中国 NSC 一样被评级为 3A。

综上,NSC 表面上是天生的,为此政治野心家或军事强人进行了残酷激烈的内部争权及其政变,尽管名义上打着"公平正义""为社会、为人民"的各种旗号。也许,这正中了以美国资本为代表的国际资本集团对于信用管理或 CR 的下怀,国际资本集团可以继续通过国际资本市场盘剥愚昧落后的国家。CR 实际上是建立在国家风险控制之上的,无论是政治风险、经济风险,还是社会风险、军事风险。国家风险控制得好的,成为发达国家,具有最高 CR,属于信用好的国家;国家风险控制得一般的,成为发展中国家,具有较低的 CR,属于信用一般的国家;国家风险控制得不好的,成为落后国家,不具有 CR,属于信用坏的国家。

站在公司法人或金融机构角度看,有的公司法人或金融机构从成立开始便拥有最高 CR,比如亚投行。其实只是因为有资金而无负债,CR 只是各种要素的模拟结果,而且有效期仅为 1 年。但是,依照常理,一个人,无论法人还是自然人,即使再有钱,如果没有发生债务行为或偿债行为,则不具 CR。由此可见,亚投行这种天生的 CR,同 MSC 一样,只是一种政治意识或主观意识,并非客观评级。债务行为或偿债行为,本身就属于风险管理或风险控制。公司法人或金融机构的债务行为或偿债行为,应该属于资管范围,风控则是资管目标。因此,公司法人或金融机构的 CR,应来自内部的风险管理或风险控制,更应来自外部的风险概率或 PD。PD 应是公司法人或金融机构主体信用的基础,并构成了 CR。

2. 基于 PD 的 Spread

违约是指债务行为或偿债行为的不履行或不履约。PD 则是违约概率的简称,或者称不履约概率、风险概率。又基于 PD 可以是风险中等的,也可以是风险随机的,RDP 则是较难控制的,需要大数法则和数学模型等现代技术手段来进行管理和控制。PD 可以是由历史积累的违约数据根据相应主观设计目标而形成,通过各类主体的 CR 来反映;也可以是由现实所汇集的违约大数据经大数法则和数学模型而构成,通过各类产品的 Spread 或 CR 来表达。因此,主体信用客观化而表现的 CR,是基于 PD 或风险概率为基础的,或者来源于 PD。以 PD 为基础的风险定价 Spread,如同保险资产或博弈资产,均为风险资产,是对违约风险及其 PD 的定价。

作为 FIS/Bond 定价,Spread 与 RFIR,或者 Spread 与 Capital 合而为一,承担着对资金风险的定价功能。如与 FIS/Bond 分离或转移,Spread 可以为名义上的信用保护进行定价转移,如同 CDS;也可基于 PD 的风险定价独立为 RA,则为以 Spread 为价值基础的增信,先为 CEA,进而为 CEE,如同 2F America。因此,PD 的主体表现为主体信用及其 CR,价值表现为 Spread。相应的,Spread 又可为主体信用及其 CR 进行信用定价。总之,CR 与 Spread 均来源于 PD,Spread 又可为 CR 进行信用定价,或者直接为 PD 进行风险定价。

PD 既可表现为 CR,也可表现为 Spread;Spread,既可对 CR 进行信用定价而形成信用资产,也可对 PD 直接进行风险定价而形成风险资产。因此,支撑起全球金融体系与资本市场的,既可为 CR,或者国家 CR,或者 NSC,也可为 Spread,补充并完善全球金融体系与资本市场。依据这个思路,仍需要建立如下一些观念:

首先,在 FIS/Bond 中作为定价功能的 Spread,在 CDS 中作为信用保护的交易定价而转移的 Spread,可以经风险定价从 FIS/Bond 中转移出来而独立为 RA,不再仅仅作为交易定价,而是作为交易对象而转移。如果仅为信用保护的交易定价而转移,如同 CDS,只能有条件地实现 CELL。

因为 CR 及其信用定价，Spread 所基于的 PD，只是由风险中性的数学模型所推演的，并不包括 RDP。在 RDP 冲击下，CR 及其信用定价 Spread 无法覆盖违约损失，要么债券投资者为了百分之一甚至千分之几的风险收益 Spread 而损失 Capital，要么 CDS 卖方因为获得 Spread 而赔偿交易价格的债券。CDS 由此而抛弃了增信概念，专注于衍生产品。

Spread 仅因信用定价自身无法抵御 RDP，因为 Spread 只是附属于信用而存在，相对于单一信用主体或信用产品或 UA 而存在，而不能独立存在，尽管 CDS 交易的实质，或者 95% 以上的 CDS 交易是为了风险套利（Spread 交易）。Spread 作为信用的附属品，而非独立资产或风险资产，是难以抵御 RDP 的，更无法以 Spread 完全作为增信价值基础。

其次，Spread 即使作为交易对象而转移，并独立为 RA 而形成 CEA，FIS/Bond 则从 RRI 转化为 RFRI，这也仅仅是 CELL 的第一步，或者附条件的 CELL，仍然无法真正完全抵御 RDP。

CEA 阶段的 Spread，如前所述，是由"风险中性"数学模型所推演的，并不涉及 RDP。但是，作为独立的 RA，却可由 CEA 转化为 CEE，通过 CEE 的 R-ABS 或风险资产管理的 R-AMC，可以量化汇集 Spread，并为了抵御 RDP，可设计出相应的 1>100 的数学模型，即以 1% 价值的增信费用，通过时空转换并量化汇集，可以承兑 100% 价值的 UA/OCE（FIS/Bond），完全实现 CELL。

二、风险聚核

风险聚核是指 Spread 汇集所形成的硬核/核心，并以此作为支撑全球金融体系和资本市场的信用基础。就目前而言，风险聚核是指通过相应机制安排对 Spread 进行汇集，以抵御 RDP 的数学模型作为 VM 的手段或措施，以 SPC 作为法律框架构建 CEE，在降低 Spread 或融资成本的同时，最终实现 CELL。

CEC/RAMC，作为 Spread 或 RRI 进行量化汇集的合法载体，藉此所产生的风险聚核，可以成为支撑起全球另类金融体系和资本市场的信用基础。至于未来，Spread 所具有的既可定价又可作为资产的特性，"数字黄金"前程远大，无论是以 Bitcoin 为代表的虚拟币，还是 NSC 支持的"数字货币"，抑或是兼具兑换与支付功能的 Libra，均无法望其项背。CEC/RAMC，量化汇集 Spread 的相应机制如下。

1. Spread 的 Retail & Wholesale

在剖析 CDS 交易本质与固有缺陷的成因后，我们可以认识到，Spread 应作为交易对象而非交易定价而转移。但 Spread 转移所转化的 RA，基于 RDP 的 Spread/RA 所带来的违约风险，不是增信零售机构持续持有或持有到期所能承受的。确立 Spread 的 Retail & Wholesale，不仅符合了 Spread/RA 的 VM 要求，也是符合了 Spread/RA 为了抵御 RDP 的量化汇集的根本需求。

Spread 的 Retail & Wholesale，可设置 Spread 的 Retail & Wholesale 市场来实现或完成，如同 CDS 清算所或交易中心。Spread 的 Retail & Wholesale 市场在创建初期，可把 Spread 的 Retail & Wholesale 市场与 CDS 清算所或交易中心两者结合起来，Spread 的 Retail & Wholesale 可与 RBS 产品在 GECE 分别交易。Spread 可由交易市场所有会员参与零售交易，所有会员成为 Spread 零售商，零售商购买 Spread，相当于 CEA；在确定条件成就后，比如增信的 Bond 在承销商完成承销业务后，再由零售商统一批发出售给 CEC 或 RAMC。所有参与批零交易的零售商，都将成为无风险获利者或 Spread 套利者。

CEC 或 RAMC 则通过批发购买 Spread，汇集 Spread 于其名下的资产池进行 VM，并以 1＞100 的数学模型抵御 RDP，最终实现 CELL。由此可见，CEC 或 RAMC，在批发购买与 VM 中，创造了 Spread 的剩余价值，不仅是无风险获利者，而且最终由剩余价值所支撑着 CEC 或 RAMC 股价，全部归属于 CEC 或 RAMC 投资者，并由其享有。

2. CEC/RAMC

CEC/RAMC 均为 R-ABS 的特殊目的公司（SPC），具有降低 Spread 或融资成本这一特殊目的，可以形成 CEE、证券流动性较强的法律框架。

G-ABS 或者 SPV 法律框架的 ABS，要么因难以形成 CEE，要么因证券流动性不足，要么难以符合降低 Spread 或融资成本的特殊目的，最终均被 SPC 的法律框架所替代，RBS 不得不转化为 CEC/RAMC。

　　CEC 或 RAMC 应以 Spread 批发商名义购买 Spread 及其转化的 RA，但不可参与 Spread 零售交易即 CEA；CEC 或 RAMC 所批发购买的 Spread，为 1＞100 的数学模型提供基础数据资产，并将其置于、汇集于 CEC 或 RAMC 名下的资产池中进行 VM，为 CEA 及其 OCE（FIS 或 Bond）提供终极增信，在抵御 RDP 的基础上，完全实现 CELL，并达到降低 Spread 或融资成本这一特殊目的。

第四节　Spread 与信用基础

　　CEC/RAMC，作为风险聚核所形成的信用基础，必须建立在 Spread 的 VM，或者 SP 的 VM 的坚实基础上，将设计出的可以抵御 RDP 的 1＞100 的数学模型基立在 SPC 的合法载体之上。CEC/RAMC，作为 CELL 的充分条件，在 CEE 支持下，可以支撑对 OCE（FIS/Bond）的 CEA，从而为 FIS/Bond 进行市场定价，降低 Spread 或融资成本，促进金融体系服务于人类经济生活，在促进社会经济的持续健康发展的同时，也保障了"金融人权"，促进每一个人的全面进化发展。

一、必要条件

　　1. SP 的增信

　　Spread 转移（SP）导致 OCE（FIS/Bond）由 RRI 转化为 RFIR，SP 因此为增信。无论现有的 FG/CDS，Spread 只是以交易对价名义附属于信用这一交易对象而转移，还是未来的 RBS 或 Spread 的 Retail & Wholesale，Spread 却是作为交易对象而转移，Spread 都是增信的价值基础，因追求 CELL 而区别于 CGUL 或 BGLL。

2. Spread 以交易对象而转移

基于 Spread 作为增信的价值基础，但价值却远小于 OCE(FIS/Bond)，SP 所形成的 CEA，无论现行的 FG/CDS，未来的 RBS，实际上均为附条件的 CELL。但是，作为 CT 的增信，FG/CDS 却仅使 Spread 作为交易定价并附属于信用交易而转移，无法形成独立的 RA。因此，CT 的增信，CEA 根本无法转化为 CEE，阻止了 CELL 的最终实现。

SP 的增信，Spread 作为交易对象而转移，便可形成独立的 RA。风险理论及其风险资产，可以支持 RA 作为独立资产，Spread 原本就是对 PD 的风险定价。在现代大数据技术手段支持下，Spread 完全可以实现对 PD 的风险定价。通过 Spread 的 Retail 或 Wholesale 机制，Spread 得以量化汇集于 CEC/RAMC 名下进行 VM，Spread 不仅可以实现对 PD 的风险定价，而且实现降低 Spread 或融资利率。如同 2F America，即使不具 CR 的 NSA，比如 Mortgage，也可进行风险定价，调整机构定价为市场定价。

3. Spread 的 VM

从宏观上讲，Spread 只是 PD 的风险定价。PD 的统计却因过去缺失大数据等技术手段，只能以 PD 及其相对应的违约主体历史积累数据进行统计，并由此形成了主体的 CR。从微观上讲，Spread 在过去只是 CR 的风险定价。即使如此，Spread 也不应是 RFIR 或 Capital 的时间成本。其一，因为 PD 或 CR 是年度统计或信评的，因此 Spread 应该转化为 ARR 或 CI。其二，在 NSC 层面，RFIR 的所谓成本论，确因私有化的美联储与有些奉行国家利益至上的央行而产生。但从 2009 年负利率时代的开始起，很难期望负利率时代早日终止来证明 RFIR 的"资金成本论"。在 RFIR 为非零条件下，对 RFIR 进行定价的 Spread 在年度统计或年度信评等概念配合下，与 RFIR 一起形成 RRI 的融资产品，以 ARR 或 CI 形式取得了 Spread 的时间价值或剩余价值。

4. Spread 的 Retail & Wholesale

对于 Spread 的 VM，Retail & Wholesale 机制是基础部分的，主要是基于以下几方面考虑：

其一,制造融资资产或风险资产(FIS/RA)的 Retail 市场竞争非常激烈,很难形成 Spread 对于 PD 风险定价所需的市场份额。因此风险资产的 Retail 机构也就难以确定以 Spread 对 PD 进行风险定价,实现资产定价、风险管理及其增信。实际上,Spread 的 Retail,就是 CEA,或者附条件的 CELL。以 Spread 为增信的价值基础,可能难以抵御 RDP。

其二,从会计上看,零售机构所持有的 Spread,因 Spread 在价值上小于 OCT(FIS/Bond),零售机构无法占取较大的市场份额,难以形成 Spread 对 PD 的风险定价。又因 Spread 与其他风险资产(保险资产)不同,需要以 Spread 的数量来确定风险成本或边际成本,否则只能称为"或有负责",如果不可或不愿转移的话。

5. SP 的 VM

在"资金成本论"条件下,过去的 AMC,因为持有的是资金/现金,即使躺着也可获利,如同房产租赁收益。但是,RAMC 却与 AMC 不同,如果不能对 Spread 进行 VM,根本无法成为 RAMC,因为 Spread 所带来的 RDP 可能会使 RAMC 破产倒闭。

对于资方(Capital 持有人)来说,Capital 如无收益,则不可为之事。于是,"资金成本说""资金房产说"及其资金效益最大化的"复利说"便盛行于世,几乎成为不可更改的"真理"。在"真理"支持下,Spread 便开始了时间旅程,因此便有了时间价值。

名义增信方(Spread 持有人)只关注基于 PD 并对其进行风险定价,即 Spread 空间价值,并利用 Spread 时间价值,为增信方创造管理时间(MT)。MT 即管理时间,但不仅仅是个时间概念,而是通过对 OCE 所设计的 FIS/Bond 来延展增信的管理时间。在 MT 中,Spread 不仅创造时间价值,更在 MT 基础上为增长率提供充分空间。MT 作为时间概念却可创造空间价值,主要是通过把 MT 分割到 Spread 所转化的 RA,并以 MC 区分为计提时间(RCT)及其核算时间(RCAT),在 MC 基础上的 MI 及其增长率对增信的价值基础起着至关重要的作用,可以足以抵御 RDP,从而实现 CELL。

综上,无论是 MT,还是 MC,最终为了实现 MI;无论是对 Spread 的 VM,还是对 SP 的 VM,最终就是要以 100% 的 RCR 去抵御 RPD,设计出可以最终实现 CELL 的 1>100 数学模型。

6. 切入点

CEC/RAMC,以 1>100 数学模型对 Spread 或 SP 进行 VM,应该从负利率国家的资本市场作为切入点。因为在负利率国家的资本市场上,不仅可为非负利率国家带来低成本资金,而且可为负利率国家的 NSA 或 2F Global 进行 Retail & Wholesale 和 CEE,同样可以实现降低 Spread 或融资成本这一特殊目的,并且可以创建无风险套利市场或全球另类资本市场,有助于促进负利率国家进行更加深入的金融体制改革。

二、充分条件

Spread,无论是作为交易定价转移,还是作为交易对象转移,作为 CEA 或 Spread 的 Retail,SP 均无法抵御 RDP,因此只能为附条件的 CELL。因此,要抵御 RDP 而实现 CELL,必须从 CEA 转化并形成 CEE。因此,只有 Spread 的 Wholesale,才可量化汇集 Spread,可以设计出 1>100 数学模型,即以 1% 的增信收费,利用 Spread 空间价值在 MT 中创造 MI,可以完全偿付因增信到期、Spread 所对应的 RDP 可能带来 100% 的违约损失,从而完全实现 CELL。为实现 CELL 所设计的 1>100 数学模型,应该从以下各方面进行把握。

1. 基本解读

所谓增信,简单地说,收取 1 元增信费用,承担 100 元本金损失。在 CGUL 中,因担保主体或担保机构承担无限责任,要么不予担保,如同中国地方政府或商业银行不得为第三方担保;要么不收取 1 元增信费用,如同公司集团对下属公司的融资担保。因为这种 CGUL 是价值未估或价值不对称的担保。增信则不同,1 元增信费用(Spread)代表了 100 元本金的 1%,既反映了融资主体及其融资产品的 CR,又反映了以 PD 为基础的风险定价 Spread,以 1% 的 PD 或 CR 所代表的 Spread,才能作为增信的价值基础。

但是，基于 PD 的 Spread，只是风险中性违约的表现，却并不代表实际存在的 RDP。因此，1% 只能是一个平均数值，实际存在的却是在 1% 上下来回进行不规则摆动的 RDP，摆动幅度大的可能达到 10%，甚至 20%，摆动幅度小的仅为 2% 或 3%。最重要的是，这个摆动幅度的基数却因统计方法有径庭之别。因此，无论是 FG，还是 CDS，往往在 RDP 摆动冲击下而难以承受违约损失，使得 FG 机构或 CDS 卖方成为最后担保人而承担无限责任。因此，要避免 RDP 所带来的违约损失，一劳永逸地解决最后担保人的无限责任问题，只有想办法在风险产品中找到 1＞100 的数学模型，即以 100% 的 RCR 去抵御 RPD，才能完全实现 CELL。

2. 可持续性

这个可以抵御 RDP、可以完全实现 CELL 的数学模型，不是一次或几次实现 1＞100，而是必须具有可持续性。这就意味着，拥有这个数学模型的 CEC 或 RAMC，不仅可为具有 CR 的 UA（FIS/Bond），而且可为不具有 CR 的 NSA，包括 2F Global，提供可持续的 CEE 或终极增信。为 2F Global 提供可持续的 CEE 或终极增信，才能降低 Spread 或融资成本，据此便可在 2F Global 市场上实现市场占有率，以此市场占有率所形成的资产数据便可形成风险资产（2F Global）的 AMC，及其 Spread 的 RAMC 或 CEC。2F Global 及其 AMC 将为 1＞100 数学模型及其实现的 CELL 提供无限发展动力，1＞100 数学模型因此具有了无限的可持续性，绝非 CEA 或 CDS 的临时替代品。

3. 基本逻辑

基于 PD 的 Spread，仅为空间概念并具有空间价值，时间只是空间的延展；延展的空间，可能会因其随机性而调整 PD 及其风险定价 Spread。从空间上来看（PD 公式），时间本身对于基于 PD 的 Spread 没有任何意义，也不会产生任何作用；时间属于主观的（PD 与 CR 的关系），基于主观意识的时间将作用于 PD 或 CR。基于生命主体的主观意识，时间才对拥有主体信用或 CR 的主体产生作用。基于融资主体的死亡与破产相关的 PD，是依据年度统计的,空间概念的Spread据此获得了时间概念。这可从资本方与融资方及其逻辑推理三个角度来看。

1) 从资本方来看

其一,如果资金(Capital)成本为零,Spread即为RRI,且以年度计算,叫做年度利率(APR)。如为一个年度,Spread与APR相同;如持续为几个年度,APR则为ARR或CI。Spread因此转化为APR、ARR或CI等定价方式的金融产品,即APR产品、ARR产品或CI产品。其除了APR产品,ARR的利息是Spread的乘数效应,CI的利息是Spread的指数效应。但是,这种价值效应只是体现在融资方,即加大了融资成本或提高了Spread。

对于资方/银行来说,ARR产品可能并不产生时间价值,并极大可能陷入"零和游戏";CI产品的基础利率在不高于1%左右的条件下,乘数效应与指数效应并无区别,但基础利率超过2%时,指数效应才会逐渐显现,超过7%时则出现质的变化。

首先,在很多时代或国家里,Capital是有成本的,并产生年度收益,即RFIR大于零,Spread仅为风险利差,不为RRI。Capital犹如不动产(Realty),租金具有ARR,Capital也开始具有ARR,美国国债利率也称之为ARR。持有Capital,还是持有Realty,只是ARR的选择问题。

其次,随着负利率时代的来临,美国国债的ARR也将逐步消失。假设美国NSC(CR是最高的),及其所支持的美联储、美元不会破产,主观时间因此消失,Capital为零。美联储利用MT特性,创造了Spread的时间价值,即ARR。美联储通过发钞筹币税、基准利率及其长期债券,由没有时间特性的Spread去调整ARR或CI,为美联储带来不可言明的巨大收益。

最后,目前发达国家和地区已迈入了负利率时代,RFIR为零,Capital再也没有所谓成本且收益为零,Spread则相当于对于融资者的RRI,从现实和理论上均证明了Spread可以作为信用基础:RFIR + Spread = RRI,当RFIR为零时,Spread = RRI。

Spread因其定价功能与独立资产的合而为一,形成了"数字黄金"的固有特征,便可支撑起一个相对于现实的另类金融体系。

2) 从融资方来看

第一,融资主体在融资或兑付期间可能存在破产或死亡,无论哪个时代,哪个国家。因此,融资主体对于 Spread 来说,具有了 RFIR 或 Capital 的定价风险。

第二,以 PD 为基础的 CR 与前者年度统计一样,也是按年度信评且 CR 也是 1 年有效的,Spread 也应体现为以年度计算的时间价值,由此演化为 ARR 或 CI。因此,PD 与 CR 的统计与信评方式,导致 Spread 转化为 ARR 或 CI,尽管因 Spread 与 RFIR 合在一起成为利息被视为具有时间成本的历史错觉。

3) 站在逻辑推理角度看

既然美国作为特殊主体可以超越时间,假设为不死亡或不破产,从逻辑上讲,特殊主体也可设计为超越时间的其他主体。

首先,创设特殊主体在融资期间或兑付期间不破产,融资风险须由 Spread 转移的相应增信机制来承担。这是 Spread 与 SP 结合起来进行 VM 的要求,也是 CI 产品风控/资管的要求。

其次,2F America 作为 Mortgage 的 AMC,其实已为超越时间的特殊主体,只是仍然依赖于美国的 GSE 而成为全球孤版。因此,需要创造一个市场化的、超越时间的特殊主体,来取代美国的 GSE。那么,不仅 2F Global 的 AMC 可以应运而生,而且对 Spread 进行 VM 的 RAMC,或者 SPC 的权益增信产品(CEC),也会水到渠成,成就历史必然。

再次,以 Spread 为交易对象,汇集并经 VM,设计出以 100% 的 RCR 抵御 RDP 的 1>100 的数学模型,最终以其所演化的 CEC 或 RAMC 作为合法载体,可与美国 NSC 并行不悖。

三、数学模型

1. 在 RCT 时的 MI 公式

假设 RCT 期间或管理时间(MT)$=T$;RCT 期间内的自然时间$=t$,当 t 最大化时,为 T;ARR$=a$,或者 Spread$=s$,$T \cdot a = s$,$a = s/T$;OCE 增

信总额＝b；增长率＝y。

则 MI 公式为：

$$MI = \sum_{t \geqslant 1}^{T} t \cdot T(a \cdot b)(1+y)^{(t-1)} - (a \cdot b)(1+y)^{(t-1)}$$

$$MI = \sum_{t \geqslant 1}^{T} t \cdot s \cdot b(1+y)^{(t-1)} - (s/T \cdot b)(1+y)^{(t-1)}$$

2. 在 RCAT 时的 MI 公式

假设：RCAT 的自然时间为 t；$Tt = t - T \geqslant 0$ 的整数，即 t 可以大于 T。

则 MI 公式为：

$$MI = \sum_{t-T \geqslant 0}^{T} t \cdot T \cdot ab(1+y)^{(t-1)} - ab(1+y)^{(t-T)}$$

$$MI = \sum_{t-T \geqslant 0}^{T} t \cdot s \cdot b(1+y)^{(t-1)} - s/T \cdot b(1+y)^{(t-T)}$$

RCR 公式为：

$$RCR = \sum_{T \geqslant 1}^{T} T^2 \cdot a(1+y)^{(T-1)} \geqslant 100\%$$

$$RCR = \sum_{T \geqslant 1}^{T} T \cdot s(1+y)^{(T-1)} \geqslant 100\%$$

四、资产数据

在一定条件下，OCE 所转移的 Spread，在某些 OCE 期满之前可以产生 MT，可如同保险资产，也可分为 MC 的 RCT 与 RCAT 两个不同会计时期。在 RCT，可将 Spread 的 MI 作为当期利润；在 RCAT，MI 在 MT 范围内积累形成 100% 的 RCR，在核算 MC 时可形成覆盖 100% 到期 OCE 的违约损失。

1. RCT 的 MC 与 MI

（1）RCT 的 MC 年度数据见表 8-1。其中 MT 为 3～10 年（附加第 15、第 20 年），$a = 1\%$，b 初始设定为 1 万元，y 为 0～50%。

表 8-1　RCT 的 MC 年度数据表

T	0	10%	20%	30%	40%	50%
3	800	893	992	1 097	1 208	1 325
4	1 500	1 756	2 048	2 376	2 740	3 152
5	2 400	2 950	3 620	4 425	5 370	6 495
6	3 500	4 526	5 858	7 556	9 692	12 368
7	4 800	6 536	8 944	12 213	16 595	22 419
8	6 300	9 044	13 100	18 988	27 412	39 308
9	8 000	12 113	18 620	28 718	44 135	67 701
10	9 900	15 830	25 860	42 520	69 710	113 230
15	14 900	49 400	107 960	246 245	579 485	1 310 480
20	19 900	121 600	373 300	1 260 200	4 178 080	13 295 180

（2）条件同上，RCT 的 MI 合计数据如表 8-2 所示。

表 8-2　RCT 的 MI 合计数据表

T	0	10%	20%	30%	40%	50%
3	600	662	728	798	872	950
4	1 200	1 392	1 611	1 857	2 130	2 439
5	2 000	2 440	2 976	3 620	4 376	5 276
6	3 000	3 855	4 965	6 380	8 160	10 390
7	4 200	5 688	7 752	10 554	14 310	19 302
8	5 600	8 001	11 550	16 702	24 073	34 482
9	7 200	10 856	16 640	25 616	39 320	60 312
10	9 000	14 337	23 364	38 358	62 829	101 997
15	13 500	46 200	100 856	229 922	540 946	1 223 208
20	18 000	115 615	354 730	1 197 579	3 969 271	12 630 486

2. 在 RCAT 时的利率（r）数据附表

当 $y=5$、10、15、20，$T=5$、7、10、15、20、30 时，利率（r）数据如表 8-3 所示。

表 8-3　在 RCAT 时的利率(r)

T	5	10	15	20
5	3.29%	2.74%	2.29%	1.93%
7	1.32%	1.15%	0.88%	0.68%
10	0.645%	0.424%	0.284%	0.194%
15	0.224%	0.117%	0.063%	0.035%
20	0.099%	0.041%	0.018%	0.007 8%
30	0.027%	0.007%	0.001 9%	0.000 56%

3. 在 RCAT 时的 MI 数据表

(1) 当 T 为 10 年，$t-T$ 为 10 年（t 实为 19 年），T 10 年后 y 按原来增长率继续增长，各个 RCAT 的 MI 数据如表 8-4 所示。

表 8-4　RCAT 时的 MI 数据

T	0	10%	20%	30%	40%	50%
3	11 700	21 319	39 216	70 911	138 784	257 005
4	12 600	24 616	47 963	93 981	195 200	386 407
5	13 500	28 240	58 456	123 965	274 186	580 501
6	14 400	32 229	71 047	162 954	384 758	871 640
7	15 300	36 612	86 158	213 631	539 565	1 308 363
8	16 200	41 437	104 290	279 514	756 291	1 963 434
9	17 100	46 743	126 050	365 168	1 059 715	2 946 051
10	18 000	52 577	152 154	477 518	1 484 509	4 419 967

(2) 条件同上，在 $y=10\%$、20%、30% 条件下，T 10 年后 y 按原来增长率继续增长，RCR 数据如表 8-5 所示。

表 8-5　RCR 数据

T	SF(M)(万)	MI(万)	RCR(%)
1	1	1.59/2.45/4.26	159/245/426
2	1.1/1.2/1.3	1.85/3.07/5.64	168/256/434
3	1.21/1.44/1.69	2.17/3.81/7.43	179/265/440
4	1.33/1.73/2.2	2.51/4.7/9.76	189/272/444

(续表)

T	SF(M)(万)	MI(万)	RCR(%)
5	1.46/2.07/2.86	2.89/5.77/12.79	198/279/447
6	1.61/2.48/3.71	3.3/7.06/16.73	205/285/451
7	1.77/2.98/4.83	3.76/8.6/21.84	212/289/452
8	1.95/3.58/6.27	4.26/10.45/28.49	218/292/454
9	2.14/4.3/8.16	4.81/12.67/37.14	225/295/455
10	2.36/5.16/10.6	5.42/15.33/48.35	230/297/456

（3）条件同上，T 10 年后 y 不再增长，各个 RCAT 的 MI 数据如表 8-6 所示。

表 8-6　10 年后的 RCAT 的 MI 数据

T	0	10%	20%	30%	40%	50%
3	11 700	20 319	35 916	63 421	110 694	189 735
4	12 600	22 546	40 903	73 801	131 080	227 837
5	13 500	24 760	45 856	84 115	151 356	265 771
6	14 400	26 959	50 767	94 344	171 478	303 452
7	15 300	29 142	55 628	104 461	191 385	340 753
8	16 200	31 307	60 430	114 434	210 991	377 484
9	17 100	33 453	65 160	124 218	230 175	413 361
10	18 000	35 577	69 804	133 758	248 769	447 957

（4）条件同上，在 $y=10\%$、20%、30% 适合条件下，在 RCT 时期 y 不再增长（持平），RCR 数据如表 8-7 所示。

表 8-7　y 不再增长的 RCR 数据

T	SF(M)(万)	MI(万)	RCR(%)
1	1	1.59/2.45/4.26	159/245/426
2	1.1/1.2/1.3	1.83/2.97/5.32	166/248/409
3	1.21/1.44/1.69	2.07/3.49/6.38	171/242/378
4	1.33/1.73/2.2	2.31/4.01/7.44	174/232/338
5	1.46/2.07/2.86	2.55/4.53/8.5	175/219/297
6	1.61/2.48/3.71	2.79/5.05/9.56	173/204/258

(续表)

T	SF(M)(万)	MI(万)	RCR(%)
7	1.77/2.98/4.83	3.03/5.57/10.62	171/187/220
8	1.95/3.58/6.27	3.27/6.09/11.68	168/142/186
9	2.14/4.3/8.16	3.51/6.61/12.74	164/154/156
10	2.36/5.16/10.6	3.75/7.13/13.8	159/138/130

（5）条件同上，T 10 年后 y 按原来增长率下降，各个 RCAT 的 MI 数据如表 8-8 所示。

表 8-8 y 增长率下降后 RCAT 的 MI 数据

T	0	10%	20%	30%	40%	50%
3	11 700	19 689	33 476	56 651	94 674	155 575
4	12 600	21 326	36 293	61 261	101 930	166 627
5	13 500	22 790	38 576	64 685	106 926	173 711
6	14 400	24 089	40 397	67 174	110 228	178 012
7	15 300	25 242	41 828	68 891	112 215	180 253
8	16 200	26 257	42 910	69 954	113 121	180 794
9	17 100	27 143	43 680	70 438	113 045	179 731
10	18 000	27 907	44 164	70 378	111 979	176 887

（6）条件同上，在 $y=10\%$、20%、30% 适合条件下，在 RCT 时期 y 按原增长率持续下降，RCR 的数据如表 8-9 所示。

表 8-9 y 增长率下降后的 RCR 数据

T	SF(M)(万)	MI(万)	RCR
1	1	1.593/2.45/4.262	159%/245%/426%
2	1.1/1.2/1.3	1.807/2.88/5.078	164%/240%/391%
3	1.21/1.44/1.69	2.002/3.238/5.705	165%/225%/338%
4	1.33/1.73/2.2	2.179/3.536/6.188	164%/204%/281%
5	1.46/2.07/2.86	2.34/3.784/6.559	160%/153%/229%
6	1.61/2.48/3.71	2.486/3.991/6.845	154%/161%/185%
7	1.77/2.98/4.83	2.619/4.164/7.065	148%/140%/146%

(续表)

T	SF(M)(万)	MI(万)	RCR
8	1.95/3.58/6.27	2.74/4.308/7.234	141%/120%/115%
9	2.14/4.3/8.16	2.85/4.428/7.364	133%/103%/90%
10	2.36/5.16/10.6	2.95/4.528/7.464	125%/88%/70%

4. 数据说明

（1）MC/MI 数据表。在 RCT 时间，年度计提的 MC 在年度 MI 价值中由 MT 决定，并只是 1/MT 的价值。随着 t 的延长，在增长率 y 的配合下，MI 总体价值远大于 OCE 总体价值。而且 t 达到一定年度后，在增长率 y 的推动下，MI 年度增长总值，甚至超过当年兑付的 OCE，即可持续实现 100%的 RCR 抵御 RDP。

（2）RCR 数据表。数据表明，Spread 转移所形成的 RA，经 Retail & Wholesale 量化汇集在 MT 及其增长率 y 的时空扩展中，在 RCAT 期间可以形成了 100%的 RCR，足以抵御 RPD，完全实现 CELL。在 MT 为 10 的条件下，MC 与 y 即使没有增长，也可以达到 100%的 RCR；在 MT 与 y 不变条件下，1%的 MC 上浮空间广泛，足以形成 100%的 RCR；在 MT 与 MC 不变条件下，基于 2F Global 的增长率 y，仍然可以保持 100% RCR 的可持续性，因此也可实现 CELL。

五、CEC/RAMC 的股票估值

1. 假设

（1）CEC 现有股票总计为 80 亿股，1 年后增发 20 亿股，合计 100 亿股。

（2）M 为 10，第一年增信的 FIS 为 1 兆元，所形成的增信资产年度增长率为 20%～30%。

（3）计提 1% MC，2%资管费，股息与税收暂不计入，股息将由现金资管收益支付。

（4）因增信风险长期性而难以计税，争取世界各国免税减税优惠。

（5）PE 值 以 6～12 均值计算。

2. 股票估值

第 1 年年末，公司名下资产池现金资产总值超过 2 724 亿元，公司股票均值约为 88.2 元。

第 3 年，公司资产池现金资产在 4 923.8 亿～5 230.7 亿元，公司股票均值为 299.9 元。

第 5 年，公司资产池现金资产在 8 051.3 亿～9 447 亿元，公司股票均值为 630.5 元。

第 7 年，公司资产池现金资产在 12 511.7 亿～16 540.4 亿元，公司股票均值为 1 150.9 元。

第 10 年，公司资产池现金资产在 23 067.4 亿～37 281.2 亿元，公司股票均值达到 2 559.3 元。

从兑付年度开始，公司名下资产池现金资产与风险准备金的合计总额远超非标资产名义额度或年度兑额，公司风险资产覆盖率可达 476%～799%。

3. 类似股票比较

同为风险资产管理的机构股票，当属保险公司股票和博弈公司股票，公司股票应与前两者相似，但公司股票却更具优势：

（1）公司作为特殊目的（抵御 RPD 并降低 Spread）的金融产品，又因基于 Spread/RA 需要集中管理，公司具有相对垄断地位，因此比保险公司股票和博弈公司股票更具价值。

（2）公司因服务于全球重大战略，增信非标资产，应获得免税或减税地位，具有相对成本优势，比保险公司股票和博弈公司股票更具投资价值。公司至少与"美国两房"或"AXA"相类似，远超"威尼斯人"与"澳博股份"。

（3）具有定价功能且可转化为独立风险资产的 Spread，可称为"数字黄金"，可为未来全球智能社会及其资本市场提供终极而永恒的信用基础，公司在研发与实践上更具无限发展的先发优势。

第九章

SP：创建全球另类金融体系

SPREAD,
IT'S PARTED &
VALUE MANAGED

利差增信的价值管理
——开启财富之天眼

第一节 基本框架

一、另类金融体系

所谓另类金融体系，就是与现行金融体系格格不入的，或者现行金融体系所不能或很少具备的金融行为机制、金融产品及其机制、金融产品风管机制与资管机制，及其根本目标"SP"的增信等金融基础设施。不同的金融体系主要区别如下。

1. 信用基础

不同的金融体系所基于的信用基础，或者支撑金融体系的基础设施是完全不同的。如前所述，现行金融体系的信用基础是美国 NSC 或 Top Chips，尽管矛盾重重并已日落黄昏。另类金融体系的信用基础却是市场信用支持的、SPC 法律框架下的权益增信产品（CEC/RAMC），即由 Spread 及其转移的 VM 所形成的可以抵御 RDP 的 1>100 的数学模型，并由合法载体（CEC/RAMC）承载并运行，最终完全实现 CELL。CEC/RAMC，尽管还未入世却已显远大前景,任重而道远。

2. 信用来源

信用来源是指信用基础所拥有的信用来自何处。简单地说,即信用基础是来源于主体信用,还是市场信用。NSC 是来自国家主权信用,即主体信用。作为主体,国家是拥有所谓与生俱来的权力的特殊法律主体(拟制人),具有不可置疑(信念上)的主权信用,在一国金融体系中处于最高主体地位,并因此具有最高 CR。Spread 则来自市场定价,是基于 PD 或 CR 的市场化的风险定价,配置以 Spread 的 Retail & Wholesale 机制,依据 SPC 法律框架采用 R-ABS 机制所形成 CEC 或 RAMC,又因 CEC 或 RAMC 股票上市交易而获得市场信用,绝非基于主体信用,或信念上的至高无上的 NSC。

3. 定价基础

定价基础是指 Spread 来自 PD,还是 CR。构建以 PD 为基础的另类金融体系,区别于以 CR 为基础的现行金融体系。无论是具有 CR 的 UA,还是不具 CR 的 NSA,均可作为另类金融体系的基础资产。NSA,特别是 2F Global,在另类金融体系中更具发展潜力,是不可或缺的基础资产。在不远的将来,作为 NSA,2F Global 的资产规模将远超 UA 的资产规模。因此,2F Global 是另类金融体系最为关注的基础资产,尽管 UA 仍在一定程度上还具影响力。但是,不仅 NSA,即使 UA,在 Spread 的 Retail & Wholesale 机制与 R-ABS 机制共同作用下,NSA 的机构定价可以调整为市场定价,PD 便可直接进行风险定价(Spread),不用绕道 CR 进行信用定价。这样,三大国际信用评级机构实际上是美国三大信用评级机构,在另类金融体系中将会失去现行金融体系的主导作用和垄断地位。

4. 另类金融体系的含义

另类金融体系就是构建不同于现行金融机构与金融市场的金融体系,暂不包括资本市场或股票市场。

现行金融体系的 RFIR 市场或一级资金 Wholesale 市场,是由央行/财政部与商业银行构成,及其由利率市场参与主体构成。现行金融体系的 RRI 市场或二级资金 Retail 市场,则由各个金融机构与企业法人、个人等各类市场主体构成,其中涉及信贷市场、FIS/Bond 市场、衍生产品市场及其各类融资市场。除 Mortgage 外,极少数零售资产可以 Retail & Wholesale,尽管存在着数额巨大的不良资产及其众多 AMC。

另类金融体系的 RFIR 市场或一级资金 Wholesale 市场,是由 CEC 或 RAMC 作为 Spread 批发商的 Wholesale 市场与 AMC 的债券市场所构成。另类金融体系的 RRI 市场或二级资金 Retail 市场,则可由 AMC 机构、专业小贷机构与企业法人、个人等市场各类主体构成。其中,涉及 Spread 的 Retail 市场,AMC 的 2F Global 的 Retail & Wholesale 市场,小贷机构的 2F Global 的 Retail 市场。CEC 或 RAMC,与 AMC 的股票上市及其交易市场则属于现行金融体系,如同 2F America 的股票。

总之,在另类金融体系中,无论小贷资产或融资资产,还是 Spread 及其因 CEA 所形成的 RA,均需通过 Spread 的 Retail & Wholesale 机制及其 R-ABS 机制,不仅对 Spread 及其 SP 进行 VM,而且以降低 Spread 或融资成本为另类金融体系的特殊目的,从而可以迅速扩大 2F Global 市场份额,形成市场信用支持的另类金融体系。

二、无风险套利市场

如上所述,另类金融体系,不仅追求风险定价 Spread,而且以降低 Spread 为其特殊目的。因此,创建另类金融体系,就是创建无风险套利市场。从 FIS 来看,信贷资产、小贷资产或融资资产,它们的资产风险不可能自行消失,或者 RDP 无法避免或控制。资产风险只有通过 Retail & Wholesale 机制与 R-ABS 机制,在资产转移中通过市场交易或市场定价得以缓释,最终确定并降低风险定价(Spread)。

从 Spread 来看,因 Spread 转移而转化的 RA,则由 Spread 的 Retail 市场交易产生,或者在 CEA 中产生。尽管希望 Spread 成为增信的价值基础,但"违约风险中性"的风险定价,却是难以抵御 RDP。因此,Spread 或 RA 所带来的风险不会自行消失,资产风险只有通过 Retail & Wholesale 机制与 R-ABS 机制,在资产转移中通过市场交易或市场定价得以缓释。资产

Retail & Wholesale 与 R-ABS 机制,均为确定并降低 Spread 的有效制度,可以形成资产转移或交易市场,应该属于无风险套利交易。无风险套利交易市场应分属于 RFIR 市场与 RRI 市场,建立无风险套利市场的具体设想如下:

其一,重整发展中国家主要是中国大陆关于 NSA 的产业链,配置负利率时代发达国家金融体系中的低成本资金,从而创建无风险套利交易市场。

其二,针对发达国家的 NSA,在发达国家与发展中国家之间重置产业链,形成 2F Global 最大的金融产品市场,与此同时也就形成了全球无风险套利市场。

其三,运用 NSA 的市场广度和深度,形成 2F Global 资产及其 AMC,创造出崭新的全球无风险套利市场,或者全球另类金融体系。

第二节 增信机构

一、法律框架

增信机构(CEC)为 SPC 法律框架的 R-ABS,也可视为具有特殊目的的风险资管机构(RAMC),或者 Spread 的 RAMC。作为权益增信机构,CEC 如同 2F America,都是风险资产(FIS/RA)的 R-ABS,尽管基础资产有所不同。2F America 的基础资产是 Mortgage(FIS),CEC 的基础资产则为 Spread 或 RA;两者都须配置以 Retail & Wholesale 机制,否则会受制于资本金而无法持有数额庞大的基础资产;两者均为 CEE,由股份权益增信债务权益,并由此确定基础资产的市场定价,因此无需所谓"外部增信"及其形成的所谓"内部增信"来进行机构定价;两者均具有特殊目的,即降低 Spread 或融资成本,否则无法有效地形成 Retail & Wholesale 机制与 R-ABS 机制。CEC 与 2F America 不同之处如下所示:

首先,CEC 是以市场信用为基础的高度市场化的增信机构,不是 NSC 支持的结果,与 2F America 以 GSE 身份获得 NSC 支持是完全不同的。2F America 属于 GSE,不论是在管理层人员任命上,还是在执行国家意志或金融政策上,抑或是在"两房债"的信用背书上,甚至美联储在低成本资金支持上,以及在发达国家和地区的 Mortgage 利率指导执行上,都体现着 GSE。因此 2F America 只能是全球金融体系中的"孤版",绝对难以复制:"只有 2F,没有 3F"。尽管从形式上看,2F America 也是基于市场信用,以市场信用为基础,并由上市交易的"两房股"增信或支持上市发行的"两房债"而形成的 CEE。

　　CEC 则完全基于对 Spread/RA 的 VM,依托于市场机制,即资产 Retail & Wholesale 机制与 R-ABS 机制,设计出 1＞100 的数学模型,以 100%的 RCR 抵御 RDP,完全实现 CELL。从根本上看,CEC 的股票以市场信用或交易信用增信或支持 CEC 所持有的 Spread/RA 的资产风险,由此 CEE 增信或支持因 SP 对 OCE(FIS/Bond)形成的 CEA,进而增信或支持因 SP 导致 OCE(FIS/Bond)转化为 RFIR,并由此形成了 Spread/RA 的 Retail & Wholesale 市场、FIS 的 AMC,及其 FIS 的 Retail & Wholesale 市场等完全市场化的另类金融体系。

　　其次,CEC 不仅在基础资产种类上,而且在基础资产范围上,与 2F America 具有很大区别。CEC 的基础资产是 Spread/RA,2F America 则是 Mortgage(FIS)。尽管基础资产都是不具 CR 的 NSA,但 CEC 所拥有的 NSA 范围比 2F America 要广泛得多,如同 2F Global 比 2F America 要广泛得多。希望复制类似 2F America 的个人融资资产的 AMC,即 2F Global。在 2F Global 中,个人融资具有无限发展潜力,不仅具有 Mortgage,还包括大学生贷款、创业贷款和消费贷款。在 Mortgage 中,2F America 只是解决了发达国家的 Mortgage 问题,却远未解决世界各个国家的 Mortgage 问题,因此才成为 2F Global 的历史使命之一。FP 的 AMC,因其市场化而缺少 2F America 所具有的 GSE 性质,所以无法持续获得低成本资金,往往沦落为中国式的 P2P。因此,CEC 将承担起支持 FP 的 AMC,或者支持 2F Global 的历史使命。从这个意义上来讲,CEC 应比 2F America 具有更高级的金融地位,属于另类金融体系的顶层设计,即另类金融体系的基础设施或信用基础。

二、CEC 特征

当然，CEC 支持 2F Global，为 NSA 进行增信，并不意味着抛弃或忽视 UA，而是因为为 UA 进行增信远方便于 NSA，即增信 UA，当然不在话下。概括来说，CEC 应该具有如下特征：首先，CEC 不依赖于资本金。如同 AMC，CEC 需要一定资本金且上市，但决不依赖于资本金。CEC 只是作为权益增信产品（RBS）的 SPC 法律框架，并不开展受限于资本金的 Spread 的 Retail 业务，除非法律准允；CEC 只是通过 Wholesale 购买 Spread/RA，并设计出 1＞100 的数学模型对 Spread/RA 进行 VM，用以实现 CELL。因此，CEC 属于 AMC 的业务形态，是管理 Spread/RA 的 AMC，因此也可称为"RAMC"。其次，CEC 依赖于数学模型。CEC 对 Spread 的 Wholesale 式购买并进行 VM，必须以 1＞100 的数学模型对 VM 进行技术支持，才能实现 CEE，进而才可支持 CEA，并且间接地增信或支持 OCE（FIS/Bond）。

三、CEC 具有特殊目的

CEC 不是一般增信机构，而是 SPC 的 R-ABS，具有特殊目的的 RAMC。所谓特殊目的，就是确定并降低 Spread 或融资成本。CEC 所拥有的 1＞100 数学模型，就是把 Spread 所演化的时间价值降到最低的增信方案，因此可以获得极大的市场支持，反之也就可以占取极大的市场份额。CEC 所产生的 CEE，来自批发购买 Spread。CEC 的增信市场或 OCE，就是由 CEC 为 Spread 转移的零售机构的 CEA 进行 CEE，Spread 转移的零售机构可以分别存在，也可集中于一定市场之中，比如 Spread 转移的增信交易市场。在增信交易市场中，零售机构是 CEC 交易对手或增信对象，CEC 从零售机构手中批发购买 Spread。一是 Spread 因 Wholesale 交易而转化为 RA，并成为 CEC 名下的基础资产。二是 CEC 因批发购买 Spread，对零售机构的 CEA 实现了 CEE，间接地实现了对 OCE（FIS/Bond）的 CELL。

如何防止 CEC 出现破局 CELL，这是设计 1＞100 数学模型的关键。

如前所述，这个数学模型运行的关键，在于利用 MT 去发现空间价值并创造 MI，配之于 MT 范围内微调 Spread 价值，并以 2F Global 作为无限动力，持续提升空间价值。因此，在 MT 中所创造的 MI，在 MC 中得以实现利润最大化，现金流最大化，从而使得 CEC 的股票权益足以增信或支撑 Spread/RA 可能带来的违约损失。

四、历史窗口期

　　CEC 原本希望为中国金融体制深化改革而创设。2008 年，中国天津改革热火朝天，本书著者与天津市政府签订合作备忘录，希望创办中国第一家地方金融债权交易中心来首创中国增信产品，却因推动力度不足而流产，天津失去了一次作为全国甚至全球金融中心的历史机遇。2014 年 10 月，中国证监会因为两大证交所希望交易 FIS/Bond 而设立"债券办"，却担心债券等 FIS 因市场化交易可能无法具有中国银行间债券交易市场（下称"银行间市场"）处理违约事件的手段和工具，何况银行间市场也开始推出 CRMW/CRMA 等增信产品或增信工具。因此，具有改革意识、专业能力与卓越远见的中国证监会有关领导希望在两大证交所推出集合（权益）增信产品，本书著者即为中国证监会六个部门提供 3 整天的专业咨询，却因当时中国证监会领导"内卷化"于政治风云而束之高阁。5 年后的 2019 年，中国澳门地区因"香港事件"而显示出其在粤港澳大湾区所需的金融创新的重要地位，"澳门证交所"便呼之欲出，却又因中国澳门地区领导人提倡立法先行而耽搁，并未吸取新加坡与迪拜创立金融中心的有益经验。

　　新加坡与迪拜分别在短短 10 年与 20 年间建成区域性金融中心，并剑指全球金融中心，只是假借英国伦敦金融城的金融贸易法。实际上，由国家主导的金融法律制度，经历世界金融体制的百年沧桑巨变，积累了历史宝贵经验，已彻底转化为国际金融贸易机制，形成了全球统一的金融体系与资本市场。国际金融贸易机制，如同国际货物贸易机制，可以在各国金融体系与资本市场上通用借鉴；否则，无法形成全球金融体系与资本市场，如同无法形成国际货物贸易市场。因此，CEC 在什么地方设立或实施，已经无关紧要。但是，只要在负利率时代的发达国家和地区的资本市场上，才是 CEC 的用武之地；否则，CEC 所创设的 1＞100 的数学模型将失去 CELL 的历史窗口期，增信也许真的要走进墙上历史。

第三节　全球增信交易市场

一、全球增信交易市场概述

全球增信交易市场（GECE）是整个另类金融体系的关键组成部分。如果说，没有 GECE，就没有 CEC；没有 CEC，就没有 2F Global 及其 AMC，也就无需 2F Global 的 Retail & Wholesale 机制，那么，创立另类金融体系也就无从谈起。在对于 Spread 或 RA 深刻认识与 VM 基础上，创设 1＞100 的数学模型，设立 CEC 并非难事。因为只要明白 CEC 是以 1＞100 的数学模型去实现 CELL 的原理，了解 CEC 的盈利能力、盈利空间及其持续盈利模式，并且认同 CEC 如同 AMC 或保险机构的税务，就可在税务单一且优惠的发达国家和地区建立。但要建立 GECE 这个承上启下的另类金融体系的关键部分，却必须找到最佳的时空切入点，即设立时间与设立地址。

1. 设立时间：负利率时代

当 RFIR 大于零时，Spread 仅为风险利差，Spread 转移所带来的增信效果是，FIS/Bond 所转化的 RFIR 也将大于零，增信效果不太明显；而且，RFIR 的差异很大，非发达国家和地区的 RFIR 很高，仅中国 RFIR 就经常徘徊在 2.5%—3.0% 之间。只有当 RFIR 为零时且为 Capital，Spread 则为 RRI，SP 所带来的增信效果是，FIS/Bond 所转化的 RFIR 也为零，增信效果非常明显。

因此，GECE 应该选择在负利率时代发达国家的成熟资本市场上设立。基于中国及其大中华地区，不仅仍处于 CGUL 的历史阶段，无法真正领略 1＞100 的数学模型及其实现的 CELL，而且中国的 RFIR 仍处于高位（2.5%—3.0% 之间），即使设立 CEC，1＞100 的数学模型难以有效运行，可能无法实现降低Spread/融资成本的特殊目的。日本、新加坡、中国香港虽属发达国家和地区,并已走向负利率时代,却可能难以真正把握数学模型的CELL,同样无法承担起创建GECE的历史使命。

2. 设立地址：欧洲债券市场

GECE是为Spread的Retail & Wholesale机制而设立,因此首选欧洲。在欧洲债券市场上设立GECE,既包括统一的欧盟债券市场与英国债券市场,也包括欧盟各成员国的债券市场。这个选择不仅因为欧洲各国广大民众具有理性思维,可以深刻把握1＞100数学模型,及其所实现的CELL,而且欧洲各个主权国家的负利率债券已经成市,进而欧盟也已于2020年7月正式宣布将要设置独立于美国华尔街的欧盟债券市场和资本市场。

因此,欧洲必然会建立增信产品交易市场或衍生产品市场,犹如CDS一样;同样,欧洲要创立的增信产品交易市场或衍生产品市场,也应该独立于美国华尔街并有别于CDS;拥有1＞100数学模型的权益增信机构,CEC,可以100% RCR抵御RPD,完全可以实现CELL。美国所创设的CDS,实施上仅为CEA,只是附条件的CELL,却可能因无法抵御RDP破局CELL,可能沦落为CGUL。

以Top Chips为支持的全球债券市场/资本市场,成为剥夺世界各国财富的"收割机"。因此,很多国家,包括很多发达国家和地区,均希望建立独立于华尔街的债券市场/资本市场,以防Top Chips的掠夺。但是,世界各国金融业界与金融学界,由于长期深受信用学说影响,无法创立一整套另类金融产品所需的语言、结构、体系,以及内在逻辑与应用场景等基础代码。

因此,以Spread为基础并支撑的另类金融体系,完全适合于建立独立于华尔街的债券市场/资本市场的欧洲需求。在中美G2博弈中,中国无法绕开以美国NSC为基础的,Top Chips所支撑的全球金融体系,美国所掌握的Swift全球开关,对中国人民币及其金融体系构成致命威胁。因此,为了避免美国制裁的直接恶果,建立以Spread为基础的全球另类金融体系,或者形成中国与欧盟、英联邦、日本等发达国家的多边金融体系,具有不可估量的历史意义。

二、思想基础

CEC 以 SPC 为合法载体的、承载了 1＞100 的数学模型,希望形成 100% 的 RCR 抵御 RDP,完全实现 CEL。因此,可以深刻理解 1＞100 的数学模型的,只能是具有理性思维的西方发达国家或地区,即欧洲。

其一,增信与民事担保的根本区别在于,增信是有限责任,民事担保是无限责任的,尽管 CELL 有时会破局,Spread 持有人可能成为最后担保人而承担无限责任。

其二,增信与商事担保的根本区别在于,增信是以 Spread 为价值基础的,BG 是以物权价值为基础的。尽管两者都属于有限责任,但增信直到今天为止只是附条件的 CELL,远不如 BG 所实现的有限责任。但在未来,增信一定会完全实现 CELL。

其三,完全实现 CELL,必须依赖于拥有 1＞100 的数学模型的 CEC。这是因为:

(1) CEC,或者 RAMC,实现 CEE 并非依赖于公司资本金,而是公司对 Spread 的 VM,是对 Spread 的深刻理解和全面把握,由此所创设的 1＞100 的数学模型,只是希望实现 CELL。

(2) 1＞100 的数学模型,利用 Spread 与利率,及其时间价值所创造的超额利润,对 Spread 进行 VM,Spread 价值可为 FIS/Bond 增信提供价值基础,保证 Spread 持有人不再演变为最后担保人而承担无限责任,从而保持 CELL 不再破局。

三、内在框架

GECE 可由 CEC 及其主要投资者,与欧盟、英联邦、瑞士、日本等发达国家和地区的资本集团共同或分别合作建立,既可以在欧盟、英联邦、瑞士、日本各设一个 GECE,也可以共同在欧盟创设一个 GECE。GECE,不仅交易

UA 的 Spread，比如 RBS，更重要的是，对 NSA 先行增信（CEA），并以机构定价的 Spread 进行转移。基于金融现行体制与习惯，GECE 既可安排 Spread 作为交易定价转移的 CDS 交易清算平台，也可安排 Spread 作为交易对象转移的 RBS 交易平台，最重要的是安排 Spread 的 Retail & Wholesale 平台。

由于这些产品的交易结果是相同的，只是法律结构、金融语言或金融逻辑不同。通过一定阶段的运行，Spread 交易一定会深入人心。由于 NSA 的 Spread，作为 Retail 买卖，GECE 所有成员均可参与 Spread 的 Retail 交易，可以获得 Spread 批零差价却无需承担资产风险。而且，这个批零差价又可作为 RBS 的"担保品"，为 UA 的 Spread 交易者，或者 CDS 交易对手提供"担保品"，有利于调动欧盟、英联邦、瑞士、日本等发达国家和地区的各类金融机构积极性，广泛参与 GECE 的交易活动。

第四节　AMC 及其债券市场

一、AMC

1. 基本框架

AMC 是指 NSA 或 2F Global 的资产管理公司。在另类金融体系中，AMC 与 CEC 共同构成了 RFIR 市场。CEC 自身不从事其他任何金融业务，只是为 AMC 或其他符合要求的 UA 提供 CEE，即通过 Wholesale 方式购买 Spread 为 CEA 进行背书或缓释风险。AMC 是为 2F Global 设立的 SPC 法律框架的 R-ABS；CEC 既可为 SPC 的 AMC 所发行的债券提供增信，也可为 SPV 法律框架的优先级证券提供所谓"外部增信"。

2. 设立与定位

首先，作为 NSA（FP 或 FI）的批发商，建立在"为管而买"的经营理念上，AM 或 VM 是公司经营方式，但并不直接介入 Retail 市场。AMC 如果直接介入 Retail 市场，将受制于资本金限制，而且，Retail 与 AM 或 VM 在经营方向上都是不同的。因此，AMC 应该通过批发购买零售机构的金融资产依据资管目标或特殊目的进行管理。

其次,AMC 属于 SPC 的资管机构,资管目标或特殊目的是在 CEE 基础上确定并降低 Spread 或融资成本,如同 2F America。AMC 是 CEC 实现另类金融体系和资本市场的重要角色,两者相互依存、相互支持,如同美联储与其几百个成员之间关系一样,均属于 RFIR 市场。犹如美联储与 2F America 的关系,2F America 执行着美联储的按揭政策与按揭利率,美联储则在 RFIR 市场上为 2F America 提供低成本资金。

再次,AMC 的资管目标应符合 CEC 增信机构的经营理念。AMC 用于购买 2F Global 的资金,应该来源于 AMC 所发行的债券,并由 CEC 为 AMC 债券进行增信,当然通过 GECE。因此,CEC 通过 GECE 为 AMC 发行债券进行增信,使其成为 RFIR,可在债券市场上获得低成本资金。在为 AMC 债券进行增信的同时,降低了 AMC 的融资成本。

最后,由于中国金融资产无论是 ABS,还是资管计划/信托计划都不可流通到资本市场上去。中国据此无法批发购买零售金融机构的金融资产,成立这种 AMC 也就变得不可能的,也许可以成立所谓不良资产处置的 AMC。

据粤港澳大湾区(下称"大湾区")的政策,境外机构可以跨境购买大湾区金融资产。据此,可选择几家在港交所上市的小贷公司或资管公司改造为作为分门别类批发购买的 AMC。港交所上市的小贷公司或资管公司,如被 CEC 选择作为 AMC,则具有了历史性的发展机遇;否则,这些小贷公司或资管公司将会被小贷市场的激烈竞争所淘汰,不仅因为利率,而且因为资金来源。但是,作为 2F Global 的 AMC,管理目标正是确定并降低 Spread,或者融资成本。如果 AMC 与市场推广速度最快的社交平台相合作,将以绝对优势迅速占据 2F Global 的主要市场份额。

3. AMC 本质:无风险套利

AMC 债券经 CEC 提供的 CEE,可在负利率或零利率的资本市场上募集到低成本资金,此就可以获得稳定的 AM 利润,这就是 AMC 本质,即无风险套利。进一步来说,AMC 不仅可以无风险套利,而且只要秉持资管目标或特殊目的,只要发行 CEC 所设计、增信的债券而获得低成本资金,AMC 因此将练就"不死之身"。也就是说,在 CEC 支持下,AMC 可以永续经营与永续发展,具有可持续发展的天然"基因"。正因为如此,CEC 才可在 AMC "不死之身"中不仅实现 CELL,而且可以为 CEC 股票投资者获得超额利润。

不仅如此,基于 FP 的 AMC,未来具有无限发展的可能性,AMC 秉持这种可持续发展的天然基因,不仅体现在 AM 上,而且体现在资管对象上。而且,FP 的违约坏账概念,也应该得到相应调整。个人死亡是个保险概率,个人破产又应该与公司法人相区别。在调查好个人死亡或破产关系之后,未来的 FP 应该没有逾期违约之说,只有故意废债或逃债之说,即以"出民而入刑"为违约管理原则。这样的 FP 不仅促进个人全面进化发展,而且更有利于 AMC 的管理目标,减少违约现象,在确定违 PD 基础上确定、调整并降低 Spread。

二、债券市场

AMC 收购 NSA 的资金,将来自 CEC 增信的 AMC 债券。经增信的 AMC 债券作为 RFIR,可在实行负利率或零利率的发达国家资本市场上市发行并获得低成本资金,并按照资本市场对于 1>100 数学模型的理解程度,对于 CEC 或 AMC 的认识深度,RFIR 将逐步趋于零。这也正好符合了 AMC 债券对低成本资金的需求,特别是 2F Global。

对于债券市场来说,AMC 本来就是"不死之身",应该属于 RFIR 市场。AMC 不仅因持有 2F Global 具有还本付息的能力,而且 CEC 的增信是建立在 1>100 数学模型之上的,可以在任何时候均可偿付到期违约债券。因此,AMC 债券对于实行负利率或零利率的发达国家资本市场来说,特别是对于诸如养老基金、保险基金、退伍军人基金等长期投资基金来说,是一个无风险套利的金融产品。

除此以外,CEC 也可为符合要求的 UA 提供增信,既包括为高科技基础设施投资公司或持有公司债券提供增信,也包括为新型金融基础设施投资公司或持有公司提供 CEE,亦可为房地产投资企业与商业地产运营机构债券提供 CEE。当然,这些债券如同 AMC 债券,也是一个无风险套利的金融产品。

债券承销商将是参与 CEC 与 GECE 的投资者。只有彻底认识 1＞100 数学模型及其 CEC 或 CEE,作为 CEC 与 GECE 的投资者,债券承销商才能作为瑞士、日本、欧盟、英联邦等发达国家和地区资本市场的唯一债券承销商。由此产生的债券承销费用,完全基于这些债券承销商的推销能力,因此利润丰厚而长远稳定,并且应该属于无风险套利。AMC 债券的定价货币,既可以交易所在地的货币,也可以人民币进行定价(在汇率对冲机制条件下),比例可为 50% 对 50%,这是人民币(债券)国际化的最重要步骤之一。在这个人民币债券国际化过程中,中国相关商业银行与金融机构应当建立汇率风险对冲机制,如同汇率 CDS,把未来汇率风险作为 MC 确定下来,保证人民币债券国际化平稳运行。因为人民币债券国际化,就是人民币国际化。

第五节　小贷机构及其批零市场

一、小贷机构

1. 零售金融机构

在风险理论中,除了金融市场上的融资资产或增信资产(FIS/Spread),其他风险资产无须批零市场,比如保险机构就是直接制造并持有保险资产。在信用理论中,信用资产也无须批零市场,金融机构直接制造并持有信用资产。问题是,信用资产与风险资产不同,有的信用资产在持有期内可能发生 PD,导致不良资产、坏账资产超过预期利率,使得商业银行及其贷款机构损失较大,于是不良资产的 AMC 应运而生。商业银行及其贷款机构持有优良资产,AMC 持有不良资产与坏账资产,这种分类"粉饰"了商业银行及其贷款机构。

如果理解了风险资产与 PD 关系,就应该将商业银行及其贷款机构,或者融资机构,定位为制造金融资产或融资资产的零售金融机构。这些零售金融机构,只是为了出售而制造金融资产,在"为卖而造"的经营理念下,既不受限于资本金,又可无限制造金融资产并出售金融资产,并且获得资产批零差价而无须承担资产风险,这就是无风险套利。因出售资产而获得资金即资产现金化,既可加速资本周转率获得超额利润,又无须为再贷款资金高息揽储,并逐渐演变成为P2P,即使在负利率时代也无损其核心盈利能力。

既然是出售融资资产,必然具有定价交易模式。这不仅可以规避零售金融机构的道德风险,亦可方便追究零售金融机构的道德风险。这样,在剔除了人为主观因素后,非常有利于确定不良资产或坏账资产的客观概率及其风险定价(Spread)。正因为如此,零售金融机构无须复杂化,降低或简化经营成本是第一要素。小贷机构凭借成本优势将成为零售金融机构的主角,并将在AMC的支持下,成为另类金融体系的另一重要角色,与AMC一起构成了金融资产或融资资产的主要交易对手,成为无风险套利市场上的重要组成部分。

2. 重整中国NSA批零市场

将NSA经营从现有的粗放型、管理目标不清的一体化经营模式,转化为分工有序、风险可控、盈利稳定的产业链,即无风险套利市场。根据NSA期限错匹、风险差异较大、个体数量巨大的特点,可将NSA经营从单一经营体制转化为零售机构(Retail agent)与资管机构(AMC)的Retail & Wholesale经营体制,并配置于地方金融资产(债权)交易中心。

1) 小贷机构

转化为小贷机构后,应该根据AMC要求(包括融资者信息与市场指导利率)从事零售贷款业务;否则,将难以独立生存。因为小贷机构的一体化经营模式,资金与利率都不具市场竞争力。也就是说,转化为零售机构的小贷公司可以生存下去,没有转化为零售机构的小贷公司,必将因市场利率或市场竞争而退出小贷市场。小贷公司转化为零售机构后,因零售贷款所形成的NSA建立在"为卖而造"的经营理念上,小贷机构在出售给AMC获得零售利润的同时,不再承担资产风险,因此具有较大优势,构成无风险套利的重要组成部分。

2) 小贷机构的优势

（1）因 AMC 提供低成本收购 NSA 的资金，使得小贷机构在制造小贷资产时所运用的利率具有市场优势，而未转化为零售机构的小贷公司则无低利率资金而无法竞争，同为转化为零售机构的小贷公司，因地域管辖而相互无需竞争。

（2）因 Retail 业务而加强了小贷公司资本周转率，使其获利丰硕，这更有利于 AMC 对 NSA 利率市场的目标管理。

（3）小贷公司经营成本低廉，在 Retail & Wholesale 经营体制下，所推行的市场利率更具优势，更可巩固市场地位，获取更多市场份额。

（4）小贷公司因地域属性，可深入社会各个层面，有利于贷后信息的跟踪与分享。

（5）2F Global 将回归金融体系主体地位，并为 Spread 未来全球经营战略奠定坚实基础。

二、Retail & Wholesale 市场

基于小贷机构从事各种小贷业务，且数量上众多，又基于 AMC 的各种分类，需要在 Retail & Wholesale 之间建立一个小贷资产的交易平台，即金融资产或融资资产的批零市场（下称"批零市场"）。中国已经存在着差不多 50 多家地方债权资产交易中心，因受限于证监会的金融产品、证券产品的交易，又受限于金融资产不可流动性，故基本处于停滞状态。根据上述大湾区的跨境资产买卖政策，上海自贸区因此也可享有这一政策，可以设立跨境资产交易中心，并由中国 50 多家地方债权资产交易中心作为分市场加入，承担小贷资产或金融资产的批零市场职责。由于境外 AMC 与境内小贷机构或金融机构之间的跨境资产交易业务，一方面不违反中国证监会关于资产交易中心的限制，另一方面也不违反境内金融资产进入资本市场的限制。这不仅可以降低了境内小贷机构或金融机构的资本杠杆，而且境内小贷机构或金融机构也可获得了批零利润，提升上市机构的股价，也从根本上转移

了资产风险,或者不再承担小贷资产或金融资产的违约风险。对于因资本杠杆过高可能面临价值重估的蚂蚁科技与京东数科来说,按照上述方式进行公司重组,不仅可以维持公司原有估值,而且可以扩大个贷业务范围,大大地增加公司估值,因此,化危机为转机,时势造英雄。

第六节 2F Global

一、基础资产

与融资资产(FIS/Bond)R-ABS(2F America)不同,风险资产证券化(RBS)的 SPC 法律框架为权益增信机构(CEC)。CEC 名下资产池中的基础资产,则是由 Spread 转移所演化的 RA。当然,Spread 作为交易对象转移,基础资产也可称为 Spread。CEC 通过批发购买并持有 Spread 或 RA,并对其进行 VM,从而实现 CEC 股份对 CEC 负债或边际成本(MC)的 CEE,间接地支持了 Spread/RA 的 Retail & Wholesale 所形成的 CEA,吸收并消化了 CEA 中随机违约风险,最终为 UA 或 NSA 进行 CELL。

作为基础资产的 Spread 或 RA,是通过 CEA 从 2F Global 中转移出来,并通过 Retail & Wholesale 机制置于 CEC 名下。FP 已经成为本世纪商业银行开拓业务主要方向,业务增长非常迅速,是利润增长的主要来源。中国则由金融科技企业把 FP 推向一个崭新高度。20 世纪最后 30 年,美国 FG 的主要对象是 FI,却因 FG 的价值管理失当,导致 FI 在全球资本市场上失去支持而消失。中国金融则在本世纪取得了巨大成功,迈入了金融大国行列,这主要归功于举世瞩目的 FI。但是,无论 FP,还是 FI,在中国却由于作为金融资产不可转让,或者买断式进入资本市场,导致中国金融杠杆居高不下。蚂蚁科技暂缓上市,则体现了这种中国金融监管的扭曲,并可能因合规需要而断送金融科技的迅速发展。

在这种扭曲监管情况下,习近平主席高瞻远瞩,为上海自贸区提出了创建"国际金融资产交易平台"的建议,希望中国金融资产融入全球金融贸易体系,以国际交易规则改变国内难以改变的所谓"金融体制",即金融资产无法通过买卖交易进入资本市场,在市场交易与市场定价中缓释资产风险。因此,这个平台的创建,不仅可以促进中国金融科技的健康合规且迅速发展,进而可以将中国的各种银行及其金融机构所持有的近百万亿元人民币的 FI 得以交易,真正实现金融去杠杆,可以使中国从金融大国迈入金融强国。

但是,中国金融监管部门却希望在这个平台上交易标准产品或非标产品。这是因为,金融资产属于央行或银保监会监管,对外的资产交易属于证监会监管(内部资产交易最大市场"银行间债券交易市场"仍由央行或银保监会监管)。如果不形成标准产品或非标产品,证监会无法着力,如仅为金融资产,无论 FI,还是 FP,央行或银保监会则不会同意在这个平台上进行国际(跨境)交易,否则会被质疑为什么不能在国内进行金融资产交易,这是问题的关键。尽管近期海南的"三亚国际金融资产交易中心"可以跨境出售信贷资产,但仅限于不良资产和贸易融资资产,这不具任何创新概念,因为早在 20 年前已经存在。由此可见,习近平主席提出的"国际金融资产交易平台",就是要打破金融资产画地为牢的监管方式或"封建割据",从根本上优化金融资产结构和金融体制结构。

从中国金融开放,或者对接国际金融贸易体系角度来看,"国际金融资产交易平台"应该是把具有较为优势部分的金融资产,比如网贷个贷(FP)先行向全球资本市场开放,然后再开放金额巨大的 FI,在取得国际资本信任的条件下,再将标准产品或非标产品推向国际资本。因为中国金融机构所"制造"的非标产品远远难以让国际资本所接受。标准产品设计更是落后于国际市场,设计能力非常有限。债券及其结构化产品等 FIS,因为缺乏有效增信而难以吸收国际主流资本,尽管发达国家已来到负利率时代。权益产品更是落后,中国股市 20 年未有成效。剩下的 FI 和 FP,作为 2F Global,如上所述,中国不仅可以与国际资本站在同一起跑线上,而且金额巨大,对人类未来的全面进化发展具有重大意义。因此,中国的 FI 和 FP,则是"国际金融资产交易平台"主要交易对象,由此才能从其中转移出

Spread 或 RA，形成 CEC 的基础资产。

二、OCE

作为 CEE，CEC 是对 CEA 的支持与增信，即"增信的增信"，因此也可称为"终极增信"。如前所述，CEA 难以抵御随机风险，可能会破局 CELL，使 Spread 持有人成为最后担保人而承担无限责任。CEA 需要 CEE 的支持与背书，CEE 则以 CEA 为前提，通过 Spread/RA 的 Spread/RA 可以汇集到 CEC 名下并进行 VM。因此，CEE 与 CEA 的相互关系，则在 Spread/RA 的批发购买中得以实现。在 CEC 支持下，OCE 不仅可以包括 UA，而且可以扩大到 NSA。NSA 并不具有 CR，因此在资本市场上很难找到相应的增信产品，但又确实需要通过 CEE 降低 Spread 或融资成本。在另类金融体系中，2F Global 是 NSA 的最主要部分，也是 CEA 与 CEE 重点，更是作为 CEC 的根本未来。

在 CEC 支持下，对于 FI 来说，以 SPV 模式的资产证券化所发行的优先级证券可以作为 OCE，但是，由于 FI 的数额巨大，如果全部采用 G-ABS，导致资本市场资金压力太大，刺激市场利率上升而适得其反。因此，既可把新的 FI 设计成特殊债券作为 OCE，又可把旧的基建融资直接增信后卖给央行或抵押给央行，也可卖给国际商业银行或金融机构。

FP 包括且不限于大学生贷款、创业贷款、按揭贷款与消费贷款。除了按揭贷款，均属于高风险高利率的短期 FIS。因此，这些杂乱特质的 FP 是无法作为 OCE 的，必须把它们融化于 SPC 模式的 FP 证券化，或者在 AMC 中消化这些杂乱特质，才可把 SPC 或 AMC 发行的债券作为 OCE。FP 应该改变违约及其 PD 概念，并配之以有效的运行机制。

其一，特别是要把"逾期违约"改为"条件违约"，如同发达国家的"大学生贷款"。

其二，FP 的多样性归于并平衡于购买个人贷款的资管机构（AMC）之中。

其三，FP 的 AMC 债券及其 FI 债券，应该在 PD 定价加上 Spread，便可大幅降低融资成本。如果 2F Global 开始出现,并逐渐大于 2F America,意味着金融人权在世界各国的真正实现,方可大大缩小发展中国家与发达国家之间的经济差距,大大缩小个人之间的贫富差距,从而造福于全人类。

三、市场需求

2019 年美国"二国会"通过 2 万亿美元基建项目至今也没有落实资金或 FI。据估计,未来 5 年内,东南亚地区需要 3.5 万亿美元 FI,未来 20 年至 30 年间,发展中国家和地区的 FI 需求将高达十几万亿美元,全球智能社会的 FI 需求将高达数百万亿美元。由于 FI 的特性,基建项目需要发行长期债券。

过去欧美发达国家排斥 FI,全球资本市场没有一个支持 FI 的金融产品。随着智能社会的到来,金额高达数百兆美元的基建投资已经不是哪个政府机构、金融机构可以自行解决的,著名国际投资者孙正义仅购买一个基础数据公司(ARM)就花费 340 亿美元之多。因此,要么全球资本市场提供可支持 FI 的金融产品,要么远离智能社会,这个难题已经不可避免地摆在世界各国政府面前。

FI 尽管为中国经济发展提供了强大动力,中国运用 FI 高达百兆元人民币之多,却造成了中国金融杠杆过高,市场利率高企,国有资本无奈地联结着金融资本并形成了所谓"国家资本主义",不得不依赖超发人民币来维护现有金融体系,中国债务危机可能引发全球金融风险。CEC 可以切割债务风险纽带,分离国有资本与金融资本,消除被动形成的"国家资本主义",加强以增信为中心的资管业务,形成全新的金融体系。不仅可以解除融资难融资贵的顽症,而且可以消除金融高杠杆与人民币超发的根源。

1. 中国 FI

由于中国 FI 数额高达百万亿元人民币,中国资本市场将难以承受,即使承受得了,也会推高市场利率而与 ABS 的特殊目的背道而驰:降低 Spread 或融资成本。对于数额高达百万亿元人民币的 FI,应该按如下要求进行增信：

首先，资产增信后的 FI 将转化为 RFIR。RFIR 不仅可以在中国资本市场上如同国债进行交易，抑或由央行购买或回购，而且可以在国际资本市场上交易变现，可以实现金融去杠杆，优化金融机构资产结构。RFIR 将深受国际资本市场的青睐与热捧，不仅丰富了无风险的套利产品，而且真正实现了人民币国际化。也就是说，FI 的变现渠道多元化，不仅仅依赖于中国资本市场，还有利于国有企业与地方政府降低融资成本，有利于央行不再支持人民币超发，更有利于人民币国际化，可谓"一石多鸟"。

其次，资产增信后所形成的 RA，通过 Spread/RA 的 Retail & Wholesale，及其 CEC，从而最终支持或增信 FI。CEC 不仅实现了 FI，由机构定价向市场定价的转化，降低了 Spread 或融资成本，而且可以抵御随机风险，也就真正实现了对风险资产的终极增信。CEC 支持或增信了 FI，不仅有利于中国金融机构，有利于中国国有企业，割断了国有资本与金融资本的风险纽带，可以化解西方国家将中国国有企业认定为所谓的"国家资本主义"。

最后，CEC 不仅支持或增信 FI，支持中国金融机构持有的百万亿元人民币的 FI，并将 FI 作为 RFIR 进行交易，而且可以支持或增信尚未增信的，或者尚未证券化的 FI。当然，CEC 也可以支持或增信"一带一路"FI，抑或支持或增信全球未来智能社会的 FI。

2."一带一路"的 FI

未来 20 年的"一带一路"基本建设，可能需要高达百万亿元人民币资金，任凭一国之力，即便是世界第二大经济体的中国，也不可能单打独斗，而且政治风险巨大。因此，由中国牵头主导的，充分发挥"一带一路"各个沿途国家与沿途项目参与方的积极性，形成融资主体多元化的 FI，才有可能完成如此规模的基本建设。"一带一路"基本建设问题实际上就是"一带一路"FI 问题，如同中国基本建设问题一样。CEC 所支持或增信的"一带一路"FI，包括且不限于"一带一路"沿途国家与项目公司的长期债券证券化，中国金融机构的长期项目贷款证券化，以及亚投行的长期项目贷款证券化。

这些 FI 均以人民币计价，可以首先在中国证交所发行交易，其次到港交所、伦交所、纽交所等世界资本市场上发行交易。

前述各种"一带一路"长期债券所募的资金，都将以人民币形式支付给"一带一路"沿途国家与项目公司开设在中国商业银行账户上，甚至开设在交易所所在地的商业银行账户上，并以政府采购或项目采购形式向中国相关基建企业进行采购，支付结算货币均为人民币；如涉及基建项目所需的材料、技术、设计、人力资源等需要外币支付的，由中国相关基建企业按外汇管理规定办理。这样，不仅中国基建能力得以充分发挥，中国过剩的基建产能也可以找到替代市场，由此产生的产业结构进行外移并提升技术含量，中国基建能力也就逐渐成为人民币国际化最佳的回笼资产或回笼产品。

3. 全球智能社会全面超前建设

随着智能社会临近，世界各国各地区未来 10 年必然竞相追逐，跨入并拥抱智能社会。未来智能社会的基础设施建设所需资金，与现代社会的钢筋水泥式的 FI 不是同一数量等级，将会是一个天量级的数额。全球智能社会全面超前建设，任何国家或地区都不可能仅仅依靠自身现有财力完成的，FI 势在必行；否则，欧盟或英国如果仍然按照现有规则仅仅依靠自身现有财力进行基建投资，极有可能会被边缘化为地球西北角的"小鱼村"，数 10 年后的东亚人或东南亚人极可能很少会出差欧盟或英国。根据相关预测，在未来二三十年间，全球未来智能社会的 FI 总额可达数百万亿美元，现就下例各种迹象奉献给大家共享。

全球投资界著名的孙正义先生仅投资一个名叫"ARM"的数据公司就花费 340 亿美元，这个数据公司就是为未来智能社会提供基础数据的，实际上就是一个智能社会的基础设施项目投资。不仅如此，在 20 世纪末韩国发生经济危机时被韩国总统邀请提供治理建议时，孙正义先生只说"宽带、宽带、宽带"，这仍然是现代社会经济赖以迅速发展的、最为关键的基础设施项目，于是韩国在 21 世纪前 20 年又获得一次经济腾飞机会。现在，全世界各地的人们飞去韩国首尔，一下飞机就可以免费获得高速宽带"Wi-Fi"，方便资讯交流所带来的经济效益将呈现快速增长势头。

为了加速中国未来智能社会建设,由各大投资基金投资成立了中国高科技设备融资租赁公司,该公司动辄几十亿元,多则上百亿元人民币的高科技基础设备租赁业务,比比皆是。也就是说,目前的高科技基础设备,不再是一个高科技公司或地方企业可以承受的投资,并且难以在商业银行获得贷款,更不是一个地方政府可以单打独斗地武断投资的。高科技基础设备毕竟涉及金额巨大,FI 势在必行。但是,只是依靠融资租赁的"高利贷",会把高科技公司赖以持续发展的新鲜血液(利润)榨干的,必须将其列入国家战略或长远利益,作为特殊目的去创建证券化(SPV 或 SPC),大幅度下降高科技基础设备融资成本,为高科技公司提供可持续的发展空间与技术提升能力。

四、债务违约新论

2F Global,融资主体并非公司法人,而是国家政府或地方政府或/及其融资平台和自然人。国家政府或地方政府与自然人,与公司法人在债务违约与破产倒闭方面,均有不同之处。在未来,2F Global 将成为全球另类金融体系的重要组成部分,更要谨慎处理债务违约与破产倒闭问题。

国家政府或地方政府是否可能债务违约,要分为两个部分来说明。对一国金融体系与资本市场来说,国家政府或地方政府应该不存在债务违约的可能性,国家政府因 NSC 而拥有货币发行权。对于全球金融体系与资本市场来说,某一国家政府或地方政府应该存在债务违约可能性,因为存在国际债务的可能。但是,国家政府拥有的一国货币发行权并不能排除国际债务违约的可能性,因为通常需要国际货币而非一国货币作为发行、交易或清算货币。因此,非发达国家和地区的 CR 可能因债务违约而低下,即使第二大经济体的中国,其 CR 也只有一个 A,还经常下降至 A-。

但是,与公司法人不同的是,国家政府或地方政府与自然人债务违约并不等于破产倒闭。公司法人债务违约被诉之法院而破产倒闭,或者自行寻求法院的破产保护,在破产保护期结束后可能倒闭。国家政府或地方政府与自然人,在很多国家和地区,包括中国在内,均不存在破产倒闭。即使中国深圳出台"个人破产条例",也是因为公司法人破产导致的个人股东无限责任。这个破产条例既无法理上之意义，又确认了公司法人的无限责任在中国的法律现状。

即使有的国家和地区，国家政府或地方政府与自然人可能破产倒闭，但债务违约可能走向破产（保护），却很难走向倒闭。因为公司法人作为一般拟制人，是可以因为破产而倒闭，被注销公司法人登记而"死亡"的。但是，国家政府或地方政府与自然人可能因债务违约可能走向破产，却无法"死亡"而倒闭。这样，国家政府或地方政府与自然人可能存在破产保护，或者破产，却因无法"死亡"倒闭而一直处于破产状态。那么，这个破产状态可能跟随直至个人生命尽头，或者国家政府或地方政府消亡；但在个人死亡之前，或者国家政府或地方政府消亡之前，可能归还债务，消灭破产状态。

因此，国家政府或地方政府与自然人的这种破产状态，在放贷机构财务上应该有个与破产资产不同的名称，如同边际成本一样，在未来某一天再核算盈亏。比如，当国家政府或地方政府与自然人进入破产状态后，除了必须对其严格破产待遇，也给予免息免费，直至其可以摆脱破产状态。这种融资资产的法律处境或财务状态，对于 2F Global 的资产管理机构的财报至关重要。

FP 如同发达国家的大学生贷款，应该是条件还款，即拥有多少工资收入时才可以还款，而且充分考虑现有生活费用，否则不用还款。但是，如有条件还款而逃避还款，应当以"出民而入刑"进行处罚。这种个人融资，彻底打破了逾期违约概念，也就是说，逾期违约只适用于公司法人，不适用于个人融资。没有逾期违约的个人融资，对于 2F Global 的资产管理机构的财报至关重要。

五、CEC 引领全球金融的未来

在货币超发的负利率时代，社会各方利益应趋于相对平衡，不仅用以缓解社会矛盾激化，而且促进全人类的共同进化发展。代表资本的，尽管因超发货币使其资本缩水，为规避风险热衷于投资 RFIR 而正在不断失去实际资本收益，但其坐拥的资产却在不断升值，巨额负债因此减少利息支出而获利;代表政府的,为适合民意执政而发行负利率长期债券,可获得无成本的行政资金,但 FI 却可能引发超发货币,CEC 则可帮助政府解套 NSC;代表民众的,因人类进化发展需要获得廉价资金,在不断减少实际利息支出的同时,因长期负债所增加的知识资本、按揭房产、创业资产及其人生经验,却可获得巨大的升值空间,造福于全人类。因此,代表各方平衡利益的 CEC,将引领全球资本走向新时代,重新分配社会财富,最终实现人类平等发展。古典经济学家马克思先生,或许所有乌托邦主义所追求的美好梦想,唯有 CEC 为其实现。

  Spread 既可为资产定价,又可为独立资产,犹如"数字黄金"。20 世纪 70 年代,抛弃了金本位货币制度,建立了以国家主权信用支持的、以美元为"顶层筹码"的全球货币体系,尤以美债美元、石油美元、Swift 美元三大支柱为特征的顶层筹码,形成了美元全球霸权地位。但从 2020 年开始美元三大支柱均显示崩塌趋势,美元边缘化日趋明显,回归金本位呼声不断。以 Spread 为基础的 CEC,作为市场交易信用所支持的 CEC,不仅可为数额巨大的全球 FI 提供增信,为未来无限增长的 FP 提供增信,而且可以为一切风险产品提供信用支持(甚至包括国债及其支持的货币),必将成为全球资本市场的终极信用基础。

第十章

改革中国金融体制

SPREAD, IT'S PARTED & VALUE MANAGED

利差增信的价值管理
——开启财富之天眼

第一节 终结"融资难、融资贵"历史

一、降低融资成本

对于具有 CR 而为市场定价的 UA,机构定价无法推高市场利率。可以推高市场利率的机构定价,只是基于尚无 CR 的 NSA。一方面,尚无 CR 且由机构定价的基建融资(FI),占据了中国金融资产的半壁江山;另一方面,涉及面甚广,且尚无 CR 的个人融资资产(FP),包括大学生贷款、按揭贷款、创业贷款(小微企业融资、网络微商融资)与个人消费贷款等中国的 2F Global,均因"木桶长板"管理效应,机构定价推高了市场定价(利率)。又因融资资产不具流动性,无法配置资产 Retail & Wholesale 机制与 R-ABS 机制,金融风险"胀痛"于金融机构,导致金融杠杆过高、金融资产结构恶化、市场利率倒挂而丧失定价机制。

所谓"木桶长板"管理效应,是指金融监管机构按照 PD 较高或较高风险利率(长板)的风险资产(FIS/Spread)进行定价监管,从而保护无能低效的金融机构,表面上为整个金融机构体系提供了超额利润,实质上却导致整个金融机构体系效力低下或资产质量低劣,故与"木桶短板"管理效应相对而言。中国金融机构将中国经济增长的60%以上利润生吞活剥了,却留下一个效率低下、资产质量低下的金融机构体系。如果对风险资产(FIS)按照基于PD的Spread平均数值(短板)进行监管,持有较高PD或较高风险利率的风险资产(FIS)的金融机构,要么放弃持有这种风险资产,要么因无法竞争而难以制造、持有这种风险资产。对于社会实体经济来说,将会释放出巨大生产和交易能力,可以创造更多GDP。

Mortgage属于尚无CR的NSA,只能进行机构定价而无法进行准确的市场定价。机构定价必然会产生金融机构自我保护意识,可能产生"木桶长板"管理效应,推高Mortgage的融资成本。美国首创Mortgage的资产证券化(MBS/2F America)所配置的Mortgage批零机制,不仅实现了降低Mortgage融资成本这一特殊目的,而且实现"居者有其屋"的美国梦这一国家战略或长远利益。从增信角度看,这不仅使从事Mortgage业务的金融机构可以取得批零差价获利却不用承担资产风险,而且实现了以CEE为基础的权益定价,进行支持了以CEA为基础的资产定价,机构定价由此转化为市场定价,降低了Mortgage融资成本,实现了资产证券化的特殊目的,无论SPV的MBS,还是SPC的2F America。作为R-ABS,2F America的表层特殊目的在于实现以CEE为基础的权益定价,从而实现CEA为条件的资产定价,所实现的深层特殊目的却在于降低Spread或融资成本。通过R-ABS,2F Global可从机构定价转化为市场定价,降低Spread或融资成本,彻底终结"融资难、融资贵"的中国金融历史。

二、便捷融资

对于OCE(FIS/Bond)的增信,无论是CEA,还是CEE,均可省略市场投资者的判断成本。增信的FIS/Bond由此转化为RFIR,仍为全球持有最大资本额度的、资本市场上主流的长期投资者欣然接受。首先,从财务透明度高且具CR的FIS/Bond中转移出来的Spread,既可进行Spread产品化（RBS），由喜好风险的市场投资者进行投资；也可进行 R-ABS，并配合资产 Retail & Wholesale 机制，形成权益增信机构（CEC）。其次，对于符合国家战略或长远利益的、尚无 CR 的 NSA，因机构定价过高也难以吸引厌恶风险的市场投资者的眼球，却可通过配置资产 Retail & Wholesale 机制与 R-ABS，最大限度地发行经增信的优先级证券/SPC 债券，作为 RFIR，可以吸引厌恶风险的市场最主流的长期投资者。

开展 R-ABS，无论是 RBS 或 CEC，还是 SPV 或 SPC，都必须配置资产 Retail & Wholesale 机制，不仅有利于从事 Retail 业务的贷款融资机构多元化发展，不再将 Retail 业务集中于商业银行，可以降低融资资产的制造成本，而且从事制造融资资产的各种金融机构通过批零差价获利，且不再承担资产风险。Retail & Wholesale 机制不仅可以极大地调动各类贷款融资机构从事 Retail 融资业务的积极性、创造性，特别对于符合国家战略或长远利益的、尚无 CR 的 NSA 的 Retail 业务，可以刺激各类贷款融资机构从事零售融资业务的竞争，从而破局"融资难"，有利于实体经济的便捷融资。

从投资角度看，增信的 FIS 或 Bond 转化为 RFIR，不仅可以方便实体经济容易地在各种资本市场上进行融资，而且特别吸收社会闲散的巨额资本或流动游资进入资本市场，更有利于抑制通胀与货币超发。从增信角度看，R-ABS，无论是 RBS/CEC，还是 SPV/SPC，既可以真正实现 CELL，又可以全面实现对 FIS 或 Bond 的终极增信。从融资者角度看，增信最重要功能就是，因省去判断的时间成本而方便融资。

在现行国际资本市场上，FIS /Bond 发行交易必有对冲工具或衍生产品，或者增信产品。其中，CDS 则是市场主角，尽管存在引发金融机构系统性风险的致命缺陷。全球债券（FIS）交易必备增信，无论是美国国债，还是欧盟主权国家债券，离不开增信。增信既有为了融资的 CEA（FG/CDS），也有为了降低 Spread 或融资成本的 CEE，特别是 2F America。Retail & Wholesale 机制与 R-ABS 机制，作为两个现代金融制度，不仅彻底解决了上述"大而不强"的金融机构与市场利率问题，而且可以大幅降低符合全球人类发展战略的 2F Global 融资成本，在释放个人与社会的生产动力，促进社会经济有效有序及可持续发展,实现人民币国际化的同时,中国便从金融大国迈入了金融强国。

　　反观中国大陆,增信如同陌路人。债券无担保,应该只属于金融机构参与交易的市场,比如中国银行间债券交易市场;银行贷款无担保,只可为国有资产信用贷款类别。不具管理责任或信托责任的融资产品大行其道,信托融资无增信,资管融资无担保,据此只能保底保兑,却要打破"刚性兑付"。自从中国证交所参与 FIS/Bond 发行交易后,无担保债券与所谓结构融资产品(FIS)雷暴一片。于是中国式信用等级 2A－债券(FIS)被要求必须提供融资担保,否则无法上市发行。因中国融资担保仍为民事担保还未跨入增信门槛,所有 FIS/Bond 是否可以增信,都是一个悬而未决的大问题。比如,融资担保机构超额担保,融资担保的 FIS/Bond 也就难以增信;融资担保机构无法及时偿付而涉及诉讼的,融资担保的 FIS/Bond 也就难以增信;融资担保机构因此破产倒闭的,融资担保的 FIS/Bond 更无增信可言。

第二节　优结构与去杠杆

一、优化融资结构

　　优化融资结构,也就优化了金融机构体系、市场体系和产品体系,可促进中国由金融大国转变为金融强国。为实现金融体系结构调整优化,首先必须优化融资结构,其次才能优化金融机构体系、市场体系、产品体系。因此,根据中国特色,就要先优化 FI。

　　FI 既表现为国有资产与地方政府的超过百万亿元中长期负债,又表现为金融机构持有的超过百万亿元的中长期固定收益产品(FIS)。中国基本建设的成功,是建立在 FI 成功的基础上。但中国 FI 所形成的超百万亿元、沉淀于金融机构的中长期 FIS,融资结构趋于恶化,金融机构体系、市场体系和产品体系还存在失调现象:一是长短利率倒挂,产品定价失准;

二是市场利率居高不下,金融机构难以正常服务于实体企业,并汲取了实体企业大部分利润;三是长期依赖货币(数量)工具,容易导致人民币超发。因此,以增信方式来优化 FI,才可能真正优化融资结构。FI 所形成的由金融机构持有的超过百万亿元的中长期 FIS,可以通过资产增信分离转移出 Spread,再行 R-ABS,使 FI 朝着"股权化"与"货币化"方向进行优化,从而真正实现 CELL。从理论上讲,FI 作为中长期 FIS,通过增信可转化为 RFIR。

其一,Spread 可以建立抵御 RDP 的量化模型(犹如高层建筑"阻尼器"原理),以 2F America 作为基础资产,发行权益增信产品(RBS/CEC),最终致使 Spread 实现"股权化"。

其二,增信的 FI,作为 RFIR,犹如同期国债或准货币,通过央行贴现或国债市场交易,甚至走向国际资本市场助力于人民币国际化,可为金融机构释放出数百万亿元的流动性。因此,将 FI 增信为 RFIR,就是实现"货币化"。FI 通过 R-ABS 可以实现股权化与货币化,从而可以优化融资结构。优化融资结构主要包括如下内容:

(1)金融机构建立以转移风险(增信)为目标的资管模式或风控方式,创建法定增信制度,配置资产 Retail & Wholesale 机制,创建 RBS/CEC,从而彻底改变金融机构的"只吃不泻、自然消化"的典当方式,根本放弃金融监管当局的"木桶长板"管理效应,从而可以优化金融机构体系。

(2)金融杠杆率可以下降至《巴塞尔条约》要求的八九倍,彻底消除金融杠杆过大所导致的"金融乱象",从而优化金融市场体系。

(3)可为金融机构释放巨额流动性,使产品利率更具竞争性和市场化,改变金融机构"朝南坐"的地位,促进其为实体经济服务,从而优化金融产品体系。

(4)逐步建立全球信用基础,即以全球化交易为基础的,市场信用所支撑的 CEC/RBS,用以支持数百万亿美元的"一带一路"及其全球基建融资,真正实现人民币国际化,引领中国走向金融强国。

二、金融去杠杆

金融去杠杆，一方面是让金融机构以各种名目的资管计划、通道业务所形成名义上的表外资产，从表外调至表内，按金融机构的资本金杠杆率进行管理，从而达到金融去杠杆的风控目标；另一方面需要建立资产 Retail & Wholesale 机制，并创设 R-ABS 机制，运用于符合国家战略或长远利益的 2F Global，特别是百万亿元级别的 FI 如果能够实现"真实出售"，必将事半功倍，推广权益投资而压缩资产融资，或者将融资资产转化为权益资产，基本上可以实现金融去杠杆。

从宏观上讲，在"外汇长城"保护下，中国 FI 成就了令全球惊叹的宏伟事业，即使英美发达国家，至今仍没有金融工具可以满足全球 FI 需求。因基建融资周期长、回报慢，效益低，中国金融机构也因此产生了数百万亿元风险较大的长期金融资产（FIS）。从微观上讲，金融机构以资管计划、通道业务不仅将这种资产很大部分地调整到表外，而且又在表外制造了新的这种资产，这两者共同形成了"刚性兑付"的所谓名义上的表外资产，而风险却并没有确认终止或真实出售。

表面上看，这种巨额的表外资产是金融机构在使用"加杠杆"的融资工具上出了问题。尽管资管计划、通道业务具有融资或再融资功能，在获得流动性的同时，又可将资产表外化，或者在表外制造新的融资资产，但这在会计上无法终止风险确认，除非提供足以解除"刚性兑付"的证据，在法律上也无法支持"虚假代理"。

实际上看，这种巨额的表外资产是金融机构在风控方式或资管模式上存在认知缺失。金融去杠杆就是要逐步停止资管计划、通道业务，割除其融资功能或再融资功能，表外资产重回表内，并按资本金杠杆率进行控制，要实现"金融去杠杆"风控目标，必须配之以最为有效的风控方式。风险转移，可以直接释放风险，建立资产 Retail & Wholesale 机制和 R-ABS 机制这两个互为支撑的机制，不仅可以满足金融去杠杆的风控目标，而且可以释放流动性。因此，Spread 转移的 CEA 与 CEE，就是最为有效的风控方式。

1. Retail & Wholesale 机制

除期货指数及其衍生产品外,制造金融(风险)资产的,无论是银行贷款、信托租赁、担保保险,还是资管计划、通道业务;无论是表内,还是表外,都属于从事零售业务的金融机构,包括商业银行、信托租赁、担保保险等零售金融机构。零售金融机构,除了不得从事产品发行业务(以防道德风险)外,应根据不同类型金融(风险)资产,运用不同的风险转移方法,建立 Retail 业务机制。其中,FI,上市公司/金融机构的长期债务,均应采取法定增信制度,如同存款保险制度。经法定增信后的前述债务,直接成为 RFIR,相当于短期国债,已达到风控目标。因增信从债务中转移出来的 Spread,可在资产 Retail & Wholesale 市场上出售,最终形成 CEC 或 RABS 所需要的基础资产。

2. R-ABS 机制

从事资产批发购买业务,并进行 R-ABS 的权益增信机构,CEC 或 RBS,除了不得从事 Retail 业务,应根据批发购买的资产类型,分别建立下述不同的 R-ABS 机制:

(1) ABS:在 Retail & Wholesale 市场上购买上述长期融资资产(FIS),并按其同质性发行结构化的 ABS,可以将所购 FIS 资产风险通过市场交易和交易定价转移到交易市场上进行释放,能达到风控目标。

(2) RBS/CEC:在市场上购买 Spread 或 RA,通过产品设计与市场交易,全部转化为风险资产证券化(RBS/CEC),最终在交易市场上发行交易,释放资产风险,或者将资产风险转化为市场风险、交易风险与证券风险。在达到风控目标的同时,支持"一带一路"FI,有效推动人民币国际化,造福于全人类。

第三节 国资市场化与主体多元化

一、"国家资本主义"及其无奈

众所周知,中美贸易冲突中的九大问题中的第五个问题,也就是核心问题,即中国存在严重的"国家资本主义"。所谓"国家资本主义",就是国有资本与金融资本的高度融合。中国金融负债为285万亿元左右,其中,中国国有资本负债为180多万亿元人民币,占金融负债63.16%左右。可见,中国的国有资本与金融资本确实存在高度结合,形成了所谓的"国家资本主义"。其实这是中国无奈之举,因为中国前40年高速发展时期未曾想到过这个后果,现在却是应该找到适当办法予以解决的时候了。

中国国有企业无法破产倒闭,否则会连累金融机构的资产质量,甚至引发金融机构的破产倒闭潮,极有可能产生多米诺骨牌效应。2018年7月下旬,中国金融机构开始"金融去杠杆",后因所谓国资破产泥潭可能导致金融机构破产倒闭潮这种担心所引发的"金融恐慌",最终不了了之。也就是说,只是简单地"金融去杠杆",或者允许国资破产,肯定无法消除国家资本主义。何况,"国债货币化"或"人民币股权化"这两种加强、完善国家资本主义的思路仍在中国占有很大市场。但应清醒地认识到,这种"国家资本主义"其实是基于中国特色的FI而无奈地形成的,并不是中国政府故意造成的。

首先,中国FI规模在100万亿元人民币以上,为国有资本负债总额的70%左右,占取金融资产负债的63.16%,也为金融机构资本金杠杆的6倍左右。因此中国"国家资本主义",其实是中国政府无奈之举,也许只能说明金融监管机构的无能。

其次,中国百万亿元的FI不是简单地为30个省级地方政府负债,而是240万个国资企业及其地方政府的负债共同构成的,这也许是世界基建融资史上的奇葩。因此,中国政府在FI方面取得了比美国政府更伟大的成就,至少违约概率分布面广泛,比美国50个州政府的地方债扩大了4.8万倍。不仅如此,中国FI是在"外汇长城"保护下形成的,否则不会取得令人瞩目的中国式基建伟业,也难保中国避免东南亚、南美诸国及其近期土耳其所遭受的国际资本打压与冲击。

二、解开金融风险之链

中国FI既表现为国有资产与地方政府的百万亿元中长期负债,又表现为金融机构持有的百万亿元的中长期 FIS。对于 FI 这种无 CR 的中长期 FIS，可运用 Retail & Wholesale 机制与 R-ABS 机制，进行分离、转移或分配风险，并通过证券的发行交易，实现资产风险转移，并转化为市场风险、交易风险、证券风险。但对于中国这种天量级的 FI，却不能简单地运用 ABS，中国资本市场可能无法承接如此天量的金融资产。因此，FI 可先以 CEA 方式分离并转移 Spread，在 Retail & Wholesale 机制配合下，再将 Spread 所转化的风险资产（RA）进行 R-ABS，最终形成权益增信产品（RBS/CEC），完全实现了对 FI 的 CELL。

由 RBS/CEC 增信的 FI，则成为 RFIR。其中的一部分可以在中国资本市场上如同同期国债进行交易；另一部分可以向央行贴现或抵押融资；剩余一部分更是可以在国际资本市场上出售，应该深受青睐与热捧，实现人民币国际化。由此可见，只要将金融机构持有的 FI 进行市场化操作，无论是 CEA，还是 CEE，都可以割断金融资本与国有资产高度结合的风险纽带，从而促使国有企业回归本业。有些国有企业已经完成基建使命的，所处行业属于市场竞争的，应该破产倒闭归零；有些国有企业仍为国家控制行业垄断地位的，可以轻装上阵，继续履行国家资本的职责。这样，所谓"国家资本主义"便可被扬弃，不再成为中国融入国际经济体系的障碍与诟病。

三、主体多元化的市场经济

40 年前中国改革开放的目标，就是市场主体多元化，以便融入国际经济体系。在改革开放之初，中国要把单一的国有资产所支撑的国有经济，逐渐发展出主体多元化的市场经济，补充并支持国有经济，使得市场经济与国有经济相得益彰，促进经济迅猛发展。

直至今日，我们不应忘记初心，改革开放的目标，不是消灭主体多元化的市场经济，而是继续巩固、壮大市场经济，进一步促进国有经济的发展，并且使得国资企业与民营企业共同参与国际市场分工合作，发挥各自不同的经济功能，为新时代的中国特色社会主义提供更好的发展前景。因此，解决中美贸易争端中的"国家资本主义"，既不能以国有资产的所谓"宪法"地位去回避贸易争端解决,也不能以所谓"国债货币化"或"人民币股权化"全面加强与扩大国有资产,消灭市场主体多元化,并将市场经济全部赶尽杀绝,回归所谓单一的国有资产所支撑的国有经济。这将把中国经济引入无法回头的绝命之路,更是无法融入国际经济体系。

第四节　促进产业结构调整与优化

一、鼓励创新创业,促进社会消费

1. 从根本上重新认识"FP"

在把40多年来的大基建时代所留下的 FI 彻底解决的同时,应该促进国家产业结构调整与优化,鼓励创新创业,促进社会消费。因此,我们可以从以下几个方面看待 FP 问题:

(1) 消费金融。从目前世界发达国家的经济结构来看,它们都将消费产业作为国家支柱产业,在消费贷款大力发展的同时,应当迅速消灭"高利贷"现象。

(2) 创业金融。创业金融,包括网络微商与微小企业,已经成为全球文明社会的共识。努力建设未来智能社会,对于创新创业扶持的创业贷款,包括小贷融资,同样应该列入国家发展战略予以支持。

(3) 大学生贷款。大学生贷款更应列入国家发展战略予以支持,因为大学生是国家的未来,人类发展的需要。

(4) 个人 Mortgage。在房价高企的今天,Mortgage 的融资成本必须降低,否则新生代就无法靠自己的工作努力买房,只能继承房产,这将会极大地制约房产的未来发展。

2. 解决"融资难融资贵"问题

现行金融体系中的许多消费金融定价问题必须解决,不能再以"木桶长板"管理效应进行金融监管与金融运行,彻底解决"融资难融资贵"的问题,促使广大消费者在更广泛的领域具有不同层次、不同质量的消费能力,从而

促使中国经济发展动力的更新与换代,促进国家产业结构的调整与优化。具体建议如下:

1)调整不合理的 Mortgage 融资成本

中国 Mortgage 的现行利率是西方发达国家的 3 倍左右,过去曾高达 5 倍左右。Mortgage 如此之高,对于中国个人消费者来说,这个融资成本是极其不合理的。不仅因为中国个人消费者平均收入低于西方发达国家,而且房价也远高于大多数西方发达国家。中国现行 Mortgage 总量高达 30 多万亿元人民币之巨,为中国金融机构提供了巨大的利润,却消耗了中国个人消费者的巨大购买力,限制了中国进入正常的消费型社会,不利于将消费产业转化为支柱产业。如果将 30 多万亿元人民币之巨的 Mortgage 形成 2F America 式的证券化,便可将 Mortgage 融资成本下降 1~2 倍,可以释放出个人消费者的巨大购买力,将有力地促进中国经济转型与发展。

2)消除高利贷

FP,特别是大学生贷款,在中国处于极其不良状态,不仅抑制了社会消费需求,而且不利于中国未来经济发展动力的培育。基督教、伊斯兰教均斥责为"可耻""贪婪"的高利贷事业却在中国蓬勃发展,FP 利率高达 18%~24%,丑陋血腥的高利贷竟然在中国得以堂而皇之地盛行,与宣称的社会主义价值可以并行不悖,也是中国一大奇观。高利贷的 FP 在短期内看有利于消费市场走俏,在长期看却会抑制社会消费总需求。大学生贷款在发达国家作为国家长期战略而大力扶持的公共金融产品,关系到国家、民族的长远发展能力,社会公平竞争体制的建立,及其社会阶层优化结构的根本问题。但在中国,大学生贷款不但利率高,而且非常难以推广落实,这与现行中国金融机构体制及其监管制度密切相关,特别与"木桶长板"管理效应有关。

3. 为小贷公司松绑

尽管中国大陆建立了小贷公司和消贷公司,却对资本金杠杆提出极端无理的限制条件,以及贷款资产转让的无理限制条件。

其一,小贷资产转让限制在金融机构之间,却将证券机构/投行机构排除在外。

其二,实在管不了贷款资产转让交易需求,就把资本金杠杆限制在1.5~2.5倍,不仅远低于金融机构普遍的10倍杠杆率(中国金融机构平均资本金杠杆却在15倍以上),而且转让的贷款资产也包括在内。

这种资本金杠杆限制了小贷资产转让,因资本周转率低,必然推高小贷资产的风险利率或融资成本。又因小贷公司和消贷公司持有小贷资产而要面对违约风险,必然不易开展小贷业务,而且小贷利率居高不下,这是导致高利贷的主要原因。可见,这种资本金杠杆及其资产流动性限制的监管思路,不仅导致中国无法产生小贷资产 Retail & Wholesale 机制,无法运用 R-ABS 机制实现降低 Spread 或融资成本这一特殊目的,而且直接催生了"融资难融资贵"这一中国特有的金融格局。现行金融监管机构如果改变对小贷公司和消贷公司在资本金杠杆或小贷资产转让条件上的无理限制,便可促进小贷资产走向良性循环。

(1) 推动小贷资产 Retail & Wholesale 机制,即在获得批零差价且不承担资产风险条件下,可以加大小贷公司和消贷公司制造小贷资产的积极性,个人消费贷款将会更加便捷。

(2) 创设 R-ABS 机制,即可对不具 CR 的个人融资/小贷资产进行市场定价,降低 Spread 或融资成本。由此所降低 Spread 或融资成本,可以进一步扩大并推动中国民众的消费需求,有利于中国建立长久的消费市场,鼓励创新创业,促进社会消费,将长久的消费经济形成良性循环、可持续发展的经济支柱。

二、减少产业发展成本,抑制金融既得利益

在中国,金融监管机构长期奉行的"木桶长板"管理效应及其低效的管理体制,直接导致"融资难融资贵"这一中国特有的金融格局形成并固化,不仅产业资本,包括实体经济所创造的大部分利润都被金融机构"吸干",而且即使国有企业的 FI 也被"高利贷"所困惑,也直接导致地方政府的"土地财政"的形成,更是人民币每年超发 14% 以上的基础因素。中国实体经济或

产业资本,是经济发展的动力和火车头,如果长此以往,必然导致中国经济会失去发展动力。

因此,应该创设 FI 与 FP 的资产 Retail & Wholesale 机制与 R-ABS 制度,将沉淀于金融机构箱底下的百万亿人民币 FI 释放出来,可以直接降低 Spread 或融资成本崭新的金融局面,由此实现对实体经济或产业资本输血打气。从客观上讲,资产 Retail & Wholesale 机制及其 R-ABS 机制一定会抑制现行金融集团的既得利益,消除现行金融集团的超额利润,将这些超额利润归还于实体经济或产业资本,减少产业发展成本,促进中国产业结构调整与升级,拉动中国经济更快更好地持续发展,实现新时代的"中国梦"。

第五节　人民币国际化

人民币国际化,对于中国来说,关键在于人民币债券国际化,即以人民币计价的债券在中国证交所发行,在境外证交所交易,或者在境外证交所发行交易,无论是港交所交易,还是在建的澳交所发行交易;也无论是在纽交所交易,还是伦交所发行交易,只要以全球主要流通货币通过兑换成人民币,以人民币方式进行债券发行交易,就是人民币债券国际化。

人民币国际化,应如同美元国际化所具有的三个要素:美债美元、石油美元、Swift 美元。美债美元是指美国国债及其与之相似的无风险利率产品在全球资本市场上发行交易,无风险利率产品还包括且不止于美国"两房债";石油美元,除了美国高科技产品、军火产品、大型民用航空航天设备外,美元又作为世界石油交易货币,是具有最大额交易量的货币,也是最佳回笼货币;Swift 美元是指全球货币兑换,必须先与美元兑换,才能兑换其他货币,即美元为全球的通兑货币。

人民币国际化应该先是人民币债券国际化。人民币债券要在国际资本市场上大规模流通,必须具备风险对冲或增信工具,即使在美国债券市场上也不例外。尽管现在少量中国国债、财政债券在境外发行交易并无配置增信产品，并不证明不需要增信产品，即使信用等级比中国国债、财政债券要高的美国债券、欧盟债券，也需要风险缓释或风险对冲功能的衍生产品或增信产品。

中国的 CR 体系比国际三大信用评级机构的至少低四个 CR，即使中国国债，在中国属于 3A 债券，但在国际资本市场上的 CR 只有 A 或 A-。中国 A 债券，相当于国际评级的 3B 垃圾级债券，即使在中国资本市场上，2A 债券也需所谓"担保"，否则无法发行交易。因此，人民币债券要在国际市场上交易，甚至发行，真正实现人民币债券国际化，必须先满足以下几个条件。

1. 增信工具

无论什么 FIS，即使美国国债，在国际资本市场上发行交易，均需要增信支持、风险缓释或风险对冲功能的增信工具，才能成为无风险利率产品。现在最流行的增信产品是 CDS。如前所述，CDS 除了本身问题外，对于 FIS 来说，特别对于具有 CR 的 FIS，确实具有增信支持，或者风险对冲或风险缓释功能。

作为 CEA，CDS 一般不可简单或直接用于尚不具备 CR 的 NSA，对于 FI 和 FP 等并不具有风险对冲或风险缓释功能。作为权益增信产品，RBS/CEC 不仅如同 CDS 一样具有最高 CR，可以抵御 RDP，而且 RBS 所支持/增信的 FIS，也具有最高 CR，才可为国际资本市场上深受青睐与热捧的 RFIR。与 CDS 不同，RBS/CEC 可以支持或增信尚无 CR 或财务透明度低的，包括且不限于符合国家战略或长远利益的 FI 和 FP，从而实现降低 Spread 或融资成本。那么，CEC 或 RBS 增信的以人民币计价的债券或者 FIS，作为 RFIR，才可在国际市场上发行交易，并随着人民币债券国际化年度金额总量超过中国大陆的年度国际贸易进出口总量，人民币自由兑换即可指日可待，人民币国际化便水到渠成。

可以预测，人民币债券国际化试水的前 5 年，人民币债券在国际市场存量可达到 5 万亿美元（现值 35 万亿元人民币），人民币国际化则初具规模，相当于美债美元一样，执行着货币国际化职能。在人民币债券国际化试水的后 20 年,人民币债券在国际市场存量达到 20 万亿美元,人民币国际化则形成庞大规模,人民币与美元汇率可达 2∶1 左右,可与期待,人民币与美元并驾齐驱,甚至在市场交易信用支持下的 RBS/CEC,更为全球资本市场所接受,使得人民币可以风靡全球。

2. 回笼资产

如果仅仅人民币债券国际化,没有以强大而有效的、金额巨大的回笼资产作为支撑,一旦人民币自由兑换,可能会发生人民币被国际资本市场上的金融大鳄阻击或围堵而大幅度下降,或引发类似 1997 年韩国金融危机。因此,中国必须具有支撑人民币债券国际化的回笼资产,如同石油美元,最大宗产品的交易货币属于美元,使美债国际化为美元执行国际职能提供了强大的回笼资产。除此之外,美债美元还依赖强大的高科技产品、军工产品及其先进的产业技术的支撑。

中国最大、最宝贵的回笼资产,就是中国的基建能力,包括且不限于现行的高速铁路、高速公路、大型桥梁、大型隧道、大型建筑物,未来更应发展高科技产品,无人机、智能生活用品、小型成套智能成衣制造设备、成套智能餐饮制造设备,各种个人智能娱乐设备等。这些现行回笼资产,可以用于"一带一路"的基本建设,及其全球基建设施升级换代,可为中国提供数百万亿元人民币债券国际化所需的回笼资产,如同石油美元。这些未来的回笼资产,可以用于未来智能社会的基本建设,可为中国提供数百万亿元美元的可持续发展的回笼资产。

基建能力作为优质的回笼资产,在人民币国际化初具规模之前,应该在 FI 上严格规定人民币的最大范围的使用比例,除特殊情况并经报批核实,"一带一路"基建项目外汇采购占比不得超过债券的应付利息。这样,一方面可以保持用于发行交易的外汇不轻易地通过外汇采购而流失,可能导致人民币遭受阻击;另一方面,可以将中国超发的巨额人民币用于中国境外庞大金额的基建项目,及其用于国际资本市场上人民币债券交易,有利于抑制中国逐步加大的通货膨胀。此外,中国前几十年所形成的基建生产能力,其实对于中国升级换代的经济结构来说,可能已经属于夕阳产业。因此,随着人民币债券国际化所募人民币资金用于"一带一路"基建项目,或者全球基建改善项目,有利于中国基建生产能力的外移,实现中国经济结构的加速升级换代。

3. 数字货币

基于虚拟货币(比特币)对现行国家货币的冲击,世界各国都在加速数字货币开发,害怕 NSC 所支持的国家货币被市场信用所支持的虚拟货币所取代。但是,以比特币为代表的虚拟货币,或者市场信用所支持的虚拟货币还处于"维京强盗"时代,这给 NSC 所支持的国家货币留下口实,并成为创设数字货币的主要借口。

其一,以美国 NSC 支持的美元所代表的国际货币体系,应该对以比特币为代表的虚拟货币抱有排斥态度。但是,美国近几年所捧行的"孤立主义"却对以美元主导的国际货币体系带来了巨大伤害,世界各国中央银行都希望找到一个更可信任的国际货币体系,摆脱美元主导的国际货币体系对自身主权货币的不利处境。那么,数字货币所谓"去中心化",便是一种追求。

美国基于各国数字货币的开发,及其以比特币为代表的虚拟货币的挑战,希望掌握主导权继续执掌国际货币体系之牛耳。数字货币的开发,已经开启了对于现行国际货币体系的挑战,开启了世界各国政府将无一幸免卷入这场不以人意志为转移的全球货币战争,这绝对是零和战争,最终纵向的、地域性的国家主权信用所支持的国际货币体系,必然让位于横向的、专业性的以高科技为支撑的、市场信用所支持的虚拟货币体系。

其二,同为 NSC 所支持的国家货币(下称"NSC 货币"),无论表现为纸币,或者为数字货币,本质上没有区别。其实 20 世纪 70 年代,国际银行家所特有的"大额美元",在终止了作为国际清算货币职能后,数字(记账)货币经半个世纪的发展基本形成,只是在技术上升级为所谓"区块链"技术而已。

因此,现行主权国家,包括中国、英国、日本、欧盟等国家和地区重视数字货币开发,一方面是对以比特币为代表的虚拟货币的恐惧,也许希望混淆两者区别,误导市场认知;另一方面是处于货币无限量化宽松阶段,实际上处于全球主权信用货币的崩溃前夜,却无法阻止这一崩溃进程。于是,主权信用所支持的数字货币,可以为 NSC 货币找到无限量化宽松的新途径,却借以数字货币之名。

其三,中国希望首发数字货币,除了中国金融市场结构问题需要超发人民币外,更重要的是,通过区块链技术的"去中心化",希望摆脱 Swift 美元对于人民币国际化的制约。近几年来,随着中国经济规模超过日本成为世界第二大经济体,国际上对中国的经济制衡与政治围堵已经达到史无前例的地步,因此,中国希望通过双边、多边国际贸易体系,通过"一带一路"基建投资,可以抵御美国"孤立主义"所带来的经济制衡与政治围堵,数字货币得到中国政府的高度重视与极大关注,也许是中国政府无奈之举。

第六节　迈入金融强国,造福于全人类

一、金融大国

中国已是世界级的金融大国,金融大国现象或相关数据比比皆是,勿需赘述。作为金融大国,中国"大而不强"的根本在于,"只吃不泻",追求"体大虚胖"的监管思维,与"木桶长板"管理效应的监管理念。"只吃不泻"追求"体大虚胖"的监管思维,主要是风险资产或贷款资产(FIS/RA)难以转让,即使转让,也是金融机构之间内部流转,仅具有 CEA 效果的"内部增信",最终因风险或毒素造成"体大虚胖"。"木桶长板"管理效应的监管理念就是以较高 PD 为基础的机构定价,保护了能力较弱的金融机构得以存在与发展,却推高了市场利率或融资成本,以全社会经济发展为代价,既保护了能力较弱的金融机构,又给能力较强的金融机构带来了超额利润,由此产生了金融大国的如下"体大虚胖"现象:

其一,利率市场化不够。机构定价推高市场利率,特别对于不具有 CR 的 FP,最重要的是,占据金融机构 60% 金融资产的 FI,融资成本也居高不下,导致国资效益低。

其二,融资难融资贵。Mortgage 融资成本 3 倍于日美,大学生贷款无以为继,个人消贷与创业融资利率高达二成,FI 成本高达一成。个人企业跑断腿,金融机构朝南坐。高利拉低增长率,金融利润占大半。

其三,金融杠杆高,金融结构弱。中国金融杠杆超过 15 倍,还有假性金融表外数 10 倍,导致金融结构虚脱难以抵抗随机风险,依赖于人民币政策工具;更是期待国资永不倒闭,用风险纽带锁定国有资本,吞噬国有企业绝大部分的生产利润。

其四,远近期利率倒挂,金融产品定价不准,导致基础利率市场失衡,在基础利率之上的债市股市皆无序。股市十年涨一点,债市收益高过天;实体经济创利润,金融机构喝大半。

二、新时代与金融强国

中国已经进入新时代,希望中国从金融大国迈入金融强国。基于金融机构"只吃不泻"、追求"体大虚胖"的监管思维与"木桶长板"管理效应的监管理念,形成了上述"大而不强"的中国金融大国的特有现象。依据增信理论,中国要迈入金融强国就应该具备"两把钥匙"。所谓"钥匙",就是金融政策。中国金融监管机构应给予金融市场两个金融政策。

钥匙之一,允许风险资产/融资资产(FIS/RA)转让。也就是说,允许所有金融资产/融资资产/担保资产/利率资产等风险资产(FIS/RA)卖给证券机构或增信机构。无论是商业银行、信托公司、租赁公司,还是各类小贷公司,允许前述风险资产(FIS/RA)转让出售,并不受机构资本金限制。其实,这本来非需要监管,却因为中国金融资产交易结构难以"真实出售",无法实现资产出表,监管机构便将非"真实出售"的风险资产仍按资本金杠杆率进行限制。

允许风险资产(FIS/RA)转让,意味着建立了风险资产(FIS/RA)的 Retail & Wholesale 机制。那么,符合国家战略或长远利益 FP,甚至占据金融机构 60% 金融资产的 FI,都将由专业小贷公司在风险资产批发商或权益增信产品发行人的积极配合与指导下,进行标准化制造并转让,在不承担资产风险条件下获得批零差价。可以预见,只要这些风险资产(FIS/RA)可以转让,开展"高利贷"业务将会绝迹于金融市场,各类传统金融机构将在各种专业小贷公司面前,因不合时宜或成本过高而退出金融市场。所谓"马云预言"才有了实现可能,却绝不是起因于马云的所谓"网络金融",而是风险资产(FIS/RA)的 Retail & Wholesale 机制。

钥匙之二,上市公司的管理层可为管理公司,即设立特殊目的公司(SPC)。阿里巴巴因管理层是合伙人不得不赴美上市,又因港交所修改合伙人为管理层,阿里巴巴近日又回归港交所。上市公司的管理层可为合伙人,在法理上也可为管理公司,近似于 LP 上市,或者公募基金与其管理公司合而为一。

SPC 不仅存在于美国纽交所 20 世纪中叶的"美国两房",实现了"居者有其屋"的美国梦这一国家战略,而且发展于 20 世纪末日本所出台的"SPC 法",设立了不动产信托投资(Reits)、资产证券化(ABS)及其证券投资基金,解决了英美法系中的商事信托(BT)、特殊目的载体(SPV)、投资基金(Fund)等法律实体(LE)在大陆法系中难以认可的拟制人问题。那么,作为大陆法系的中国,在金融法律法规中确立"SPC 法",也应该没有什么法律障碍。

有了 SPC,意味着创设了 R-ABS 机制。可以将中国信托合约型与融资型的 Reits,改变为权益型的 Reits,也可以将中国合约型与融资型的 ABS,改造为 CEA 的 G-ABS,或者发行权益型的权益增信产品(R-ABS),以及风险资产证券化(RBS),同样也可以发行权益型的权益增信产品(CEC/RAMC)。把符合国家战略或长远利益的 FI 和 FP,在资产 Retail & Wholesale 机制配合下,发行 CEC 及其 RFIR,优化了风险资产(FIS),使风险资产(FIS)实现了权益化与货币化。可以预期,中国金融机构"体大虚胖"的肥仔形象将会改造为"超级瘦身"的强汉面貌。

参 考 文 献

[1] 成之德.资产证券化理论与实务全书[M].北京:中国言实出版社,2000.

[2] 孙茂强,李传良.融资担保[M].北京:经济科学出版社,2001.

[3] 程啸.保证合同研究[M].北京:法律出版社,2006.

[4] 顾功耘.金融衍生工具的法律规制[M].北京:北京大学出版社,2007.

[5] Douglas M. Walker.博弈经济学[M].许怡萍,译.台湾:扬智文化事业股份有限公司,2008.

[6] 大卫·格雷伯.债[M].孙碳,董子云,译.北京:中信出版社,2012.

[7] Murray N. Rothbard.银行的秘密[M].杨农,译.2版.北京:清华大学出版社,2012.

[8] 中国金融博物馆.百年美联储:一个独立帝国的金融真相[M].北京:北京联合出版公司,2015.

[9] 赵承寿.金融衍生产品交易法律问题研究[M].北京:法律出版社,2015.

[10] 阿代尔·特纳.债务和魔鬼:货币、信贷和全球金融体系重建[M].王胜邦,等,译.北京:中信出版社,2016.

[11] 王祚君.增信原理[M].上海:立信会计出版社,2017.

[12] 王祚君.增信学[M].上海:立信会计出版社,2018.

[13] 王祚君.终极增信[M].上海:立信会计出版社,2019.

[14] 郭军,张道宏,王琼,等.非对称信息下信用违约互换风险交易的博弈分析[J].西安理工大学学报,2003(3).

[15] 薛清超.具有违约风险的零息票债券的三因子定价模型[J].知识丛林.2008.

[16] 张亚斌,冯睿.信用违约互换定价机制的缺陷与金融危机的产生[J].财经理论与实践,2009(6).

[17] 王乐乐,边保军,李琳.基于信用等级迁移的信用违约互换定价[J].同济大学学报(自然科学版),2010(4).

[18] 许南星.基于中国市场的市场隐含评级研究[J].金融发展评论,2011(6).

[19] 贾菁菁.信用违约互换会计信息披露规范的中美比较[J].商场现代化,2012(23).

[20] 梁进,肖承志.具有信用等级迁移风险的零息债券定价[J].同济大学学报,2015(8).

[21] 唐元琦.信用违约互换定价研究[D].浙江大学硕士学位论文,2004.

[22] 周鹏.信用违约互换定价分析[D].同济大学硕士学位论文,2007.

[23] 詹世鸿.信用风险模型及信用评级综述[D].吉林大学硕士学位论文,2007.

[24] 王程远.信用缓释工具定价理论与实证研究[D].天津财经大学硕士学位论文,2013.

[25] 徐琳.美国信用违约互换市场发展分析[D].东北亚研究院,2013.

[26] 王永利.货币不再是投放机构的债务[EB/OL].(2020-10-09) http://m.ce.cn/zaker/202010/09/t20201009_35868000.shtml

[27] LANDO D. Credit Risk Modeling[M]. Princeton, NJ: Princeton University Press, 2004.

[28] KIM I J, RAMASWAMY K, SUNDARESAN S M. Does Default Risk in Coupons Affect The Valuation of Corporate Bands? A Contingent Claims Model[J]. Financial Management, 1993(22).

[29] DUFFLE D, SCHRODER M, SKIADAS C. Recursive Valuation of Defaultable Securities and the Timing of the Resolution of Uncertainty[J]. Annals of Applied Probability, 1996(6).

[30] JARROW R, LANDO D, TURNBULL S. A Markov Model for the Term Structure of Credit Risk Spread[J]. Review of Financial Studies, 1997(10).

[31] MADAM D, UNAL H. Pricing the Risks of Default[J]. Review of Derivatives Research, 1998(2).

[32] HULL J, WHITE A. Valuing Credit Default Swaps I: No Counterparty Default Risk[J]. Journal of Derivatives, 2000(8).

[33] JARROW R, YU F. Counterparty Risk and the Pricing of Defaultable Securities[J]. Journal of Finance, 2001(56).

[34] FRANCOIS P, MORELLEC E. Capital Structure and Asset Price: Some Effects of Bankruptcy Procedures[J]. Journal of Business, 2004(77).

[35] HACKBARTH D, MIAO J, MORELLEC E. Capital Structure, Credit Risk, and

Macroeconomic Conditions[J]. Journal of Financial Economics,2006(82).

[36] CREAMERS M,DRIESSEN J,PASCAL M,DAVID W. Individual Stock Option Prices and Credit Spreads[J]. Journal of Banking and Finance,2008(32).

[37] ECCLESIA R L,ROBERT G T. Estimation of Credit Default Probabilities[J]. Journal of Banking and Finance,2008(7).

[38] DUQUERROY A,GAUTHIER N,GEX M. Credit Default Swaps and Financial Stability:Risks and Regulatory Issues[J]. Financial stability review,2009(3).

[39] ERICSSON J,JACOBS K,OVIEDO R. The Determinants of Credit Default Swap Premia[J]. Journal of Financial and Quantitative Analysis,2009(44).